主办　广东海洋大学文学与新闻传播学院
广东省雷州文化研究基地

流寓文化研究

第二辑

主编／张学松

中国社会科学出版社

图书在版编目（CIP）数据

流寓文化研究. 第二辑/张学松主编. —北京：中国社会科学
出版社，2016.8
ISBN 978 - 7 - 5161 - 8356 - 4

Ⅰ.①流…　Ⅱ.①张…　Ⅲ.①地方文化—雷州市—文集
Ⅳ.①K296.54 - 53

中国版本图书馆 CIP 数据核字（2016）第 133294 号

出 版 人　赵剑英
选题策划　郭晓鸿
责任编辑　熊　瑞
责任校对　董晓月
责任印制　戴　宽

出　　　版　中国社会科学出版社
社　　　址　北京鼓楼西大街甲 158 号
邮　　　编　100720
网　　　址　http://www.csspw.cn
发 行 部　010 - 84083685
门 市 部　010 - 84029450
经　　　销　新华书店及其他书店

印　　　刷　北京金瀑印刷有限责任公司
装　　　订　廊坊市广阳区广增装订厂
版　　　次　2016 年 8 月第 1 版
印　　　次　2016 年 8 月第 1 次印刷

开　　　本　710×1000　1/16
印　　　张　12.75
插　　　页　2
字　　　数　203 千字
定　　　价　48.00 元

《流寓文化研究》编委会

目　录

飘飘何所似，天地一沙鸥

——中国古代流寓作家的生存困境与自我调适

张学松 *

内容提要 流寓作家的生存困境包括流徙途中和在流寓地两个方面，其中，在流寓地的生存困境主要表现为自然环境的恶劣、物质生活的匮乏、方言俚语的隔阂、政敌的迫害与世态炎凉。置身生存困境，流寓作家自我调适的主要途径有四：诗酒自娱，登山临水，交游著述，深入民间。

关键词 流寓作家 生存困境 自我调适

无论战乱流徙还是出使被扣抑或遭受贬谪，中国古代流寓作家的生存状态都是艰难的。身处生存困境，作家往往进行自我调适以求精神解脱。本文对此试作论述。

一 中国古代流寓作家的生存困境

流寓作家的生存困境包括流徙途中和在流寓地两个方面。

（一）流徙途程中的生存困境

天宝十四年（755）十一月安史之乱爆发，第二年六月潼关失守，玄宗奔蜀。杜甫带着家小由奉先往白水，又由白水再向陕北流亡，"痴女饥咬我，啼畏虎狼闻。怀中掩其口，反侧声愈嗔。小儿强解事，故索苦李餐。一旬半雷雨，泥泞相攀牵。既无御雨备，径滑衣又寒。有时经契阔，

---

* 作者简介：张学松，广东海洋大学文学与新闻传播学院教授，广东省雷州文化研究基地主任。

竟日数里间。野果充糇粮，卑枝成屋椽"（《彭衙行》）。真是风餐露宿，饥寒交迫！乾元二年（759）七月，杜甫辞去华州司功参军，"因人作远游"（《秦州杂诗》），辗转秦州、同谷，于年底至成都，"一岁四行役"（《发同谷县》），途中艰险而凄惨之状，诗中历历备述。初往秦州，"迟回度陇怯，浩荡及关愁"（《秦州杂诗二十首》之一），山长地阔，令诗人度陇而"怯"，及关而"愁"。到了秦州，囊空如洗："囊空恐羞涩，留得一钱看"（《空囊》）。在秦州无食无衣又往同谷，"无食问乐土，无衣思南州"（《发秦州》）。"天寒霜雪繁，游子有所之。岂但岁月暮，重来未有期。晨发赤谷亭，险艰方自兹。乱石无改辙，我车已载脂。山深苦多风，落日童稚饥。悄然村墟迥，烟火何由追。贫病转零落，故乡不可思。常恐死道路，永为高人嗤。"（《赤谷》）仇兆鳌注评此诗"伤穷途生死，语尤悲惨"，引梅鼎祚评语："首四语，凄婉具作。其历叙穷途处，过于恸哭。结语虽直，亦是实情。"诗人到了同谷又怎样呢？"岁拾橡栗随狙公，天寒日暮山谷里。中原无书归不得，手脚冻皴皮肉死"（《乾元中寓居同谷县作歌七首》其一），"我生何为在穷谷？中夜起坐万感集"（《乾元中寓居同谷县作歌七首》其五）。诗人又离开同谷前往成都："忡忡去绝境，杳杳更远适。"（《发同谷县》）

宋德祐二年（1276）三月十八日，元军兵临临安城，文天祥奉命出使元营谈判。二月五日南宋政府投降元朝。二月九日，文天祥被押解北上，行至京口，得间逃脱："奔真州。即具以北虚实告东西二阃，约以连兵大举。中兴机会，庶几在此。留二日，维扬帅下逐客之令。不得已，变姓名，诡踪迹，草行露宿，日与北骑相出没于长淮间。穷饿无聊，追购又急，天高地迥，号呼靡及。已而得舟，避渚洲，出北海，然后渡扬子江，入苏州洋，展转四明、天台，以至于永嘉。"（《指南录后序》）其履险蹈绝、九死一生的经历，《指南录后序》连用二十个"死"字作了概括。

唐宣宗大中二年（848），李德裕被贬为潮州司马，仲春经洞庭湖，作《盘陀岭驿楼》："嵩少心期杳莫攀，好山聊复一开颜。明朝便是南荒路，更上层楼望故关。"未至岭南，对其蛮荒已心有所惧。《谪迁岭南道中作》："岭水争分路转迷，桄榔椰叶暗蛮溪。愁冲毒雾逢蛇草，畏落沙虫避燕泥。"行至大庾岭，由于"岭水争分"、"桄榔椰叶"蔽暗溪流，诗人迷途而不知所之。不仅如此，这遥远而未开化的荒野，充满瘴气和含有剧毒的"蛇草"、"沙虫"，使诗人无比敬畏。

东坡于绍圣元年（1094）被罢定州知州责知英州，行至滑州，上状乞往汴泗之间舟行。状曰："臣轼言。近准诰命，落两职，追一官，谪守岭南小郡。臣寻火急治装，星夜上道，今已行次滑州。而自闻命已来，忧悸成疾，两目昏障，仅分道路。左手不仁，右臂缓弱。六十之年，头童齿豁。疾病如此，理不久长。而所负罪名至实重，上辜恩义，下愧平生，悸伤血气，忧隔饮食，所以疾病有加无疗。加以素来不善治生，禄赐所得，随手耗尽，道路之费，囊橐已空。臣本作陆行，日夜奔驰，速于赴任，而疾病若此，资用不继。英州接人，卒未能至；定州送人，不肯前去。雇人买马之资，无所从出。道尽途穷，譬如中流失舟，抱一浮木，恃此为命，而木将沉，臣之衰危亦云极矣。窃伏思念得罪以来，三改谪命，圣恩保全，终付一郡。岂期圣主至仁至明，尚念八年经筵之旧臣，意欲全其性命乎？臣若强衰病之余生，犯三伏之毒暑，陆走炎荒四千余里，则僵仆中途，死于逆旅之下，理不在疑。虽罪累之重，不足多惜，而死非其道，则非仁圣不杀全育之意也。"以衰病之躯，资用乏绝，犯三伏毒暑，陆走炎荒，真可谓"道尽途穷"。还好，乞舟行获准。然，八月舟行渡彭蠡湖至吴城山时，却发生了夺舟事件。《石门文字禅》卷三七《跋顺济王记》："东坡昔自定武谪英州，夜宿分风浦，三鼓矣。发运司知有后命，遣五百人来夺舟。东坡曰：'乞夜橹及星江就聚落买舟可乎？'使者许诺。即默祷顺济王曰：'轼往来江湖之上三十年，王于轼为故人，故人之失所，当哀怜之。达旦至星江出陆至豫章，则吾事济矣。不然，复见使至，则当露寝溆浦。'言未卒，风掠耳，篙师升帆，帆饱，炊未及熟，已渡杨澜，泊豫章，日亭午。"这则记载有点像小说家言。东坡舟行遇阻乞祷龙王（即"顺济王"，庙在吴城山上，见《舆地纪胜》卷二五、卷二六）而顺利到达豫章，是龙王庇佑的结果，未必可信。故事意在说明，一则东坡仁人大德，困危时总有神灵庇佑，二则歌颂龙王显灵。若"发运司知有后命，遣五百人来夺舟"是事实的话，可见政敌对迁谪途中苏轼的迫害之甚！

（二）在流寓地的生存困境

流寓作家在流寓地的生存困境表现在四个方面。

第一，自然环境恶劣。

屈原晚年流寓江南，那时的江南并非现今风景秀丽的鱼米之乡，而是僻远荒凉之地，《涉江》描写道："入溆浦余儃徊兮，迷不知吾所如。深林杳以冥冥兮，猿狖之所居。山峻高以蔽日兮，下幽晦以多雨。霰雪纷其无垠兮，云霏霏而承宇。"山高蔽日，深林幽晦，雨雪纷纷，乃"猿狖之所居"，根本就不是人住的地方。即使到了唐代，其荒僻而恶劣的环境也并无多大改变。柳宗元贬永州司马，其《与李翰林书》言："永州于楚为最南，状与越相类"，"涉野有蝮虺、大蜂。仰空视地，寸步劳倦。近观即畏射工、沙虱，含怒窃发，中人形影，动成疮痏"。

雷州半岛瘴雾弥漫、野兽出没，唐宋以来，多少贬谪文人流寓此地，饱受其苦。即使到了明代，这种环境仍无多少改观。万历十九年（1591），汤显祖上《论辅臣科臣疏》批评朝政，被贬雷州半岛之徐闻。邹迪光《临川汤先生传》描述此地："白日不朗，红雾四障，猩猩狒狒，短狐暴鳄，啼烟啸雨，跳波弄涨。"

第二，物质生活匮乏。

汉武帝天汉元年（前100），苏武奉命以中郎将身份持节出使匈奴被扣留，流寓匈奴19年。他在北海（今俄罗斯贝加尔湖）牧羊，渴饮霜雪，饥吞毡毛，掘鼠食草，"节旄尽落"。

杜甫流寓西南，依靠友人盖了座草堂，但秋风秋雨一来，茅屋为秋风所破："布衾多年冷似铁，娇儿恶卧踏里裂。床头屋漏无干处，雨脚如麻未断绝。自经丧乱少睡眠，长夜沾湿何由彻！"虽有茅屋却难安居。再从"布衾多年冷似铁"及《狂夫》"恒饥稚子色凄凉"、《百忧集行》"痴儿不知父子礼，叫怒索饭啼门东"等诗句来看，其物质生活的匮乏已到极点，这位流寓大诗人的生活情景类似于流浪汉。大历五年（770），他漂泊湖湘时竟有五天没饭吃，幸亏耒阳县令派人送来酒肉，算是没有饿死。

宋洪迈《容斋续笔》卷一《李卫公帖》："李卫公在朱崖，表弟某侍郎遣人饷以衣物，公有书答谢之，曰：'天地穷人，物情所弃……大海之中，无人拯恤，资储荡尽，家事一空，百口嗷然，往往绝食，块独穷悴，终日苦饥，唯恨垂没之年，须作馁而之鬼。十月末伏枕七旬，药物尽裹，又无医人，委命信天，幸而自活。'"李德裕在海南的这种遭遇，到宋时苏东坡贬海南同样遇到，他在《与程秀才》的信中说："此间食无肉，病无药，居无室，出无友，冬无炭，夏无寒泉。"

秦观贬雷州，生计艰难，过着"灌园以糊口，身自杂苍头"（《海康书事》）的囚徒般的生活。

元大德元年（1297），词人张炎流寓宁海，为衣食之计曾设卜肆摆卦摊。戴表元曾感慨地说："士固复有家世才华如叔夏，而穷甚于此者乎？"（《剡源集》卷三《送张叔夏西游序》）

第三，方言俚语造成隔阂。

语言是人际交流的工具。一地有一地的方言，比如雷州半岛的黎语、粤语，外来人就很难听懂，切莫说古代，即使今天，国家推广普通话已有几十年，而在民间方言依然盛行。唐宋以降多位中原作家流寓至此，他们首先感到的是语言交流的障碍。寇准流贬雷州，教授中土正音，正是力图消除这种障碍。《遂溪县志·民俗志》："查遂境话语皆习乡谈，惟读书则与中州正音相近，听之呖呖可晰，与说话迥殊。询阙所由，佥称昔寇莱公寓此，亲为口授，后来教育者循习递传，至今不改。"这则记载意在称颂寇准寓雷州传授中土正音的功绩与德泽，但细心阅读可知，寇准传授中土正音也只是影响了士人的读书，而其"乡谈"依旧用本土方言，所谓"读书""与说话迥殊"是也。

一里不同俗，十里改规矩。古之流寓者往往是离开本土而到荒远的异域他乡，其风俗之殊岂止"十里"之改也！"边荒与华异，人俗少义理。"（《悲愤诗》）蔡琰的这两句诗固然表现了其民族观的局限，但华夏汉族与北方匈奴风俗的悬隔则是客观事实。比如，匈奴首领单于死后，其妻须下嫁继位的儿子，这种风俗，即使放到今天也难以接受。蔡琰流寓南匈奴12年，作为诗礼之家一代名儒蔡邕的"爱女"，称其"人俗少义理"也就可以理解了。秦观《雷阳书事》其一："骆越风俗殊，有疾皆勿药。束带趋祀房，用史巫纷若。弦歌荐苴栗，奴至洽觞酌。呻吟殊未央，更把鸡骨灼。"雷州半岛巫风盛行，人们患病不请医生医治，而请巫觋祈祷除病，对这种陋俗，秦观看似平静地描述，其实是深感不解与不满，"风俗殊"即是与中原风俗相异令人不解，对这种陋俗以致病人"呻吟殊未央"，作者更是不满。

第四，是政敌的迫害与世态炎凉。

因贬谪而流寓的作家，到流寓地后依然遭受政敌迫害。

宋乾兴元年（1022）二月，寇准由道州司马再贬为雷州司户参军。在雷州，政敌既不允许他住官舍也不允许住民舍，他只能寓居天宁寺。崇宁二年（1103），黄庭坚被贬宜州（今广西宜山县）。初至宜州贬所，庭坚在城中租屋居住，后宜州太守说庭坚是罪人不能住城里，于是搬到城南租了一间四壁透风屋顶漏雨的民房居住。苏轼、苏辙兄弟在雷州受到雷守张逢、海康县令陈谔及太庙斋郎吴国鉴等礼遇。政敌章惇就奏请皇帝差使察访。据《苏颍滨年表》，元符元年（1099）二月"诏差河北路转运副使吕升卿、提举荆湖南路常平董必并充广南西、东路察访"。谋起大狱，悉诛元祐臣僚。后因曾布上奏"升卿兄弟与轼、辙乃切骨仇雠，天下所知，轼、辙闻其来，岂得不震怒，万一望风引决，朝廷本无杀之之意，使之至此，岂不有伤仁政"？而未派吕升卿，但仍派董必察访。《太平治迹统类》卷二四元符元年三月癸酉纪事：三省提举荆湖南路常平等事董必奏：体量到知雷州、朝请郎张逢又令傩进纳太庙斋郎吴国鉴宅，逢每月率一两次移厨管待，差白直七人，借事本州海康县令陈谔，差杂直追呼工匠等应副吴国鉴修宅，又勒居民折退篱脚，阔开小巷，通行人马，以避辙门巷及借手力等事。由此，张逢被勒令停职，陈谔受到处罚，吴国鉴被鞫问。苏辙被诬告强夺雷氏田宅，移循州安置。苏轼到海南，《与程全父》简："初至，傩官屋数椽。近复遭迫逐，不免买地结茅，仅免露处。"

一个人在政治上倒霉之后，隔岸观火者有之，推倒油瓶不扶者有之，落井下石者有之，即使有人内心同情，但怕受牵累也曲意回避，甚而亲朋故旧，乃至自己的门生或接受自己提拔的人也是这样。古代社会，皇帝是只可共患难不可共安乐的，所谓"狡兔死，走狗烹；飞鸟尽，良弓藏；敌国破，谋臣亡"是也；而同僚则相反，是可同安乐难于共患难的，肝胆相照荣辱与共者少矣。趋利避害乃人类普遍心理。李德裕《与姚谏议郃书》与《崖州志》皆载：德裕贬崖州，"平生旧知，无复吊问"。苏辙《巢谷传》："士大夫皆讳与予兄弟游，平生亲友无复相问者。"又其诗《闰九月重九与父老小饮四绝》曰："获罪清时世共憎。"由"居庙堂之高"而移"处江湖之远"，其心理落差本来就大，遭此炎凉世态，其内心的孤独可想而知。所以,余以为流寓者最大的生存困境倒还不在自然环境的恶劣、物质的匮乏、方言俚语的隔阂,乃至政敌的迫害,而在心灵的孤独。苏轼中年流贬黄州时所作的诗词中,"缥缈孤鸿影"的孤鸿和"名花苦幽独"的幽独的海棠是这种困境的最典型的体现。不仅因贬谪而流寓者内心孤独,由其他原因而流寓者内心也是孤独的。杜甫漂泊西南时"万里悲秋常作客,百年多病独登台"(《登高》),不正是其孑然无依之孤独感的流露吗?"飘飘何所似,天地一沙鸥"(《旅夜书怀》),细细品味,"天地一沙鸥"的"沙鸥"是何其孤独:茫茫天宇,辽阔大地,空旷无垠中,只有一只沙鸥在飘飞!杜甫与苏轼时空远隔,而"沙鸥"与"孤鸿"则心有灵犀,同调异曲。其实,早于苏、杜的中国第一位著名流寓诗人屈原在《离骚》中所描述的"国无人莫我知",上叩天阍而不开,下求佚女而不得的"我"的形象也是孤独的典型。孤独感似乎是流寓作家共同的精神困境。庾信等人流寓北方受到统治者重用,"位望通显",物质生活优渥,其《哀江南赋》何以写得如此悲婉凄凉?"南朝词人北朝客",寄人篱下,内心孤独啊!王粲离开战乱之地而流寓荆州,荆州的相对安宁和山水之美,并未使他的心灵得到安顿,依然感到漂泊和孤独,因为"虽信美而非吾土"!

二 生存困境中流寓作家的自我调适

置身如此生存困境,作家如何自我调适?其途有四。

第一,诗酒自娱。

诗可发愤以抒情。读诗作诗皆然。当然,这里的诗又可泛指诗书。

苏轼100多首"和陶诗"分别写于知扬州(20首)、流寓惠州(48首)和儋州(56首)之时,这并非偶然的现象。苏轼流寓黄州时觅得《陶渊明诗集》,其《书渊明〈羲农去我久〉诗》曰:"余闻江州东林寺,有《陶渊明诗集》,方欲遣人求之,而李江州忽送一部遗予,字大纸厚,甚可喜也。每体中不佳,辄取读,不过一篇,惟恐读尽,后无以自遣耳。"读渊明诗乃是为了"自遣",书写陶诗也为"自遣",《苏轼年谱》卷三三:谪惠途中,"经彭泽,或于舟中书陶潜《归去来辞》,舒胸中结滞"。而创作"和陶诗"原因固是多方面的,但通过与古代知音对话以寻求精神解脱无疑是一重要因素。张强《从"和陶诗"看苏轼的心态变化与审美追求》一文认为："长期的贬谪生涯使苏轼从陶诗面向田园的纯朴自然的风格中发现了寄托情思的别样世界，为其写下'和陶诗'奠定了坚实的基础。在'和陶诗'中，苏轼以陶渊明式的眼光向内自省，寻找精神的皈依；向外体察山川万物，以静观的姿态领悟人生，在达观中寻求安宁，在反省中关心现实。"正道出了苏轼创作"和陶诗"的动机。

"何以解忧，惟有杜康"，"醉里乾坤大，壶中日月长"未免有点消极，但以酒消愁，寄酒为迹，是中国古代文人遭遇困厄时的一种解脱方式，虽然"举杯浇愁愁更愁"，但心灵可以得到暂时慰藉。秦观寓居横州浮槎馆，醉酒醒后，作《醉乡春》词："唤起一声人悄。衾冷梦寒窗晓。瘴雨过，海棠开，春色又添多少。社瓮酿成微笑，半缺椰瓢共舀。觉倾倒，急投床，醉乡广大人间小。"天晓后作者被唤起，顿感衾冷梦寒。而"瘴雨过，海棠开，春色又添多少"正是酒醒后所领略的美妙景色。回想起昨晚"社瓮酿成"，"半缺椰瓢共舀"，大醉投床，作者一声长叹："醉乡广大人间小！""醉乡广大"者，词人暂时忘却"人间"的烦恼与苦闷也！在雷州，秦观也常常借酒宽心，《饮酒诗四首》其二："左手持蟹螯，举觞瞩云汉。天生此神物，为我洗忧患。山川同恍惚，鱼鸟共萧散。客至壶自倾，欲去不容间。"作者仰瞩云汉，引觞自酌，与山川鱼鸟相知同醉，抑郁苦闷的情怀得到暂时缓解与消释，"天生此神物，为我洗忧患"！

第二，登山临水。

山水怡情。《论语·先进》记载孔子赞赏曾皙"暮春者，春服既成，冠者五六人，童子六七人，浴乎沂，风乎舞雩，咏而归"的志趣，古今学者聚讼纷纭，皆索解其微言大义，其实这段话并无特别玄奥，它所表现的就是孔子向往春暖时分去郊游寻求人生乐趣。这当然是与孔子身处礼崩乐坏之乱世，政治主张推行不了思想郁闷分不开。思想郁闷了，到野外去玩玩该有多好啊！王粲流寓荆州寄人篱下心情郁闷，《登楼赋》一开篇就说："登兹楼以四望兮，聊假日以销忧。""销忧"就是"登楼四望"的目的，也是这篇赋作的总纲。柳宗元贬谪永州，遍游永州山水，写了著名的《永州八记》，其中一个重要目的就是为了销忧，舒解郁闷情怀。《始得西山宴游记》："自余为僇人，居是州，恒惴慄。""恒惴慄"即作者流寓此州的精神困境。"是隙也，则施施而行，漫漫而游。日与其徒上高山，入深林，穷回溪,幽泉怪石,无远不到。到则披草而坐,倾壶而醉。醉则更相枕以卧,卧而梦。意有所极,梦亦同趣。觉而起,起而归。"这是宴游的过程,有实写有虚写,"醉则更相枕以卧,卧而梦。意有所极,梦亦同趣"就可能是虚写,游山玩水,"醉卧而梦"者现实中很少有。"醉卧而梦"是作者为解脱"恒惴慄"的困境而虚设的场景。梦醒而归,"以为是州之山水有异态者,皆我有也",这是作者宴游后的精神境界:只有大自然的奇山异水"皆我有",其他都是身外之物。这与后世苏轼《前赤壁赋》:"惟江上之清风,与山间之明月,耳得之而为声,目遇之而成色,取之无禁,用之不竭。是造物者之无尽藏也,而吾与子之所共适"乃同一境界。此时作者"恒惴慄"的精神困境已得到舒解,但尚未彻底解脱,"是州奇山异水皆我有"的境界还不是最高境界。当"九月二十八日"作者游了过去未曾游过的西山之后,"知是山之特立,不与培塿为类。悠悠乎与颢气俱,而莫得其涯;洋洋乎与造物者游,而不知其所穷。引觞满酌,颓然就醉,不知日之入。苍然暮色,自远而至,至无所见,而犹不欲归。心凝形释,与万化冥合",其精神困境才得到彻底解脱。"心凝形释,与万化冥合"即庄子"虚一而静"、"物我两忘"的超然世外的精神境界。进入这种境界算是彻底解脱了"恒惴慄"的精神困境——当然,这只能是暂时的。柳宗元这篇山水游记非常形象而典型地展现了流寓作家以登山临水自我调适解脱精神困境的过程。后世流寓作家之山水游记多受此影响,如苏轼流寓黄州的前后《赤壁赋》。

第三,交游著述。

流寓者在处于人生低谷时,无论世态多么炎凉,无论遭到了多少世俗的白眼,但总有不少古道热肠者,如上述张逢等;人世间白眼狼有之,而风骨凛然节操高尚者也不乏其人,如"苏门四学士"等。流寓作家无论在流徙途中还是在流寓地,无论主动还是被动,总有僧道、士人"与之游"。苏轼就是显例。尽管他"困危多畏"怕牵累别人,而总有人饯送、馈赠、拜访,与之诗酒唱和,充分展现了他的人格魅力,例不胜举。其弟苏辙再贬循州,初到龙川便有道士廖有象前往慰问,这位犹如"堕鸡群"的"野鹤""飞鸣闾巷中,稍与季子亲"(《龙川道士》),给"不见平生人"、人地两生的诗人一家以莫大的慰藉。

　　著书立说不仅是调适生存困境的一种方式，更是一种积极的人生态度，是为流寓地文化建设和中华文化所作的重要贡献。秦观编管郴州期间，潜心研究书法理论，著成《法帖通解》一书，对《汉章帝书》等六篇古帖进行了严密周详的考证和深入细致的理论诠释，为后世留下了一部颇有价值的书论著作。明杨升庵流寓云南36年，在艰苦的条件下撰写或编纂著作近300种，为云南留下了一笔宝贵的精神文化遗产。

　　第四，深入民间。

　　这是流寓作家消解生存困境的最根本的方式。躬耕田亩只能体验到农民生活的艰辛，并不能与人民血脉相连。只有真正地深入到民间，与老百姓交心交友打成一片，才能把身心之根深深地植入大地，并从中获取源源不断的滋养。苏轼流寓黄州期间并未达此境界，晚年流寓惠州特别是流寓海南以后，才真正达到这种境界。在海南，他少了与士子的交游而更多地是与当地老百姓的交往，他已成为他们中的一员，《被酒独行，遍至子云、威、徽、先觉四黎之舍三首》中子云、威、徽、先觉即东坡的四位黎姓朋友。在海南，他与当地儿童也相处甚洽，本诗其二——"总角黎家三小童，口吹葱叶送迎翁"就是明证。东坡在海南真正成为一名普通百姓。正因如此，当他遇赦北归时把海南当作故乡而把故乡当作了寄生之地："我本海南民，寄生西蜀州。"（《别海南黎民表》）北返至常州，生命即将结束之时，他写了一首有类绝笔的诗《次韵法芝举旧诗一首》，此诗展现苏东坡的人生境界得到了极大的升华与超越，他不仅"物我两忘"，而且希望自己像一轮明月一样辉映天宇普照大地，给宇宙万物以至爱和关怀。这是他一生修炼的结果，也与其在海南深入民间扎根大地关系至密。杜甫安史之乱中经历了与难民一样的流离失所，其思想感情与人民已息息相通，故漂泊西南时，生存如此困厄，他却不以物喜，不以己悲，仍然关心国事，体恤民瘼，登岳阳楼，他眺望"戎马关山北"，茅屋为秋风所破，他幻想"安得广厦千万间，大庇天下寒士俱欢颜"，吴郎禁阻孤贫西邻之女扑枣，他写诗劝说："堂前扑枣任西邻"，无不表现了一个流寓作家的博大襟怀。

流寓和迁徙:文学家的动态分布

曾大兴[*]

内容提要 流寓和迁徙，属于文学家的动态分布。动态分布是与静态分布相对而言的。中国古代文学家的流寓和迁徙主要有八种形式，其流入地的地理空间也主要有八种类型。文学家的流寓迁徙一般是有规律可循的：一是从自然气候寒冷的地方迁往相对温暖的地方，二是从人文气候稀薄的地方迁往相对浓郁的地方。而那些被贬谪流放的文学家的迁徙规律，则恰恰相反。文学家的迁徙流寓对其创作来讲有着重要影响。但是总体来讲，流寓迁徙之地的影响还是不及其出生成长之地的影响那么长久和深刻。

关键词 文学家 流寓 迁徙 形式 规律 意义

文学家的地理分布有两种状态：一种是静态分布，一种是动态分布。静态分布是指其出生成长之地的分布，动态分布是指其流寓、迁徙之地的分布。静态分布与动态分布是相对而言的。一个文学家只有一个出生地，而出生地与成长地在多数情况下又是重合的，不重合者只是少数。文学家的流寓和迁徙之地则不一样。一个文学家往往有多个流寓和迁徙之地。也就是说，文学家的出生成长之地要相对少一些，集中一些，单纯一些，文学家的流寓、迁徙之地则相对多一些，分散一些，复杂一些。文学家在出

---

　　* 作者简介：曾大兴，广州大学人文学院教授，广东省广府文化研究基地常务副主任，中国文学地理学会会长。

生成长之地的生活要相对平静一些，一旦流寓、迁徙，即表明原来相对平静的生活已被打破，人生更富有动感。由于这个原因，我们称前者为静态分布，后者为动态分布。

流寓和迁徙是两个既有联系又有区别的概念。流寓和迁徙都是指人口的转移，但流寓是短期的转移，不一定迁移户口。迁徙不一样，它是一种长期的转移，要把户口由原籍迁移到客居之地，也就是说，要在客居之地落籍。中国古代有许多文学家在异地为官，这叫流寓。即便是贬谪，也还是叫流寓。因为过一段时间，他们就有可能被召回，或者量移（也就是从一个离朝廷比较远的地方，转移到一个离朝廷比较近的地方）。只有极少数文学家一直不能被召回，最后死在贬所。而他们的家人，也就因此而落籍于当地，这就叫迁徙。还有一些文学家，不是因为在外地做官、入幕、授业，也不是因为贬谪，或者隐居，而是纯粹的移民。他们要在移入之地取得户籍，才能被当地所真正接纳，才有自己的土地可供耕种，才能让子弟入读当地的官学，并占用当地的名额参加科举考试。这种性质，也叫迁徙。

我们可以对少数文学家的流寓、迁徙之地进行微观的考察和描述，但是很难对多数文学家的流寓、迁徙之地进行这种考察和描述，因为这个工作量实在是太大了，不是少数几个人在短期内可以完成的。也就是说，关于文学家个体的动态分布是可以进行考察和描述的，关于文学家群体的动态分布的考察和描述则需要假以时日。就目前的条件来讲，我们只能对文学家群体流寓、迁徙的几种主要形式和几个主要地理空间进行宏观的考察和描述。这种考察和描述对于了解文学家的动态分布及其对文学创作的影响，以及对流寓迁徙之地的文化环境的影响，无疑是具有重要意义的。

一 文学家流寓迁徙的八种主要形式

文学家的流寓和迁徙，就其形式来讲，主要有以下八种：一是游学，二是应试，三是游宦，四是入幕，五是授业，六是流贬，七是隐居，八是移民。

1. 游学

游学之风始于春秋战国时期。如孔子曾游学齐、宋、卫、陈、蔡等国，荀子、邹衍、宋钘、尹文、慎到、田骈等曾游学齐国都城临淄的稷下，孟子曾从孔子之孙子思游学，并曾游学宋、滕、魏、齐等国；惠施曾游学魏、楚、宋等国；公孙龙曾游说燕昭王、赵惠王、赵平原君赵胜，韩非和李斯曾从荀子游学，子夏从孔子游学，李悝从子夏游学，吴起从曾子游学，等等。

春秋战国时期的游学，主要有两个目的：一是拜师，二是游说。这些游学之士，虽然并不都是文学家，但是我们发现，在谭正璧《中国文学家大辞典》所收录的周秦时期16位文学家中，竟有7人有过游学的经历，即孔丘、墨翟、孟轲、荀况、韩非、宋钘和李斯。也就是说，当时黄河流域11个文学家，有游学经历的竟多达7人，占总数的63.6%。另外9人中，至少像卜商等人，应该是有游学经历的，只是缺乏记载而已。这些人基本上都是先秦儒、法、墨三家的代表人物，他们的游学行为，与其兼济天下的精神是相一致的。就其游学的目的地来看，有齐、滕、宋、卫、陈、蔡、魏、赵、燕、楚等国，相当于今天的山东、河南、河北、湖北等地。

汉代的游学之风更为炽热。据刘太祥根据《汉书》、《后汉书》所作统计，两汉游学之士有106人。[①] 这106人中，被谭正璧收入《中国文学家大辞典》的有33人。这33人是：陆贾、晁错、邹阳、枚乘、司马相如、兒宽、司马迁、吾丘寿王、主父偃、终军、陈汤、萧望之、师丹、扬雄、王充、仲长统、崔骃、崔瑗、崔琦、刘陶、张衡、马融、蔡邕、李固、延笃、卢植、张奂、魏朗、卫宏、服虔、王延寿、高彪、唐檀。就这33人的游学之地来看，主要有京师长安、梁国、洛阳、鲁国等地，其中以游学京师太学者占大多数。需要说明的是，该辞典收录两汉时期有籍贯可考的文学家共193人。这193人中，被两《汉书》收录的人并不多，也就是说，两汉时期有游学经历的文学家肯定不止这33人。

游学行为对文学家的影响是很大的。宋代文学家苏辙有一篇文章讲到自己的游学经历时说：自己在家乡蛰居了十九年，"所与游者，不过其邻里乡党之人，所见不过数百里之间，无高山大野可登览以自广。百氏之书

---

① 刘太祥：《汉代游学之风》，《中国史研究》1998年第4期。

虽无所不读，然皆古人之陈迹，不足以激发其志气"。于是"决然舍去，求天下奇闻壮观，以知天地之广大"。"过秦、汉之故都，恣观终南、嵩、华之高，北顾黄河之奔流，慨然想见古之豪杰；至京师，仰观天子宫阙之壮，与仓廪府库城池苑囿之富且大也，而后知天下之巨丽；见翰林欧公，听其议论之宏辩，观其容貌之秀伟，与其门人贤士大夫游，而后知天下之文章聚乎此也。"① 可见他游学的地理体验是很丰富的，这种丰富的地理体验对于他此后的创作所产生的重要影响是不言而喻的。

2. 应试

科举考试制度是中国古代选拔人才的基本制度。在科举考试制度形成之前，中国的人才选拔制度大体经历了三个阶段。一是春秋战国时期的荐举制。所谓荐举，实际上包括自荐和他荐两种。这个制度造成了春秋战国时期人才兴盛的局面。二是汉代的察举制。这是由朝廷高级官员和地方郡县长官随时察访贤者，然后向朝廷举荐，朝廷再通过相应的考试（例如对策和射策）授予官职。察举科目中，以常科中的孝廉、秀才和制科中的贤良方正、贤良文学最为知名。据统计，自西汉武帝元光元年（前134）至东汉献帝建安末年（220）的350多年间，共举孝廉7.4万余人。② 制科的录取人数也不少。《汉书·董仲舒传》："武帝即位，举贤良文学之士前后百数。"③ 一般来讲，贤良文学重在学，贤良方正重在德，但后者中也不乏文学之士。如西汉名臣晁错、魏相、严助，东汉名臣苏章、张奂、皇甫规等，皆出于贤良方正，也是被谭正璧编《中国文学家大辞典》收录的有影响的文学家。三是魏晋南北朝的九品中正制。就是在各个州郡设立"中正官"，由他们根据家世、行状等条件，对人才进行品第，然后向朝廷推荐。最后才是科举制。这个制度创自隋文帝，至清末废止，前后沿用了1200多年。这是一种通过公开考试的方式选拔人才的制度，不分门第高下。因此相对前三者，这个制度要公平得多。唐代的科举考试分常科与制科，常科每年举行，制科由皇帝临时设置。常科名目很多，以"进士"这一科最为热门，以至于后来人们竟把科举考试等同于进士考试。考生的来源有两

① （宋）苏辙：《上枢密韩太尉书》，《栾城集》，上海古籍出版社1987年版，第478页。
② 黄留珠：《秦汉仕进制度》，西北大学出版社1985年版。
③ （汉）班固：《汉书·董仲书传》，浙江古籍出版社2000年版，第792页。

种,一是由京师及州县学馆出身而送于尚书省受试者,叫"生徒";二是经州县考试,及第后再送尚书省应试者,叫"乡贡",由乡贡入京应试的,通称举人。在唐代,秀才、举人、进士,几乎是同一个含义。据统计,自唐代至清末,共录取进士 106310 人,所谓"十万进士"①。

进士考试的科目有"时务策"和"贴经",自唐高宗时起,加试诗赋。自唐玄宗时起,制科考试也加试诗赋。由于进士考试有诗赋这一门,所以此后进士,没有一个不懂写诗作赋的。有人认为,进士科的"诗赋"考试,并没有出现什么好作品,钱起的《省试湘灵鼓瑟》只是一个特例。诚然,这种"命题作文"的形式确实难以产生好作品,但是,人们为了应对这门考试,平时在诗赋方面是下了许多功夫的。唐人讲:"文选烂,秀才半",就是讲为了应对这种考试而加强文学方面的训练。进士考试因为考诗赋,培养了很多文学人才。根据笔者的统计,在中国古代的文学家中,60% 以上是有进士、举人、秀才一类功名的。

从宋代开始,常科考试分为州府试、礼部试、殿试三级。明清时分为乡试、会试、殿试三级。乡试合格者称举人,第一名称解元;会试合格者称贡士,第一名称会员;殿试录取分三甲,一甲取三名,即状元、榜眼、探花,全称"三鼎甲"。二甲赐进士出身,三甲赐同进士出身。一甲、二甲、三甲,通称进士。进士榜称甲榜,或称金榜,考中进士称金榜题名。州府试或乡试是在州府举行的,会试或礼部试,还有殿试,是在京城举行的,这样府(州)城、京城,就成为人才(包括文学家)的动态分布之地。

唐代每年应进士考试的人数为 600—1000 余人,每年录取的人数为 30人左右。也就是说,应考者是录取者的 20—30 倍。唐人牛希济《荐士论》:"郡国所送,群士千万,孟冬之月,集于京师,麻衣如雪,满于九衢。"(《全唐文》卷八四六)应考者孟冬之月到京师,到来年二、三月才参加礼部试,即"春闱"。这期间,他们在京师,主要做些什么呢?主要是"温卷"。宋人赵彦卫《云麓漫钞》卷八:"唐之举人,先借当世显人以姓名达之主司,然后以所业投献。逾数日又投,谓之温卷。如《幽怪录》、《传奇》等是也。盖此等文备众体,可以见史才、诗笔、议论。至进士则

---

① 吴建华:《科举制下进士的社会结构和社会流动》,《苏州大学学报》1994 年第 1 期。

多以诗为贽，今有唐诗数百种行于世者，是也。"程千帆先生指出："进士科举，则又是唐代科举制度中最重要的组成部分。它主要是以文词优劣来决定举子的去取。这样，就不能不直接对文学发生作用。这种作用，应当一分为二，如果就它以甲赋、律诗为正式的考试内容来考察，那基本上只能算是促退的；而如果就进士科举以文词为主要考试内容因而派生的行卷这种特殊风尚来考察，就无可否认，无论是从整个唐代文学发展的契机来讲，或者是从诗歌、古文、传奇任何一种文学样式来说，都起过一定程度的积极作用。"① 温卷，或者行卷，从某种意义上讲，也是一种文学活动。虽然他们的目的在科举，但是其卷子的内容是文学的。

3. 游宦

游宦，就是在外地求官和做官。古人求官有世袭、荐举、征辟、学校、科举、军功、外戚、宦官、吏道、方伎、纳赀等多种途径。九品以下的称吏。汉代从吏中选拔官，叫吏道；唐代叫入流。方伎，指天文、占卜、医药等方面的技术人员。

中国古代的文学家多数都是各级政府的官吏。日本著名学者吉川幸次郎指出：中国在7世纪科举制实行后，"所考的题目，原则上是政治论、哲学论，同时还要考诗。像这样，参与政治者必然应该参与文学活动；倒过来，参与文学活动者应该参与政治，至少应具有参与政治的欲望"；"一般来说，任何形式的官吏经历都没有的文学家是很稀少的"②。

据张仲礼的研究结果，清代进士及第时的平均年龄约为36岁，中举时的平均年龄约为31岁，生员取中时的平均年龄约为24岁。其他朝代也大致如此。③ 中国古代的官员，通常是70岁退休。他们的游宦生涯，通常是30年，少数在35年以上。古人讲："人生七十古来稀。"中国人的平均寿命，到今天才达74岁。古代官员活到70岁的并不多。

古人的游宦，少数时间在京师，多数时间在州县。唐玄宗时规定，不历州县不拟台省，即没有做过地方官的人不得做京官。

官员的游宦，呈现三种态势：一是从地方到京师，二是从京师到地

---

① 程千帆：《唐代进士行卷与文学》，上海古籍出版社1980年版，第88页。
② ［日］吉川幸次郎：《中国诗史》，章培恒等译，安徽文艺出版社1986年版，第4页。
③ 张仲礼：《中国绅士》，上海社会科学院出版社1972年版。

方，三是从地方到地方。无论哪一种态势，都属于动态分布。古代的文学家无论做地方官还是做京官，都属于动态分布。

4. 入幕

所谓"幕"，就是幕府，也就是方镇（将帅、节度使、大都督等）的幕府。方镇最初是一个临时性的建制，后来成为一个集军、政、财于一体的行政单位。李肇《国史补》："为使则重，为官则轻。"方镇下面都有幕僚，因而形成一套幕府制度。幕府制度自汉代以来就有了。"入幕"，就是做方镇的幕僚。

文人入幕的原因主要有二：一是幕主可以自辟僚属，并为有才干、有功劳的僚属请官；二是许多文人也把入幕作为求得正式官职的一个途径，或者求官不成，靠入幕来实现自己的人生价值。在唐代，文人中进士之后，还不能得到官职，还得参加制科的考试，制科考试通过后，才能得到官职。在宋代，一旦中进士，即可做官。在清代，由于官缺有限，许多文人即便中了进士，也未必有官做，或者至少一段时间没有官做。中了进士没官做，或者教书，或者入幕，或者经商。这是常例。但是，教书没有入幕的待遇好，也没有做官的机会，因为不在幕主身边，没有人发现和提拔。在古代的官场，有两个地方的文学家是比较集中的，一个是翰林院，一个是幕府。但翰林院是个"伴君如伴虎"的地方，文学家没有自由，不敢放开写。他们在翰林院写的作品，多是"台阁体"，歌功颂德，粉饰太平，没有什么文学价值。他们的好作品，往往是离开翰林院，到了地方，甚至是在贬所写出来的。幕府就不一样了，自由一些。如果府主是一个爱文学的人，同时又是一个开明的人，那么在幕府就可以出现好作品。历代的幕府文学，以唐代最为发达。这是因为唐代的自由度是最高的。唐代的许多文人都有入幕的经历。据戴伟华《唐代使府与文学研究》一书统计，唐代入幕的文学家多达226人，其中进士出身者149人，明经6人，诸科10人，未登第者61人。① 这226位文学家中，像王维、高适、岑参、杜甫、元结、李绅、王建、戴叔伦、韩愈、孟郊、杜牧、李商隐、罗隐、温庭筠、韦庄等，都是唐代著名的文学家。唐代边塞诗的繁荣，与文人入幕

---

① 戴伟华：《唐代使府与文学研究》（修订本），广西师范大学出版社2007年版，第70页。

是有直接关系的。清代的幕府更多。入幕的文人，据尚小明的《清代士人游幕表》一书统计，有 1364 人。① 这 1364 人中，据笔者统计，有文学家109 人。清代的幕府中，像曾国藩、左宗棠、端方等人的幕府，也聚集了不少有影响的文学家。尤其是曾国藩的幕府，聚集了不少古文家。曾国藩本人是个古文家，他当年是有意识地罗织这些古文家的。

5. 授业

授业即执教。有执教于官学者，也有执教于私学者。中国古代的官学，有中央官学（商周时称辟雍、太学等，西汉至三国称太学，西晋至金称国子学、太学，元明清称国子监），也有郡（州、府）县官学。在官学执教的人，亦官亦师，拿国家的俸禄，实为游宦的一部分。关于这一部分人，我们已经在"游宦"中讲过了，这里不再重复。

在私学执教的人，在春秋战国时期，是由王宫流落于社会的文士，他们的待遇由养士者提供。汉代以后，则是一些私家教授，他们的待遇由私学的开办者提供。中国私学教育始于孔子。孔子的弟子多达 3000 多人，所谓"三千弟子，七十二贤人"。这其中就有以文学见长的卜商（子夏）。

孔子之后，私学盛极一时。孟子、田骈、许行等人，弟子甚众。如孟子，"后车数十乘，从者数百人，以传食于诸侯"②；田骈在齐，"赀养千钟，徒百人"③；许行也有"徒数十人"④。

汉代的私学也很兴盛。据《后汉书·儒林列传》记载，当时的私学教授就有很多，如南阳郡洼丹，"徒众数百人"；谢该，"门徒数百千人"。陈留郡刘昆，"弟子恒五百余人"；刘佚，"门徒亦盛"；杨伦，"弟子至千余人"；楼望，"诸生著录九千余人"。汝南蔡玄，"门徒常千人，其著录者万六千人"。颍川郡张兴，"弟子自远至者，著录且万人"。陈国颖容，"聚徒千余人"。北海甄宇，"讲授常数百人"。犍为杜抚，"弟子千余人"。任城魏应，"弟子自远方至，著录数千人"。鲁国孔长彦，"门徒数百人"。乐安牟长传，"诸生讲学者常有千余人，著录前后万人"；欧阳歙，"教授数百

---

① 尚小明：《清代士人游幕表》，中华书局 2005 年版，第 41—331 页。

② 《孟子·滕文公章句下》，杨伯峻《孟子译注》，中华书局 1960 年版，第 145 页。

③ 《战国策·齐四》，范祥雍《战国策笺注》第 2 册，上海古籍出版社 2011 年版，第 660 页。

④ 《孟子·滕文公章句上》，杨伯峻《孟子译注》，中华书局 1960 年版，第 123 页。

人"。京兆杨政，"教授数百人"①。

魏晋南北朝的私学也很兴盛。如乐详，"门徒数千人"②；宋纤，弟子受业者三千余人（《晋书·隐逸传》）；郭瑀，"弟子著录千余人"（《晋书·隐逸传》）。

唐宋以后，书院代兴。据王炳照《中国历代书院》统计，从唐末五代到清代，中国有书院 6385 所，分布在今天的 31 个省、自治区、直辖市和特别行政区（含台湾）。其中拥有量在 150 所以上的有江西、浙江、四川、湖南、广东、河南、福建、广西、山东、河北、安徽、江苏、湖北、云南、山西、贵州和陕西等 17 个省区市。

书院是中国古代的研究性的大学，私立的在一半以上。书院主要传授和研讨儒家经典，也有文学创作方面的内容。所以书院的学生中，也有不少文学家。据统计，从宋代到清代，曾在岳麓书院游学、后来成为国内名人的有 31 人。③ 而这 31 人中，竟有 14 人被谭正璧收入《中国文学家大辞典》，他们是：宋代的彭龟年、吴猎、游九言、吴儆，明代的顾璘、王夫之，清代的魏源、曾国藩、曾国荃、郭嵩焘、刘蓉、胡林翼、左宗棠和李元度，占了名人总数的 45%。

6. 流贬

"流贬"，是对官员的一种惩罚，包括"流"和"贬"两种类型。流，即流放，属于五刑之一。自先秦始，就有所谓"五刑"。隋朝将五刑定为笞、杖、徒、流、死，此后一直沿用到清代。笞，即用竹板或荆条拷打犯人脊背或臀腿。杖，即用大竹板或大荆条拷打犯人脊、背、臀、腿。徒，即徒刑，并强制服劳役。流，即把罪犯押解到边远地方服劳役或戍守，且不得离开该地区。流刑自古即有。《尚书·虞书·舜典》："流共工于幽州，放欢兜于崇山，窜三苗于三危，殛鲧于羽山。"流刑仅次于死。《唐律疏议》："《书》云：'流宥五刑。'谓不忍刑杀，宥之于远也。"流刑的名称历代不同，有时称放、迁、徙。官员遭流刑，首先要被免职，然后被流徙到边远地区，受到管制，或者服役。

---

① （南朝宋）范晔：《后汉书·儒林列传》，浙江古籍出版社 2000 年版，第 723—744 页。

② 《三国志·魏书·杜畿传注》，浙江古籍出版社 2000 年版，第 324 页。

③ 江堤等编：《岳麓书院》，湖南文艺出版社 1995 年版。

贬，即贬谪，《说文》："贬，损也。""谪，罚也。"又称贬降、迁谪、左迁、左降等。贬和流不一样。王溥《唐会要》卷四："贬则降秩而已，流为摈死之刑。"首先，贬不一定要迁徙。有些人虽然遭贬，但实际上还是在原地为官，只是职务降了。其次，即使遭迁徙，贬和流的待遇也不一样。王溥《唐会要》："天宝五载七月六日敕：应流贬之人，皆负罪愆，如闻在路多作逗留，郡县阿容，许其停滞。自今以后，左降官量情状稍重者，日驰十驿以赴任。流人押领、纲典画时，递相分付。如更因循，所由官当别有处分。"再次，贬谪限于为官者，流放包括所有人。许多官员，往往是先贬、后流。例如谢灵运，先贬永嘉太守，再流放广州。又如秦观，先贬监处州盐酒税，然后被罢，削秩徙郴州，再编管横州，最后除名，徙雷州。两汉至唐宋，文学家遭贬谪多于流放；元明清三代，文学家遭流放多于贬谪。

中国第一个被流放的文学家是屈原，第一个被贬谪的文学家是贾谊。此后各代，流、贬皆有。

就其流贬之地而言，有两个共同特点。一是偏远。如唐代宋之问被流骢州（今越南安城县），离长安 6875 里。二是自然和人文环境差。先秦至唐宋，大多在南方瘴疠之地。元代，"南人迁于辽阳迤北之地，北人迁于南方湖广之乡"（《元史·刑法志》）。明清两代，则主要集中在西北与东北边疆，例如黑龙江的宁古塔。

广东是一个非常典型的官员流贬之地。据统计，从东汉到明代，流贬到广东的文人多达 271 人①，其中有不少是著名的文学家。如南朝的谢灵运，唐代的张说、宋之问、沈佺期、杜审言、王昌龄、刘长卿、韩愈、刘禹锡、李绅、李商隐，宋代的苏轼、苏辙、秦观，明代的解缙等，都在其列。

明代郝玉麟《广东通志》："唐诗之兴，始自杜审言与沈宋倡为律诗，而审言之孙甫称大家……至于咸通以后，其衰极矣。一代名家，始终寓迹，多在五岭三江间，他邦所无也。"② 文学家到了流贬之地，由于身心受到很大的摧残，对生命就有了一种更深刻、更丰富的体验，文学史上的许

---

① 刘庆华：《广东贬谪文人的时空考察》，《学术研究》2009 年第 5 期。

② （清）郝玉麟：《广东通志》卷四三，文渊阁《四库全书》本。

多好作品,如屈原的《离骚》、《九章》、《九歌》,贾谊的《吊屈原赋》等就是在这种流、贬之地产生的。宋代严羽《沧浪诗话》:"唐人好诗,多是征戍、迁谪、行旅、离别之作,往往能感动激发人意。"

7. 隐居

隐居,就是指隐居不仕,遁迹山林。隐居之人都是读书人,所以称为隐士,又称高士、居士、处士、逸士、山林之士、山谷之士、岩穴之士、江海之士等,士即读书人。中国的隐士,也是由来已久。先秦古籍中的许由、巢父、伯夷、叔齐、接舆等,都是隐士。《易》云:"天地闭,贤人隐。"孔子云:"天下有道则见,无道则隐。"(《论语·泰伯》)这是一般性原则,具体情况则比较复杂,所谓"隐避纷纭,情迹万品"①。有的是全隐,真隐。还有晋宋间的宋炳,元代的吴镇等。有的是先官后隐,例如东晋的陶渊明,明代的文徵明等。有的是先隐后官,如殷商时的伊尹,商周时的姜尚,东汉末年的诸葛亮,元末的刘基等。有的是半官半隐,如唐代的王维等。有的是忽官忽隐,如元末的王蒙,明末的董其昌等,做了几年官,又去隐居;朝廷征召,或形势有利,又出来做官;做一阵子官又回去隐居。有的是假隐,如明朝的陈继儒,虽不做官,但好与官家打交道,清人蒋士铨尝作《临川梦·隐奸》出场诗嘲讽他:"翩翩一只云间鹤,飞来飞去宰相家。"有的是名隐实官,如南朝齐梁时的陶弘景,人称"山中宰相"。有的是以隐求官,如唐代的卢藏用,考中进士后,先去终南山隐居,等待朝廷征召,后来果然被授予左拾遗。这就是所谓"终南捷径"(刘肃《大唐新语·隐逸》)。以上这些隐士,除了许由、巢父、伯夷、叔齐、接舆等是全隐、真隐,其他都是半隐或假隐。

自《后汉书》始,历代官修史书都辟有隐士传。据统计,《后汉书》、《晋书》、《宋书》、《南齐书》、《南史》、《梁书》、《魏书》、《北史》、《隋书》、《旧唐书》、《新唐书》、《宋史》、《元史》、《明史》、《清史稿》等15部官修史书共载隐士365人。不过事实上,中国古代的隐士远远不止这个数目。例如据张海鸥考证,宋代有名有姓的隐士就有378人,比《宋史》

---

① (唐)李延寿:《南史·隐逸上》,中华书局1975年版,第6册,第1855页。

所载 43 人多了 7 倍。①

隐士的隐居之地，主要是名山。据蒋星煜的《中国隐士与中国文化》一书统计，隐士最中意的隐居之地，依次为庐山、嵩山、武夷山、天台山、青城山、衡山、华山、太白山、中条山、洞庭山、苏门山（河南辉县）、林虑山（河南林县）、终南山、罗浮山、峨眉山、武当山、四明山、王屋山、鹿门山和大涤山（浙江余杭）。总计南方 12 座，北方 8 座。

杜甫《佳人》诗云："在山泉水清，出山泉水浊。"《南史·隐逸传》云：隐士，"须含贞养素，文以艺业。不尔，则与夫樵者在山，何殊异也？"② 意谓隐士当留下诗文作品。事实上，全隐、真隐，是没有留下诗文作品的，他们不要名，他们不是文学家。半隐、假隐，尤其是魏晋以后的半隐、假隐，许多都有诗文作品留下来，许多都是文学家。因为他们要名。例如《南史·隐逸传》，一共记载了 52 个隐士，其中仅仅是被谭正璧收入《中国文学家大辞典》的就有陶潜、周续之、雷次宗、朱百年、顾欢、臧荣绪、陶弘景、诸葛璩、庾诜、庾曼倩、马枢 11 人。这些隐士文学家的身份和职业也是多种多样，有官员，有农民，有道士，有和尚，也有医卜之人。

隐士多数不在原籍，多数属于动态分布。

8. 移民

据历史地理学家研究，中国历史上的移民有五种类型：一是自北而南的生存性移民，二是以行政或军事手段推行的强制性移民，三是从平原到山区、从内地到边疆的开发性移民，四是北方牧业民族或非华夏民族的内徙与西迁，五是东南沿海地区对海外的移民。③ 古代文学家的多数是各级政府的官吏，他们的迁徙，是与他们所服务的政府机构的迁徙相伴随的。他们的迁徙性质，使得他们的移民，只能是属于第一、二两种，即"自北而南的生存性移民"和"以行政或军事手段推行的强制性移民"。例如，西晋末年的"永嘉之乱"与北宋末年的"靖康之乱"，是由于北方游牧民族的入侵而迫使汉族政权南迁的两次大的动乱。这两次动乱所导致的移

---

① 张海鸥：《宋代隐士隐居原因初探》，《求索》1999 年第 4 期。
② （唐）李延寿：《南史·隐逸上》，中华书局 1975 年版，第 6 册，第 1856 页。
③ 葛剑雄主编：《中国移民史》第 1 卷，福建人民出版社 1997 年版，第 54—76 页。

民，也是历史上规模最大的两次移民。这两次移民几乎遍及整个黄河流域，其持续时间都在百年以上，其移民规模也都在百万人口以上。在这两次大规模的移民队伍中，就有不少的文学家。

据谭其骧先生的研究结果，从 4 世纪初的西晋永嘉年间（307—312）到 5 世纪中叶的南朝元嘉年间（424—453），移民迁出地约有 140 万户，以每户五口计，共 700 余万，南迁人口占全国总人口的八分之一。在这个庞大的南迁人口中，就有许多是宗室贵族、官僚地主和文人学者。据谭先生统计，《南史》列传中（不计后妃、宗室、孝义等传）有人物 728 人，原籍北方的有 506 人，南方籍的只有 222 人。① 根据笔者对谭正璧编《中国文学家大辞典》所做的统计，该《辞典》收录东晋十六国南北朝时期的文学家共 569 人，其中有籍贯可考者 561 人，籍贯不详者 8 人。这 561 位文学家中，占籍南方的有 430 位，占籍北方的只有 131 位，南北之比为 7.7:2.3，南方文学家占了绝大多数。这其中又有两组数据值得注意：一是在占籍北方的 131 位文学家中，"永嘉之乱"后移民南方者多达 53 位，留在北方者只有 78 位，也就是说，40% 的文学家都移民南方了；二是在占籍南方的 430 位文学家中，永嘉移民的后代竟多达 327 位，占南方文学家总数的 76%，也就是说，中国南北文学家的分布格局的第一次改变，实际上是由"永嘉移民"造成的。

又据吴松弟的研究结果，从北宋靖康元年（1126）至南宋后期，自北而南的移民大约有 500 万人。② 据吴氏所作《靖康乱后南迁的北方移民实例》一表统计，当时迁入江南、江西、福建、两湖、四川、岭南、淮南等地的北方人士达 1390 人，迁入地不明者达 296 人。这个庞大的移民人口中，也包含了不少文学家。例如陈与义、吕本中、韩驹、曾几、张孝祥、康与之、朱敦儒、向子諲、李清照、辛弃疾等人，都是北方移民。又谭正璧《中国文学家大辞典》收录宋辽金时期的文学家共 1167 人，其中有籍贯可考者 1102 人，籍贯不详者 65 人。在这 1167 位文学家中，辽北宋时期的文学家有 404 人，其中有籍贯可考者 387 人；金南宋时期的文学家有

---

① 谭其骧：《晋永嘉丧乱后之民族迁徙》，《长水集》上册，人民出版社 1987 年版，第 200—205 页。

② 葛剑雄主编：《中国移民史》第 4 卷，福建人民出版社 1997 年版，第 415 页。

763 人，其中籍贯可考者 715 人。具体来讲，在辽北宋时期有籍贯可考的 387 位文学家中，南方占 231 人，北方占 156 人，南北之比为 6.0∶4.0；在金南宋时期有籍贯可考的 715 位文学家中，南方占 517 人，北方占 198 人，南北之比为 7.2∶2.8。也就是说，金南宋时期，南北文学家的分布格局再次发生重大变化。而这一次的重大变化，无疑是由"靖康移民"造成的。

再看第二种移民，即"以行政或军事手段推行的强制性移民"。葛剑雄指出："秦始皇迁入咸阳的'天下富豪'有 12 万户，显然是六国贵族和地方豪强等有相当大经济政治实力的人物及其家属。西汉初开始不断从关东迁贵族、豪强、富人充实首都长安及其周围的陵县，100 多年间移民及其后裔多达 120 万，几乎占当地人口的一半。三国之一的蜀国被灭之后，包括后主刘禅及其家属在内的 3 万户被迁至洛阳和附近地区，文武大臣及地方豪强几乎被收罗一空。晋灭吴之后同样如此，除吴主孙皓及宗族外，凡吴国在一定职位以上的人家，包括已故将领等家族，都被迁至洛阳或指定的其他地点。此后，在东晋、十六国、南北朝期间，凡是一个政权被另一个政权所灭，无不随之进行一次规模不等的移民，亡国君主（如未被杀的话）及其家属、臣僚以至都城百姓，甚至某一重要地区的主要人口被迁至战胜国的首都或某一指点的地点，人数少则数十百户，多则数万至十万余户。"[①] 在这种性质的迁移人口中，就包含了许多文学家。据葛剑雄作《徙关中实例》一表所列，汉代由全国各地迁入关中地区的著名人士有 57 人[②]，这 57 人中，被谭正璧收入《中国文学家大辞典》的就有主父偃、朱建、魏相、董仲舒、陈汤和司马相如 6 人。

二 文学家流寓迁徙的基本特点和规律

中国文学家的流寓和迁徙，虽然因人而异，千差万别，但是就其分布空间而言，还是有规律可循的，概括来讲，主要有八种类型。

一是首都。只有在首都（京师），才能参加最高级别的考试，才能做

---

① 葛剑雄主编：《中国移民史》第 1 卷，福建人民出版社 1997 年版，第 60—61 页。
② 葛剑雄主编：《中国移民史》第 2 卷，福建人民出版社 1997 年版，第 107—108 页。

到最大的官,才能赢得最高级别的功名。所以首都是文学家流动、迁徙的第一目的地。

二是首府(包括郡、州、府、路、路所在地)。科举考试中的"乡试"是在这里完成的。做地方官是做京官的必由之路。所谓"宰相必起于州郡,猛将必发于卒伍"①。

三是边塞。自古立功者,莫过于立军功。而立军功,又莫过于去边塞。杨炯《从军行》:"宁为百夫长,胜作一书生。"岑参《送李副使赴碛西官军》:"功名祇向马上取,真是英雄一丈夫。"苏轼《江城子》:"持节云中,何日遣冯唐?会挽雕弓如满月,西北望,射天狼。"无论是"重武轻文"的时代,还是"重文轻武"的时代,军功都是首功。刘济《出塞曲》:"死是征人死,功是将军功。"

四是山林。山林是最典型的隐居之地。读书人入山林,有两个目的:一是入世的准备,二是出世的归栖。山林好读书,好写作;山中有名师,有高人。所以读书人入世之前,往往要入山林。山林远是非,远尘嚣;山林有同道,有知音。所以读书人仕途失意,选择出世,往往也要入山林。

五是城市。城市包括首都,包括首府,也包括非政治中心的其他城市。城市的教育、文化、信息和交流环境比乡村好,入世的机会比乡村多,所以城市也成为文学家的流动和迁徙的目标之一。出世的文学家选择城市,往往是因为选择山林而不可得,所以降而求其次。

六是乡村。乡村是文学家的出发之地,也是他们的归宿之地。尤其是在农业社会,乡村的生态环境比城市要好,所以乡村往往是文学家出世之地的首选目标。

七是富庶之地。富庶之地,或在首都,或在首府,或在其他的城镇,也有在乡村者。富庶之地的生活、教育、文化环境较好,谋生较易,所以富庶之地往往成为文学家流动和迁徙的目标。

八是蛮荒之地。没有一个文学家会主动选择蛮荒之地。蛮荒之地的经济、教育、文化环境都很落后。凡入蛮荒之地者,多为贬谪、沦落之人,

---

① (战国)韩非:《韩非子·显学》,梁启雄《韩子浅释》下册,中华书局1960年版,第499页。

多是被动选择。

人是自然的一分子，人的某些行为，与自然界的某些动物的行为是有相似之处的。就文学家流动、迁徙的基本特点和一般规律来讲，其与候鸟的迁徙有某些相似之处，可以称之为"候鸟行为"。

生物学家根据鸟类的居留行为，将其分为三种不同的类型：一是候鸟，二是留鸟，三是迷鸟。候鸟是那些有迁徙行为的鸟类，它们每年春秋两季沿着固定的路线往返于繁殖地和避寒地之间。例如，夏天的时候，它们在纬度较高的温带地区繁殖；冬天的时候，则在纬度较低的热带地区过冬。夏末初秋的时候，它们由繁殖地往南迁徙到避寒地；而在春天的时候，它们又由避寒地北返回到繁殖地。根据候鸟出现的时间和地域，生物学家又将其分为夏候鸟、冬候鸟、旅鸟和漂鸟。如果鸟类在它的避寒地，则为冬候鸟；在它的繁殖地（或避暑地），则为夏候鸟；在它往返于避寒地和繁殖地途中所经过的区域，则为旅鸟；在一定地域范围，或是夏居山林，冬居平原，则为漂鸟。

留鸟是那些没有迁徙行为的鸟类，它们常年居住在出生地，大部分留鸟甚至终身不离开自己的巢区。有些留鸟则会进行不定向的和短距离的迁移，这种迁移在有的情况下是有规律的，比如乌鸦会在冬季向城市中心区域聚集，而在夏季则会分散到郊区或者山区，这种有规律性的、短距离的不定向迁移，叫作"漂泊"；还有一些鸟类如雪鸡会根据季节的变化在高海拔和低海拔之间进行迁移，这种迁移叫作"垂直迁徙"，虽然名为迁徙，但仍然是留鸟的一种行为；有些鸟类的短距离迁移则是完全没有规律的，仅仅是随着食物状况的改变而游荡，这种鸟类实际上是留鸟与候鸟之间的过渡类型。

迷鸟是那些由于天气恶劣或者其他自然原因，偏离自身迁徙路线，出现在本不应该出现的区域的鸟类，例如曾经在湖南洞庭湖自然保护区发现的大红鹳就是迷鸟。

候鸟和留鸟之间的区别并不是绝对的，同一鸟种，可能因为各种原因，在不同的地区甚至在同一地区表现出不同的居留类型。决定一个鸟种在一地的居留类型的因素有当地气候、食物状况、生境等，例如，繁殖于日本北海道的丹顶鹤原为夏候鸟，由于当地人士持续在冬季定期给其投喂食物，部分丹顶鹤已经放弃迁徙的本能，成为当地的留鸟；又如黑卷尾，在中国南部的海南、云南等地为留鸟，而在长江流域和华北为夏候鸟，在欧洲则为漂鸟。

文学家一般在自己的出生成长之地即原籍完成自己的基础教育，这个时候的他们相当于一只留鸟；完成自己的基础教育之后，他们就会离开自己的出生成长之地，出来游学、应试、做官，或者因为仕途不顺，或者因为别的原因，入幕、授业、遭贬、隐居、移民等，他们的这些行为就相当于一只候鸟。

但是，文学家毕竟是人，不是鸟类。人是文化的动物，文学家尤其如此。如果说，决定一个鸟种的居留类型的因素，有当地气候、食物状况、生态环境等，那么，决定一个文学家的居留类型的因素，除了自然气候和物质生活水平，还有人文气候或者人文环境。

文学家的迁徙是一个比较复杂的问题，从微观的角度来看，可以说是各有其因；从宏观的角度来看，则不难发现其中的规律：一是从自然气候寒冷的地方迁往相对温暖的地方，二是从人文气候稀薄的地方迁往相对浓郁的地方。在自然气候温暖的时期，文学家一般是由人文气候稀薄的地方迁往相对浓郁的地方；在自然气候寒冷的时期，文学家一般是由寒冷的地方迁往相对温暖的地方。在自然气候温暖的时期，人们的自然生存有了相应的保障，才会着重考虑人文生存的问题，所以人文气候浓郁的地方，总是比人文气候相对稀薄的地方更能吸引文学家；在自然气候寒冷的时期，人们的自然生存是第一位的，人文生存是第二位的，所以自然气候相对温暖的地方，总是比寒冷的地方更能吸引文学家。由此可见，宏观上讲，影响文学家迁徙的原因，首先是自然气候，其次才是人文气候。

文学家的这种迁徙行为，其实就类似于候鸟的迁徙行为。所不同的是，候鸟的迁徙是一种自然的选择，文学家的流动迁徙则除了自然的选择，还有文化的选择。文学家离开自己的出生成长之地，到异地去游学、应试、为官、入幕、授业，属于人文选择；文学家的移民，则既包含了人文选择，又包含了自然选择。文学家的隐居，虽然具体的原因各异，但其所奉行的一般性原则，还是"邦有道则仕，邦无道则隐"。这实际上也是一种候鸟行为。

历史上有一些被贬谪的文学家，因为是被贬谪，所以朝廷一般是把他们由自然气候温暖的地方贬到寒冷的地方，例如黑龙江的宁古塔；或是由人文气候浓郁的地方贬到相对稀薄的地方，例如唐宋时期的岭南。这是一种被动的迁徙，就像自然界的那些偏离了自身的迁徙路线，出现在了本不应该出现的区域的鸟类，因此可以称之为迷鸟。

三 动态分布与静态分布的意义之比较

文学家的静态分布与动态分布都很重要。地理静态分布之所以重要，是因为"籍贯与生长地往往是合二而一，所以从人物的籍贯分布又可以窥见环境对于人的影响"[①]，也就是本籍文化对文学家的影响；动态分布之所以重要，是因为多数的文学家都有过或多或少的流寓迁徙的经历，这种经历使得他们接受了不同于本籍文化的客籍文化的影响，这种影响对于文学家的生活与创作来讲也是很重要的。

文学家的流动性是比较大的。一般来讲，成年以前，他们在家乡接受基础教育，学习基本的生活技能；成年以后，他们就会离开家乡，求学、应试、为官等，寻求生命空间的拓展与社会价值的实现。在中国文学史上，真正"安土重迁"的文学家是很少的，即便是像陶渊明、孟浩然这样的"隐逸诗人"，也曾有一段时间在外地游历、做官或者求仕，至于像李白、杜甫、苏轼这样的人，可以说是足迹遍布大江南北，一生都在行走当中。就中国文学史上的多数文学家来讲，流动往往是其常态，"安土重迁"反而是其异态。

文学家的流寓迁徙，扩大了文学家生活与写作的地理空间，丰富了他们的地理体验，也提高了他们的思想认识和创作水平，无论是主动的流寓迁徙，还是被动的流寓迁徙，对他们来讲，都是有重要意义的。

文学家的流寓迁徙，一方面使他们接受了流寓迁徙之地的文化环境的影响，一方面也通过他们的文学创作影响了流寓迁徙之地的文化环境。南宋陆游《谢徐居厚汪叔潜携酒见访》："我虽生乱离，犹及见前辈。衣冠方

---

① 周振鹤：《中国历史文化区域研究·序论》，周振鹤等《中国历史文化区域研究》，复旦大学出版社 1997 年版，第 8 页。

南奔，文献往往在。幸供扫洒役，迹忝诸生内。话言犹在耳，造次敢不佩。"元虞集《中原音韵序》："元裕之（好问）在金末国初，虽词多慷慨，而音节则为中原之正，学者取之。"元刘埙《水云村稿》卷四《词人吴用章传》："吴用章，名康，南丰人，生宋绍兴间。……当是时，去南渡未远，汴都正音教坊遗曲犹流播江南。用章博采精探，悟彻音律，单词短韵，字徵协谐。"这些记载表明，流寓迁徙中的文学家对流寓迁徙之地文学人才的影响。

文体的传播在很大程度上也得益于文学家的流寓迁徙。一种文体在其兴起之初，往往是一种地域文学样式，然后才慢慢成为一种新的时代文学样式。在其由地域文学向时代文学的转变过程中，文学家的流寓迁徙行为往往起了很重要的作用。文学家的流寓迁徙，有利于文体摆脱地域的局限，打破地域的阻隔，达成与不同文体、不同作者、不同读者、不同环境之间的交流，使之成为可以被广泛接受和运用的文体，并最终成为一种时代的文学。

需要指出的是，文学家的流寓迁徙虽然很重要，但也不能将其意义绝对化。有人认为，文学家的"动态分布"比他们的"静态分布"更重要。这个意见是值得商榷的。我们承认文学家的"动态分布"的重要性，但是我们不认为其"动态分布"的重要性大过其"静态分布"的重要性。

诚然，一个文学家一生所接受的地域文化的影响往往是丰富多彩的，也是复杂多变的，有本籍文化（出生成长之地的文化）的影响，也有客籍文化（流寓迁徙之地的文化）的影响，不可简单而论。但是有一点我们要明确，在他所接受的众多的地域文化的影响当中，究竟哪一种地域文化的影响才是最基本的、最主要的与最强烈的呢？无数的事实证明，是他的本籍文化。本籍文化是他的"文化母体"，是他作为一棵文学之树得以萌生和成长的地方。他长大成人之后，要离开故土，去寻求生命空间的拓展与社会价值的实现，这样就会接受客籍文化的影响。但是，他从哪一个角度、哪一个层面去接受客籍文化的影响？他如何选择、吸纳和消化客籍文化？这都受他早年所接受的本籍文化的支配。换句话说，他早年所接受的本籍文化，培育了他基本的人生观、基本的价值观、基本的文化心理结构和基本的文化态度。这些东西构成了他这棵文学之树的"根"和"本"，构成了他生命的"原色",而客籍文化则只能丰满、粗壮着他的枝叶。由于本籍文化的影响实际上大过客籍文化的影响,因此文学家的"静态分布"的重要性就要大过"动态分布"的重要性。

我们不妨以中国唐代两位最伟大的诗人李白、杜甫为例。李白祖籍陇西成纪(今甘肃秦安),生于安西碎叶(今吉尔吉斯斯坦共和国之托克马克市),五岁左右随父迁入绵州彰明(今四川江油),25 岁左右才"仗剑去国,辞亲远游"。他是在绵州彰明一带的地理环境中成长起来的。这里既是一个道教气氛浓郁的地方,也是一个任侠之风弥漫的地方。李白 18 岁左右的时候,还曾隐居大匡山,从赵蕤学习纵横术。因此,在李白的文化心理结构中,就有着浓厚的神仙道教的色彩、纵横家的气质和侠士的遗风。尽管此后的他曾经漫游大江南北,而且再也没有回过绵州彰明,但是,他早年在这里所接受的本籍文化的熏陶,以及由此而形成的文化心理结构,实实在在地影响了他一生的价值观念、行为选择和文学创作。他的诗歌所体现的那种独立不羁的精神、豪迈洒脱的风格和自然真率的品质,在很大程度上就是得益于他的本籍文化的沾溉。杜甫适好相反。郡望京兆杜陵(今陕西西安),祖籍襄州襄阳(今湖北襄阳),生长于河南巩县(今河南巩义)、洛阳一带。他的家庭从西晋以来就是一个奉儒守官之家,他所生长的巩县、洛阳一带,更是弥漫着儒家文化的浓重气息。这样一种地域文化,对于他的以忠君恋阙、仁民爱物思想为核心的文化心理结构的形成,无疑有着巨大的影响。尽管他也曾经漫游大江南北,而且 47 岁以后,一直到死,都生活在南方。但是,他早年所接受的本籍文化的熏陶,以及由此而形成的文化心理结构,也是实实在在地影响了他一生的价值观念、行为选择和文学创作。他的精神世界一直都被儒家文化所约束。他的诗歌所体现的那种忠君爱民的精神、沉郁顿挫的风格和严谨求实的品质,在很大程度上就是得益于他的本籍文化的沾溉。

故乡的影响对于一个文学家来讲总是刻骨铭心的。尤其是青少年时代所接受的故乡的影响,总是如影随形般地伴随着他的一生。这是他一生中所接受的最重要的、也是最基本的影响。苏联作家 K. 巴乌斯托夫斯基把这种影响当作是一种"最伟大的馈赠"。他在《金蔷薇》一书中写道:

对生活，对我们周围一切的诗意的理解，是童年时代给我们的最伟大的馈赠。如果一个人在悠长而严肃的岁月中，没失去这个馈赠，那他就是诗人或者作家。①

英国著名工人作家、20世纪50年代文学界"愤怒的青年"代表人物艾伦·西利托在《丹尼尔斯和里克罗夫特》一书中也讲过类似的话：

家如同军队的堡垒，流动性是它引以为豪的地方……从基地出发，用脚定义地理，用眼观察使其系统化……正如测量中的基准线对地图绘制以及地图上所有的点都非常重要一样，所以出生地、生长地这些关联点对任何人，尤其是对一位作家，就成了自始至终都很重要的因素。②

这两段话都是出自作家本人的切身体会，其真实性、正确性是不用怀疑的。在中国，也有许多学者持有类似的观点。例如徐明德教授就曾指出："每一个人都是在具体的区域文化中接受文化的濡化，而发育成长起来的。个体从婴儿、幼儿、童年、少年到青年之初，都是在区域文化景观中接受雅、俗文化和家庭文化的教育和塑造，建构起文化心理结构的基本框架的。至于个人成长过程中，走出了青少年时代生活成长的区域（他的故乡或祖国），至异国他乡去深造，却是接受新的文化的教养，使其文化心理结构拥有更新更博的文化素养，同时使其自身的文化特征得到丰富和更新。但无论怎样的更新，他都永远在其文化心理结构里，烙印上其故土的区域文化的特征。这就是荀子所谓的'越人安越，楚人安楚，君子安雅。是非智能材性然也，是注错习俗之节异也'。'居楚而楚，居越而越，居夏而夏，是非天性也，积靡使然也。'譬如鲁迅之具越文化特征，郭沫若之具巴蜀文化特征然。虽然他们都曾先后到日本留学，然而其浙江绍兴（会稽）人、四川乐山（嘉定）人的地域文化特征从未泯灭过。""这种地

---

① ［苏］K. 巴乌斯托夫斯基：《金蔷薇》，李时、薛菲译，漓江出版社1997年版，第25页。
② ［英］艾伦·西利托：《丹尼尔斯和里克罗夫特》，［英］迈克·克朗《文化地理学》，杨淑华等译，南京大学出版社2005年版，第43页。

域文化的特征，一定要烙印在其创造的文化产品上（例如文学作品），表现出带上地域文化特征的民族风格来。"① 这个意见无疑是非常正确的。还有一位中国广东的学者在讲到广东籍的郑观应、容闳、詹天佑等杰出人物在外地的事业和成就时，也讲过这样一段话："我以为他们无论在哪里学习，在哪里创业，哪怕移居到天涯海角，我们都不应忽略他们最原始的地缘、血缘、部族文化背景——恰恰是建立在土地与族群之间的'原始缔结'（社会文化心理学者把它叫做'primary ties'，在中国也有人称它为'神秘的人格传递'），最能潜移默化，影响人的一生。"② 虽然这一段话不是针对文学家讲的，但是我们认为是可以用来说明流动迁徙中的文学家的。

当然，文学家对本籍文化与客籍文化的感受、认识和表现是比较复杂的。朱寿桐教授指出："文人对某一地域山川风貌、气候景象的感受与表述，其强烈程度和频度往往并不都是与他们在该地域生活的时间甚至体验的深度成正比，一个初来乍到的诗人面对从未目览过的神异的群山或者从未亲临过的浩瀚的大海，其讴歌的热忱可能远远超过常住山间与海畔的文人。李白来自西北高寒地带，但对大海讴歌的热忱冠绝当时。文学家常常对陌生的地理风貌有一种难以阻挡的新鲜感和难以遏抑的歌唱欲，这其中可能包含着人类审美认知的一般原理：人们对空间物象的审美感受往往表现出趋异性，而对时间形态的审美感受则常常体现出认同性。忆旧的情结属于时间的感兴，面对时间之维，每个人都有回不去的故乡，一群人，一代人会拥有一个永久难以忘怀的集体记忆，特别是这样的集体记忆承载在特殊的声音之中，例如歌曲等等，便很容易唤起这群人或这代人的集体认同感。然而空间之维的情感反应就不会这样简单。人们熟悉的空间、地域与相关的风物固然能令人魂牵梦绕，但每当人们接触到他乡的风景，异地的景致，特别是那种至大至美的陌生景观，往往会形成巨大的审美冲击力，令人酣然久之而难以释怀，令人怦然心动而至于难以自持。如果是诗人，如果是作家，会非常自然地将自己的笔墨浸入这陌生的空间，将自己

---

　　① 　徐明德：《区域文化与文学关系断想》，靳明全编《区域文化与文学》，中国社会科学出版社 2003 年版，第 181—182 页。

　　② 　叶曙明：《其实你不懂广东人》，广东教育出版社 2005 年版，第 67 页。

的情愫倾注于这神异的景象，其讴歌的力度或描写的频度可能会远远超过对他们故里俗景的文学表现。"朱教授的这一段话表明，文学家对陌生的客籍文化的兴趣往往大过对自己所熟悉的本籍文化的兴趣，这是一个事实。但是朱教授接着又指出："在文学创作的构思环节，地理风貌等空间意象的占位又呈现出不同的层次。异域、异地的风物景观可能会非常频繁地出现在文学和审美的表述之中，但一般不会对文学家的意象思维产生深刻的影响和长久的作用，能够产生这种影响和作用的地理风貌和物候现象，只能是与特定文学家深刻的生命体验密切相关的那些自然因素，包括该文学家长期濡染并置身其中的原乡风物与故地景观。现代著名诗人郭沫若的创作情形或可以说明这一点。郭沫若在1950年代与蒲风等谈到自己30年前的早期创作时，矢口否认自己的山水构思与家乡的山川景象有关，认为基本上都是日本九州博多湾的景象描写。如果从实景描写的角度而论，他的说法是可信的，因为他太醉心于博多湾的松原与大海，诗文写作常是写那里的风物景致。然而在进行虚拟性的意象构思与表现时，故乡峨眉山和乐山的秀丽雄壮会起到深刻的甚至为作者自己所浑然不觉的影响作用。在一篇题为《月光下》的小说中，一个有良心的知识分子忏悔自己青年时期讲课的失误，便是将'江南可采莲，莲叶何田田'中的后一句误释为'莲叶多得像是一田一田的'。这种意象虚构显然并不基于海边或平原的博多湾，而是基于有着层层梯田的南方高山景象：那一块块梯田满载着稻秧的碧绿在山腰中的呈现，恰能令人联想到一茎茎莲叶的摆舞。这种关于'田'的意象，在空间景象方面已经远离了平原地区硕大平展的农田，而深深印刻着南方山区远望如绿色叶片的梯田形貌。这种能够参与文学家意象构思的地理风物往往是深层地沉淀在文学家脑海中的桑梓元素或原乡景致。"① 这一段话又表明，虽然陌生的客籍文化往往能够引起文学家更大的兴趣和表现欲望，但是能够真正对文学家的意象思维产生深刻的影响和长久的作用的，还是他的本籍文化。

总之，一个文学家流动迁徙到一个新的地方，自然会在一定程度上受

---

① 朱寿桐：《文学地理学必须揭示文学地理的一般规律》，曾大兴等主编《文学地理学——中国文学地理学会第四届年会论文集》，中山大学出版社2015年版，第6—7页。

到新的地理环境的影响，自然会对新的所见、所闻、所感，作出自己的理解、判断或者反应，并把这一切表现在自己的作品当中。问题是，这种理解、判断、反应和表现，并不是被动的，而是要经过他自己意识中的"先结构"的过滤的，因而其理解、判断、反应和表现本身，就带上了本籍文化的色彩，也即生命的原色。从这个意义上讲，本籍文化对文学家影响是要大过客籍文化的，也就是说，文学家的"静态分布"的重要性是要大过其"动态分布"的。

流寓:中国古代民歌文化形态研究[*]

李雄飞[**]

内容提要 中国古代民歌文化是由民歌、歌者、听众与唱歌情境等组成的一个相互影响的流动风景,始终生存在广阔的自然、社会、文化、人群中并与它们相互作用,从而具体区别开来;又随着它们不断的演变而前赴后继地产生、成长、发展、壮大、繁荣、衰落、消亡。其中,各种环境逼迫下的草民无休无止之流寓是推动民歌文化千变万化的最主要动因。

关键词 民歌 自然 社会 文化 人群

中国古代民歌文化就是一道流动的风景,民歌、歌者、听众与唱歌情境总是在相互影响中流演,流寓的草民总是在创造并推动民歌文化流幻不辍。

一 流寓的民歌文化与流易的自然环境

我们还是先做个仰望民歌长河流溯式的追溯吧!实际上,无论祖先留下多少寓名寓姓之神仙圣人缔造民歌的美丽传说,原初,"天地始分而人生焉,人莫不有心,此歌曲之所起也"才是真正的史实。猿类没有历经亘古万年的从树上攀爬到地上行走而最终流变为人类,民歌以何产生?以何流叶?部族没有历经隔膜对立、杀伐争斗与理解沟通、分化融合而千里流

　＊ 本文系国家社科基金项目"清代西调辑校及其文本解读"(14BZW070)、广东海洋大学创新强校工程项目"'回回曲'考论"(GDOU2014050232)阶段性成果之一。

　＊＊ **作者简介**:李雄飞,广东海洋大学文学与新闻传播学院教授,文学博士。

漂，最终流布于华夏四野，民歌流经何处？流向哪里？流比而论，第一首民歌应该是先民们面对自然惊诧式的感叹或无助式的哀号，大乐必易，大音希声；之后才是对自然的流视、流盼、流眺或流睇后的低吟高唱，是对雷响雨下、水流物击、兽吼畜叫、鸟语虫鸣、草长莺飞等声响的拙劣模仿，而非什么源于黄帝时代的"断竹，续竹。飞土，逐肉"，更非什么涂山氏之女想念流移在外的丈夫大禹——"候人猗兮"。古往今来，民歌文化是自然哺育、影响、渗透、作用于歌者的结果，举凡朝阳流晖、繁星流华、云雾流势、雷电流彩、雨雪流泻、冰雹流射、春日流冰、七月流火、上下流方、山岳流湍、戈壁流沙、急坡流丸、草木流梗、百卉流英、池沼流鱼、昆虫流萤等无不进入民歌，也必然构成唱歌情境的天然部分；更是歌者膜拜、适应、发掘与改造自然的伴生物，诸如迎送山神水灵的祭祀歌，寓赏春夏秋冬的四季歌，围逐野禽猛兽的狩猎歌，协调劳动节奏的打夯歌……可这种膜拜、适应、发掘与改造的代价是先民历经游猎、采集的迁移而转向家畜饲养与游牧，是先民观察万物生长轮回而发明游耕流种般的定居，是先民在泪别旧居地或老部众中寻找新乐土，是先民因为生态环境恶化或时疫肆行而流亡他乡。"绵绵瓜瓞。民之初生，自土沮漆。古公亶父，陶复陶穴，未有家室。古公亶父，来朝走马。率西水浒，至于岐下。"唱得还不够明白吗？是以每首民歌成了自然的流风余韵，无法抖落土腥海味，是为"风"，是为天籁，是为泥土之歌，是为草木之歌。"夫诗者，天地自然之音也。今途咢而巷讴，劳呻而康吟，一唱而群和者，其真也，斯谓之风也。""乐生于音，音生于律，律生于风，此声之宗也。"是以高原之歌响遏行云，草原之歌流风回雪，丘陵之歌流和平稳，平原之歌明快流亮，水乡之歌流婉柔媚，大海之歌流畅悠远，都以极具特色的方言土语与音程旋律予以表现，令乡里乡亲陷入因为好（hǎo）听而好（hào）听、因为好（hào）听而好（hǎo）听的无限循环里。"亲不亲，家乡音；美不美，故乡水。"却令初来乍到的外地人既听不惯，更听不懂。"南方水土和柔，其音清举而切诣，失在浮浅，其辞多鄙俗。北方山川深厚，其音沈浊而鈋钝，得其质直，其辞多古语。""凡曲，北字多而调促，促处见筋。南字少而调缓，缓处见眼。北则辞情多而声情少；南则辞情少而声情多。北宜和歌，南宜独奏。北气易粗，南气易弱。"一方水土养一方人，是以北方民歌粗犷刚健，大气深沉，质朴爽朗，南方民歌含蓄蕴藉，细腻秀丽，流利阴柔。是以中国古代民歌的流迹是由西向东蜿蜒流洽，由北向南辗转流注。就民歌风格色彩而言，距离较远的两地迥然有异，相邻地域则逐渐过渡，千关万联，具有很大的通约性。而个别如明初"说凤阳，道凤阳，凤阳本是好地方。自从出了朱皇帝，十年倒有九年荒"之类的民歌则不胫而走，流飞四野。且大致相似的自然环境里较为一致的生存常态，差役、劳役、兵役、赶脚、经商、流佣、探亲、远嫁等民间往来，流官流差、流兵流卒、流囚流丐甚至流贼流棍、流痞流娼们一路常是小曲如流，容易形成同一色彩的民歌盛行区，当地许多民歌的相互流通从来都是传来传去，民歌文化因子的相互流借从未停止。我国最早的"西音"、"东音"、"南音"、"北音"，十五"国风"，"代、赵之讴，秦、楚之风"等就是这样形成的。而众多流子聚居到一个遥远之地，呼亲引伴的流出人口多，探亲返乡的流入人口少，本土民歌单向流远。一段时期传到这里，由这里流明千古；一段时期传到那里，由那里流泽后世。岁月如流，异乡他国自然形成民歌传播区、民歌飞区，类似多瑙河畔流淌起"信天游"的旋律，而东盟各国流荡着闽、粤之歌。这样，遥想故乡的民歌必然产生，且首先想的是老少寓客自小生活的寓所内外、村镇城寨，想的是惯常寓目的山水沟涧、草木流红。流寓是针对籍贯地、落籍地、出生地的外迁而言的，每个时代中华民族分布的地理格局都是各民族不断流居的结果。"亡我祁连山，使我六畜不蕃息。失我焉支山，使我妇女无颜色。"唱的不就是当年南匈奴捶胸顿足、锥心刺骨、泪流出血般的故土难离吗？

二 流寓的民歌文化与流变的社会环境

看来，在自然环境、生产方式、生活方式、经济基础、上层建筑、社会意识、民歌文化的序列里，前者决定后者，后者反作用于前者，民歌文化又是歌者与社会的互动结果。起初，设若先民在寓泊多日后流沛、流沛多日后寓泊的历程里没有结成部落制、氏族公社，没有以家庭、婚姻与性组成初级生活圈，民歌何以成长？何以流转？后来，设若社会阶层没有拉开距离，奴隶社会没有形成国家并流星赶月地步入封建社会，民歌何以壮大？何以流越？个人也罢，群体也好，一旦离乡背井，历经辛苦，来到人地两生的寓脚之地，必然遇到许多困难。"爰居爰处？爰丧其马？于以求之？于林之下。""故衣谁当补，新衣谁当绽？赖得贤主人，览取为吾绽。夫婿从门来，斜柯（倚）西北眄。语卿且勿眄，水清石自见。石见何累累，远行不如归。"唱的就是由之引起的一些迷惑、误会与感慨。且怀念家乡，举目无亲，最易摇情荡性，流恨不止。"凡音者，生人心者也。情动于中故形于声，声成文谓之音。"举凡"高高山头树，风吹叶落去。一去数千里，何当还故处"等歌声不绝如缕。且民歌总是寓形于社会，寓息于社会，随着社会的产生而产生，随着社会的流变而流变，随着社会的流亡而流失或进入后续社会，成了社会良性运转的一种润滑剂，成了释放社会情感的一种方式，成了社会纤毫之变的一种函数，一根神经，一张晴雨表。民歌种类之所以越来越多，七十二行各有各的民歌，完全是社会推动的结果。"六变诸曲，皆因事制歌。"社会盛衰左右着民歌盛衰，致使"治世之音安以乐，其政和；乱世之音怨以怒，其政乖；亡国之音哀以思，其民困。声音之道，与政通矣。"这也是历代时政歌川流不息的由来。盛世之下，"百姓无犬吠之惊，都邑之盛，士女昌逸，歌声舞节，袨服华妆。桃花渌水之间，秋月春风之下，无往非适。"可惜的是，许多骄奢流愔的统治者并不明晓此道，反将民歌放任自流，嗤之以鼻，目之为流言飞文、流腔流调、流辟之音、流淫之词，以为是流心常在的不法之民流谤朝廷，流愬官府，流诳百姓，流害人心之流习，不时禁歌，孰知不禁则已，越禁越多。可纵然如此，我们现在能够见到的绝大多数古代民歌大致流漫在几个时段，大多是在社会安定时期流传下来的。其一是几个有道明君"观风俗而知得失"的流音，如汉乐府民歌；其二是统治者阶层流沔于酣歌恒舞的流响，如南朝乐府民歌；其三是流乱时期游牧民族五颜六色的生活流波，如北朝乐府民歌；其四是盛世流末万家百姓的寓世写照，如敦煌曲子词；其五是人性勃发之城镇市民的艳曲流哇，如明清民歌。而其他时期的民歌呢？因为上层社会的流眄与雅文学的屏蔽，更因为穷民无休无止地流走，不断失去新的自然、社会与文化等土壤，多数已经流散于彼时，流逸于后世，云散风流，难觅踪迹了。穷源溯流，中国古代前后相继、散点布局的国家可谓多矣，流缅酒色、好大喜功的当局者老是在大兴土木，国都城邑老是在迁移或巩固，版图政区老是在拓展或削减，应役之令急如流星飞电，寓命贫民不是抽着被流戍，就是轮着被征调，抑或逼着被民屯，流祸连连。"生男慎勿举，生女哺用脯。不见长城下，尸骸相支拄。"国与国平时你来我往，取经送宝，十里流伍，百里流客，结为秦晋之好；战时你仇我怨，箭镞流天，千里烽火，万里流烟，必欲取而代之。其潜在的历史语言，除了总是进行的全民性流徙，还能有何？以故，一部社会发展史更是一部草民流沉史。古代大规模人口迁移一般由社会动荡引起。高压之下，"下既悲苦君上之行，又畏严刑而不敢正言，则必先发于歌谣"；"狂妄之徒，因事造言，捏成歌曲，沿街唱和"。类似于"江水沛兮，舟楫败兮，我王废兮"等严刑暴政下的流唱比比皆是。乱世一到，握炭流汤，流氛寇乱必然使得国厦将倾，村落寓庐夷为瓦砾，歌书唱本荡为流尘，万千流冗要么被掳被掠，随波逐流，朝为晞露，夕为流尸；要么流遁而去，四处寓食，流瘠载途，流莩填壑；要么沦为流寇，流劫官府，以命流突，肝髓流野；战事一过，接踵而来的则是流幸、流黜、流斥、流配、流充、流刑、流杀……创造民歌的机会少了，民歌活动降至低潮但并未断流。"夫心险如山，口壅若川，怨怒之情不一，欢谑之言无方。昔华元弃甲，城者发睅目之讴；臧纥丧师，国人造侏儒之歌：并嗤戏形貌，内怨为俳也。"北宋鄜延边兵以凯歌欢庆胜利，北齐斛律金用《敕勒歌》鼓舞士气，秦末"四面楚歌"竟起到流溃人心的作用。而社会一旦安定下来，穷民流遁的流逐经历很快会汇流到继起民歌的每一个音符里，有道是"遥望是君家，松柏冢累累。兔从狗窦入，雉从梁上飞。中庭生旅谷，井上生旅葵。舂谷持作饭，采葵持作羹。羹饭一时熟，不知贻阿谁。出门东向看，泪落沾我衣"。且新的歌种又在产生，如"吴歌杂曲，并出江南。东晋以来，稍有增广。其始皆徒歌，既而被之管弦。盖自永嘉渡江之后，下及梁、陈，咸都建业，吴声歌曲起于此也"。以故，中国古代民歌悲歌为多，欢歌为少。

三　流寓的民歌文化与流演的文化环境

令人叹惋的是，这些悲欢之歌总是与文化血肉相依。中国古代民歌文化流行坎止的终极原因是生产力与生产关系相互作用引起的矛盾运动，既是流寓文化与本土文化持续互动后哺育、推动的成果，例如"粤歌始自榜人之女，其原辞不可解，以楚语译之，如'山有木兮木有枝，心悦君兮君不知'，则绝类《离骚》也。粤固楚之南裔，岂屈、宋流风，多洽于妇人女子软？"又是本族文化与异族文化、本国文化与他国文化、物质文化与制度文化及精神文化、农耕文化与游牧文化及渔猎文化不断交融的产物，譬如"来源远矣伊凉调，淫曲居然郑卫诗"之西北"花儿"；且卷动了具有浓郁中国特色的黄土文化、黑土文化与红土文化加入进来，成了地域文化、社会文化的表征、缩影与魂魄，成了一个流敞的民间文化系统，诸如明末"《打枣竿》、《挂枝儿》二曲，其腔调约略相似，则不问南北，不问男女，不问老幼良贱，人人习之，亦人人喜听之，以至刊布成帙，举世传诵，沁人心腑"。应当也是由草民定居而流斡，由草民流泛而前行的。"艳曲生于南朝，胡音生于北俗。"寓止日久，流民对于异地文化自然会有一个适应、接受与融入的过程。"遥看孟津河，杨柳郁婆娑。我是虏家儿，不解汉儿歌。"唱的不就是胡人寓憩于汉地后两种文化正面遭遇的尴尬吗？而"我情与欢情，二情感苍天。形虽胡越隔，神交中夜间"，唱的不又是汉人远离胡地后两种文化势必融合的个案吗？正是因为"汉儿"也有这些困惑与要求，这才有了胡语汉译之流绚九州的《企喻歌》。各民族民歌之所以截然有异又相互联系，完全是日积月累、此取彼汲的文化使然。民歌的交流、习得与演唱是一种文化的交际、学习与表达，民歌的产生、发展、壮大、繁荣、衰落、消亡是一种文化的发明、成长、兴旺、发达、凋落、流逝。同一时代地域的民歌形态各异，不同时代地域的民歌千变万化，都是无数文化因子的重构使然。一首民歌貌似简单，却是草民的文化发明，寓物、寓辞、寓思、寓怀、寓兴、寓谑的文化内涵并不简单，渗透了几代流寓文化创造的残痕遗迹。且各种文化要素在每首民歌的聚合具有一定规则，歌词是当地流口常谈的提炼，要合辙押韵；旋律是俗言流语高低轻重、音色节奏的延伸，要上口悦耳；以调填词多，以词定调少；故而土色土香，亲切单纯，直击人心，流脍人口。"有妇人女子，村盲浅学，偶有一二句，虽李杜复生，必为低首者。"类似"月子弯弯照九州，几家欢乐几家愁。几家夫妇同罗帐，几家飘零在他州"等吴歌从宋代唱到今日，读出来是一个流寄情境，唱出来是一个现场情境，什么时候唱出来、什么地方唱出来、什么人唱出来则变成无数流播情境，同一个人每次唱出来的情绪、表情、动作构成之过往情境也不一样，而有没有听众、有多少听众、有些什么听众直接影响到歌者现场情境的发挥，每个歌者与听者对于每次现场情境之领略效果又不相同。歌唱与倾听民歌都是一种传情达意、享受娱乐的文化行为，是一种精神性的文化生存方式，是草民维持、认同文化特征与独立性的一种方式，是在接受草根文化洗礼，常常与草民的物质文化创造过程水乳交融。"农者每春时，妇子以数十计，往田插秧。一老挝大鼓，鼓声一通，群歌竞作，弥日不绝，是曰'秧歌'。"独唱易于排遣寂寞，流泄个体情感。"郎作《上声曲》，柱促使弦哀。譬如秋风急，触遇伤侬怀。"对唱易于文化交流，激发编创欲望。"东门之池，可以沤麻。彼美淑姬，可与晤歌。"合唱易于凝聚人心，展示文化共性。"客有歌于郢中者，其始曰《下里巴人》，国中属而和者数千人。"乡民大同小异的唱歌环节与情境构成流例流俗，决定了部分民歌定时定点地展演，成为文化流景，歌俗小者如起屋盖房、子孙满月、孩童游戏、加冠及笄、男婚女嫁、歃血结拜、群朋饮宴、寿诞丧葬等场合的暖房歌、贺生歌、游戏歌、成人歌、哭嫁歌、结拜歌、祝酒歌、祝寿歌、丧葬歌，歌俗大者如神州各地的"歌会"、"歌圩"、"歌坡"、"歌场"、"歌节"。"东西两粤皆尚歌，而西粤土司中尤盛。《邝露》云:'峒女于春秋时，布花果笙箫于山中，以五丝作同心结，及百纽鸳鸯囊带之。以其少好者，结为天姬队。天姬者，峒官之女也。余则三五采芳于山椒水湄，歌唱为乐。男子相与蹋歌赴之，相得则唱酬终日，解衣结襟带相遗以去。春歌正月初一、三月初三，秋歌八月十五。其三月之歌曰"浪花歌"。'"永远变化的唱歌情境就是永远变化的文化场域，决定了永远变化的民歌。不仅如此，一种民歌成熟后，还会与三教九流的文化要素哺育出另一种民歌，几种具有亲缘关系的民歌形成一定的民歌丛或民歌体系，河海不择细流，从而演绎出更多民歌，并流水朝宗地涌入当地俗曲、曲艺与戏曲里，构成当地民间文化的百科全书。而每朝每代的民歌文化积厚流光，又会形成残缺却相连的历代民歌文化层，构成中国古代文化的坚实基础，流年流月地哺育正统文艺流派潜滋暗长。

四 流寓的民歌文化与流离的人群环境

当然，历代民歌文化的平流缓进终究依赖各民族人民的共同缔造与传承，各地汉族是东夷西戎南蛮北狄众流归海的最大民族，民歌差异很大，各地少数民族也是如前民族枝流分布的结果，民歌差异更大，人种流别是民歌文化的先天胎记，永难磨灭。无论是圣贤公卿、名流巨子、畸流洽客等风流人物，还是举子秀才、侠客兵卒、医卜僧道等中流之属，抑或贩夫走卒、优伶巫娼、奴婢乞丐等九流之末，各种角色及其生活都在民歌里走马灯似地闪现。民歌是草民"缘事而发，感于哀乐"的文化创造，是"田夫野竖矢口寄兴之所为"；"慷慨吐清音，明转出天然"；"但有假诗文，无假山歌"。流年似水，珠流璧转，祖祖辈辈的草民流贬在社会最底层，没有接受过学校教育，没有话语权与决策权，有的只是妇孺老小殚精竭虑、起早贪黑、胼手胝足、汗流浃背般最为繁重的体力劳动与无依无靠、缺衣少食、穴居野处、东流西落般最为恓惶的日子，"行行随道，经历山陂。马啖柏叶，人啖柏脂"。但是，他们保持着最为勤俭的生活与习惯，"田蚕事已毕，思妇犹苦身；当暑理絺服，持寄于行人"；实践着最为基础的文化与知识，"举锸为云，决渠为雨。泾水一石，其泥数斗"；内敛着最为出众的才艺与技巧，"绵绵之葛，在于旷野；良工得之，以为绤纻"；流溢着最为淳朴的气质与品性，"采葵莫伤根，伤根葵不生；结交莫羞贫，羞贫友不成"；坚守着最为美好的道德与良知，"乌鹊双飞，不乐凤皇，妾是庶人，不乐宋王"；体味着最为复杂的喜怒与哀乐，"乐莫乐兮新相知，悲莫悲兮生别离"；把目之所见、耳之所闻、身之所触、心之所想等千姿万态的自然及千变万化的社会、千差万别的文化，用最为浅显直白的千言万语付诸寓庄于谐、寓悲于欢、寓情于声、寓意于音等神流气畅、流水行云般的歌声里，使得甘处下流之中国古代民歌同样溢光流彩。"近世楚、粤、滇、黔间，樵子入山，多唱山讴，响应林谷。盖劳者善歌，所以忘其劳耳。其词大抵男女相赠答，私心爱慕之情，有近乎淫者，亦有以礼自持者。文在雅俗之间，而音节则自然天籁也。当其佳处，往往入神，有学士士大夫所不能及者。"他们流坠到哪里，很多民歌跟着流坠到哪里，流延到哪里，如北魏、北齐、北周的民歌随着草民流离颠沛到南朝，被梁代乐府机关保存下来。古代民歌之所以方言色彩模糊，流漾着许多非民间文化，是因为它们随着农民流滞城镇，经过了流宕于街巷、流憩于歌楼酒肆之文人墨客、才人流妓严重地删削、模仿、加工、改编、再创作，之后才以流便之笔你抄我录地记载下来。"匹夫庶妇，讴吟土风，诗官采言，乐盲被律，志感丝篁，气变金石。"且草民流泊到什么时候，不少民歌跟着流泊到什么时候，流逮什么时候，类似《孟姜女》、《小放牛》、《鲜花调》、《绣荷包》、《妓女告状》、《小尼姑下山》、《小寡妇上坟》、《梁山伯与祝英台》之类一直唱到现今。古代民歌之所以题材多样，流行着许多男女情歌，尤以女性相思歌为多；除了爱情是艺术永恒的主题，还因为男子流进、流人四布、流户遍地是历代草民的生活常态。"悲歌可以当泣，远望可以当归。思念故乡，郁郁累累。欲归家无人，欲渡河无船。心思不能言，肠中车轮转。"千家万户的女性流泪于室、流喝于途、流衄于野历久难变。"相送劳劳渚，长江不应满，是侬泪成许。"且歌唱民歌的流程里，听众乃至观众是主流，草民为多，能够哺育歌者乃至歌手的素养；歌者乃至歌手是从流，是能歌善舞的草民，能够表现听众乃至观众的生活。主体与从体永远处在角色的相互置换里，处在绝对流动与相对寓居的状态里，处在民歌文化世界的流连忘返里，处在流赏、流悦的基础上修改民歌的你听我唱里，使得每首民歌经过无数草民口耳身心的反复锤炼，成为异文的海洋之后臻于至善，最终使得中国古代民歌流祉各个民族，流被各个地域，流称各个时代。这里，无数民间歌手一般具有天才般的艺术修养，他们见多识广，明事晓理，博闻强记，性情开朗，创造与演绎民歌的数量、水平大大高于一般草民，也明显高于一般歌者，对于民歌的流化万民起到了无与伦比的作用。可是，他们的行实业绩与家世姓名却总是随着流光残照，永远地荡为冷雾寒烟了。

民歌活动总是在与自然、社会、文化、人的相互作用中流易，便是中国古代民歌文化的生存常态。

南朝流寓岭南诗人考略[*]

蔡 平^{**}

内容提要 南朝流寓岭南的诗人，或因流放，或因避难，或因谪宦，或因为官，遍及广州、交州、越州、湘州的岭南广大区域，在当时可能的条件下，以他们或长或短的寓居经历，既为岭南注入了先进文化的因子，又以诗文的形式书写了岭南的山川风物，成为岭南地域文学研究的重要构成部分。

关键词 南朝 诗人 流寓 地域分布

一

从中国历代史部文献看，"流寓"一词多见于正史及方志之人物传记叙述中。归于"流寓"者，明代之前旧志，举凡迁谪者并载；明以后所载皆为各代被贬放的贤士。正如《万历雷州府志》卷一六《流寓志》所称："旧志迁谪，一类并载，忠邪无别。查《肇、惠志》，独传贤者，余仿之作《流寓志》。"① 《道光遂溪县志·流寓志》亦谓："至谪当其罪者，不在此例，惟贤哲则书之。"② 明清之际，地域文学总集编纂中也出现了"流寓"

---

* 本文系广东省哲学社会科学"十二五"规划 2013 年度学科共建项目《族群流寓与六朝文学格局》（GD13XZW01）阶段性成果之一。

** 作者简介：蔡平，广东海洋大学文学与新闻传播学院副教授，文学博士。

① （明）欧阳保修，（明）徐应乾纂：《万历雷州府志》，明万历四十二年乙卯刊本，日本尊经阁文库藏。

② （清）喻炳荣、（清）赵钧谟纂：《道光遂溪县志》，清道光二十九年修，清光绪二十一年重刊本。

一门。清人郑杰等所辑录的《全闽诗录》戊集卷六《流寓》编入元淮、黄文德、王翰三人之入闽诗作,三人名下小传分别署谓"徙于邵武"、"侨居闽之邵武"、"晚寓永福"①,并非贬徙于闽者,而是从闽人视角看,他们为外籍入闽者。清人汪森纂辑《粤西通载》时,更将历代出于不同原因寓于广西并书写广西的文人诗文一并纳入。其《粤西通载发凡》云:"或侨居其地,或经行其间,或为参佐,或则贬谪。登高而赋,遇景而题,甚且有搜奇剔隐以表章之,故当与粤西山水并垂不朽。"② 近二十多年来,"流寓"文士广泛出现于地方文学史的书写中,成为区域文学研究的重要构成。张福三《云南地方文学史·古代卷》专列《寓滇诗人》一节,将"明代因戍边、屯垦、为官、经商、开矿、贬谪、游览、探亲原因从内地到云南的数十万人中,不少文化层次较高,喜好诗文,留下了大量作品"③ 的人士作为考察对象,大大拓展了流寓的内涵所指。由此看来,"流寓"被引入区域史或区域文学史书写中,更体现为本土相对于异域的地域性观照。

广东地方文学总集编纂以清人温汝能纂辑的《粤东诗海》为较早,不收流寓士人及诗作。《全粤诗》之《凡例》称:"本书所谓粤人,指原籍粤地,或生平主要活动于粤而落籍于斯者。粤女外嫁他省、外省女子入嫁粤人或祖籍外省而生于粤者,亦从宽收录。"④ 《全粤诗》收录粤人诗的地域基本沿袭《粤东诗海》之阈限。吕永光于《粤东诗海·前言》中指明了"粤东"的范围:"粤东,或称东粤,以其地处古百粤之东,故有此称。含今广东省、海南省及广西钦州地区。又有南越、岭南、岭外、岭表、岭峤、岭海、广东诸称,或简称粤。"⑤ 在这一范围内,《全粤诗》卷二收录南北朝粤之诗人王叔之、清远道士、刘删三人。本文题中之"岭南"是越出这一范围的,是指古代历史地理中的"岭南",更确切地说,是指南朝宋、齐、梁、陈四代时期的岭南。隋结束南北朝分治局面,于岭南政区未

---

① 郑杰等辑录:《全闽诗录》第一卷,福建人民出版社 2011 年版,第 911 页。

② (清)汪森辑,桂苑书林编辑委员会校注:《粤西诗载校注》第一册,广西人民出版社 1988 年版,第 5 页。

③ 张福三主编:《云南地方文学史·古代卷》,云南人民出版社 1997 年版,第 346 页。

④ 中山大学中国古文献研究所编:《全粤诗》第一卷《凡例》,岭南美术出版社 2008 年版,第 1 页。

⑤ (清)温汝能纂辑,吕永光整理:《粤东诗海·前言》,中山大学出版社 1999 年版,第 1 页。

作大的调整，基本沿袭南朝岭南政区格局。据谭其骧《中国历史地图集》，"隋岭南诸郡"[①] 有：义安郡（今梅州、潮汕地区）、龙川郡（今河源、海丰、陆丰地区）、南海郡（今珠江三角洲的广州、佛山、江门、珠海、深圳、东莞、清远、韶关等地区）、熙平郡（今连县、阳山等地）、信安郡（今肇庆、云浮等地区）、苍梧郡（今开封、郁南等地）、永熙郡（今罗定、信宜等地）、高凉郡（今阳江、阳春、高州、茂名、恩平等地）、永平郡（今广西梧州、藤县、容县等地区）、始安郡（今广西桂林、柳州等地区）、郁林郡（今广西河池以南，南宁以北，凭祥、百色以东，桂平、玉林以西地区）、合浦郡（今广西玉林以南，北海、合浦以东和整个雷州半岛地区）、宁越郡（今以广西钦州为中心的地区）、交趾郡（今河内为中心的越南北部地区）、九真郡（今越南中部地区）、日南郡（今越南中部地区）、珠崖郡（今海南岛的东北部）、儋耳郡（今海南岛的西部）、临振郡（今海南岛的南部），共十九郡。

《隋书·地理志》载岭南诸郡有：南海郡、龙川郡、义安郡、高凉郡、信安郡、永熙郡、苍梧郡、始安郡、永平郡、郁林郡、合浦郡、珠崖郡、宁越郡、交趾郡、九真郡、日南郡、比景郡、海阴郡、林邑郡，共十九郡。[②] 谭其骧《中国历史地图集》与《隋书·地理志》所载有出入，主要区别在海南岛诸郡的分置和今越南地区的郡置，而岭南的主体广东和广西地区是一致的。这一范围大致是《通典·州郡十四》所述岭南历代沿革之区域：

> 自岭而南，当唐、虞、三代为蛮夷之国，是百越之地，亦谓之南越，古谓之雕题，非《禹贡》九州之域，又非《周礼·职方》之限。在天文，牵牛、婺女则越分野，兼得楚之交。秦始皇略定扬越，谪戍五方，南守五岭。后遣任嚣攻取陆梁之地，遂平南越，置郡，此为南海、桂林、象，置南海尉以典之，所谓东南一尉者也。秦末，赵佗遂王其地，汉因封之。佗后数代，其相吕嘉反；武帝使伏波将军路博德讨平之。分秦南海、桂林、象郡，置苍梧、郁林、合浦、日南、九真、交趾，并旧九郡是。元封初，又遣军自合浦、徐闻入南海，至大

---

① 谭其骧主编：《中国历史地图集》第五册《隋唐五代十国时期》，中国地图出版社 1982 年版，第 24 页。
② （唐）魏征等：《隋书》，中华书局 1973 年版，第 881—886 页。

洲，方千里，略得之。置儋耳、珠崖二郡。至元帝时，以其数反，罢弃之。后兼置交趾刺史，领七郡。其余土宇，自汉以后，历代开拓。后汉建武中，交趾女子徵侧、妹徵贰反，于是九真、日南、合浦蛮俚皆应之，自立为交趾帝。使马援平定交部，始调立城郭，置井邑。至献帝，乃立为交州。其边州，诏使持节给鼓吹，以重威镇，加九锡六佾之舞。汉末，其地并属吴，仍分为广州。领郡三，理番禺。后蜀以建宁太守遥领交州。晋平蜀，亦然。及平吴，仍旧交、广二州。宋分为广州（领郡十七，理番禺）、交州（领郡五，理龙编）、越州（领郡三，理临彰，今合浦郡）。齐并因之。梁陈以来，废置混杂，不能悉举。大唐分为十五部，此为岭南道。所领郡尽得古南越之地，并如其目，不复重出也。①

南朝刘宋时将岭南分为广州、交州、越州，南齐因之。实际上，宋、齐时期的广、交、越三州与隋唐时期的岭南政区范围并不对等，尚须加上《南齐书·州郡志》中"湘州"之始兴郡、临贺郡、始安郡、齐熙郡。②这才是篇题中所指称的"岭南"流寓诗人的分布区域。

二

对南朝宋、齐、梁、陈四代流寓岭南的诗人，据逯钦立《先秦汉魏晋南北朝诗》和钟嵘《诗品》所品诗人名录，其于岭南的分布地名涉及"岭南"、"广州"、"交州"、"越州"、"交趾"、"南海"、"曾城"、"始兴"、"封溪"等。

诸史中所载诗人流寓地的"岭南"，是一个泛指，大都可以落实为一个具体的地点。南朝时期被泛指为流寓岭南的诗人可确定者只谢超宗一人。《南齐书·谢超宗传》："谢超宗，陈郡阳夏人也。祖灵运，宋临川内史。父凤，元嘉中坐灵运事，同徙岭南。超宗元嘉末得还。"③谢超宗是与其父谢凤、其祖谢灵运同徙岭南的，其目的地是广州。南齐时期的广州领

---

① （唐）杜佑：《通典》，中华书局 1988 年版，第 4905 页。
② （南朝梁）萧子显：《南齐书》，中华书局 1972 年版，第 288 页。
③ 《南齐书》卷三六《谢超宗传》，第 635 页。

南海郡、东官郡、义安郡、新宁郡、苍梧郡、高凉郡、永平郡、晋康郡、新会郡、广熙郡、宋康郡、宋隆郡、海昌郡、绥建郡、乐昌郡、郁林郡、桂林郡、宁浦郡、晋兴郡、齐乐郡、齐康郡、齐建郡、齐熙郡。谢超宗祖孙三代同徙之广州,是指其坐镇之南海郡治番禺,还是其他属郡呢?按照《宋书》进行历史叙述的惯例,如流寓岭南之人所赴流寓之地为州名则不为州治,为郡名则未必为郡治,如流寓一州、一郡之内的下级领属政区,则会在上级政区名称之后加上其名。正如刘宋诗人何长瑜流寓岭南,《宋书》称其:"义庆大怒,白太祖除为广州所统曾城令。"① 故谢超宗之流寓地亦当是广州,且当为广州之州治番禺。南朝时期的广州还主要是俚獠丛居之地,北来汉人民户尚少,皇族成员少有为任者,为偏安小朝廷惩治官宦、文士最为僻远之地。《南齐书·州郡志》曰:

> 广州,镇南海。滨际海隅,委输交部,虽民户不多,而俚獠猥杂,皆栖居山险,不肯宾服。西南二江,川源深远,别置都护,专征讨之。捲卧之资,富兼十世。尉佗余基,亦有霸迹。江左以其辽远,蕃戚未有居者,唯宋随王诞为刺史。②

南朝流寓岭南诗人中,流寓广州者最多。除了谢灵运祖孙二人外,尚有:南齐诗人王思远,永明年间"出为使持节、都督广交越三州诸军事、宁朔将军、平越中郎将、广州刺史"③。南齐诗人刘祥,"乃徙广州。祥至广州,不得意,终日纵酒,少时病卒,年三十九"④。萧梁诗人范云,"迁广州刺史、平越中郎将。至任,遣使祭孝子南海罗威、唐颂,苍梧丁密、顿琦等墓"⑤。萧梁诗人柳恽,"(天监)八年,除持节、都督广交桂越四州诸军事、仁武将军、平越中郎将、广州刺史"⑥。萧梁诗人范缜,"缜在齐时,与亮同台为郎,旧相友爱。至是亮摈弃在家,缜自以首迎武帝,志

① (南朝宋)沈约:《宋书》,中华书局1974年版,第1775页。
② 《南齐书》卷一四《州郡志》,第262页。
③ 《南齐书》卷四三《王思远传》,第765页。
④ 《南齐书》卷三六《刘祥传》,第643页。
⑤ (唐)李延寿:《南史》,中华书局1975年版,第1418页。
⑥ (唐)姚思廉:《梁书》,中华书局1973年版,第322页。

在权轴，而所怀未满，亦怏怏，故私相亲结，以矫于时。竟坐亮徙广州。在南累年，追为中书郎，国子博士，卒"①。萧梁诗人庾丹："记室庾丹以忠谏见害，帝闻之，使于岭表以功自效。……为建康正，坐事流广州。"② 陈诗人阴铿：阴铿是否到过广州，诸史无载。赵以武《阴铿与近体诗》据《隋书·经籍志》所录阴铿文集题中"陈镇南府司马"之语，考其曾"南投萧勃"：

> 梁季政局不堪之时，度岭南投萧勃的士吏颇不少。阴铿极有可能于后梁萧詧称帝后不久，即梁敬帝绍泰元年（555）初春，离开南平作唐，渡过洞庭湖，南下至始兴，找到了萧勃。他先在始兴，后随萧勃至广州，在萧勃府中有无职事，没有确切的记载，无法测指。③

陈诗人徐伯阳："大同中，出为候官令，甚得民和。侯景之乱，伯阳浮海南至广州，依于萧勃。勃平还朝，仍将家属之吴郡。"④ 陈诗人岑之敬："承圣二年，除晋安王宣惠府中记室参军。时萧勃据岭表，敕之敬宣旨慰喻。会魏克江陵，仍留广州。陈太建出还朝，授东宫义省学士。"⑤ 陈诗人江总："总第九舅萧勃先据广州，总又自会稽往依焉。梁元帝平侯景，征总为明威将军、始兴内史，以郡秩米八百斛给总行装。会江陵陷，遂不行，总自此流寓岭南积岁。天嘉四年，以中书侍郎征还朝，直侍中省。"⑥ 另有梁诗人王僧孺流寓南海郡："天监初，除临川王后军记室参军，待诏文德省。寻出为南海太守。"⑦ 南海郡为广州所领，治番禺。又前述刘宋诗人何长瑜除广州所属曾城令，"曾城"为南海郡所领之县，只是《宋书·谢灵运传》所作之"曾城"与《南齐书·州郡志》南海郡所领之"增城"名称出现异文而已，实际上是同一地名。由此可见，刘宋诗人何长瑜、萧梁诗人王僧孺，亦为南朝流寓广州的诗人。

---

① 《南史》卷五七《范缜传》，第 1422 页。
② 《南史》卷五一《梁宗室传上》，第 1271 页。
③ 赵以武：《阴铿与近体诗》，黑龙江教育出版社 1998 年版，第 63 页。
④ （唐）姚思廉：《陈书》，中华书局 1972 年版，第 468 页。
⑤ 《南史》卷七二《文学·岑之敬传》，第 1788 页。
⑥ 《陈书》卷二七《江总传》，第 345 页。
⑦ 《梁书》卷三三《王僧孺传》，第 470 页。

南朝流寓岭南诗人中，又有刘宋时期的王叔之。王叔之之名，诸史未载录。其生平事迹见载于明黄佐《广东通志》卷一九《流寓》：

王叔之，琅邪临沂人。王镇之为广州刺史，吏治政誉著于南土。晋宋之际，王室多艰，叔之与兄伯之共将家口逾岭相依。及至广州，爱罗浮丘壑之胜，尝登山赋咏，筑室于凤凰洞之南，携子弟读书其中，自称处士，示无宦情。庭植兰菊，作铭曰："兰既春敷，菊又秋荣，芳薰百草，色艳群英。孰是芳质，在幽愈馨，朝斯夕斯，愿言永贞。"其志尚类此，世遂传王生得仙，至今王子洞犹存。所著集一〇卷，《庄子义疏》二卷。①

王叔之今存诗二首，逯钦立《先秦汉魏晋南北朝诗》收该诗，题名曰《游罗浮山诗》、《拟古诗》。② 张友仁《民国博罗县志》卷二《地理四·山分纪》"飞云峰"条下引《游罗浮山诗》，其题曰《飞云峰诗》。③ 吕永光主编《全粤诗》第一卷将王叔之列为粤籍诗人，收录其诗五首，除《游罗浮山诗》、《拟古诗》外，复增补《舟赞》、《兰菊铭》、《甘橘赞》三首。④ 王叔之长期隐逸于罗浮山，罗浮山位处今广东省中部偏东，跨博罗、增城、龙门、河源、和平、龙川等县，东北——西南走向，唐为博罗县所属。《元和郡县图志》卷三四《岭南道一》："罗浮山，在县西北二十八里。罗山之西有浮山，盖蓬莱之一阜，浮海而至，与罗山并体，故曰罗浮。"⑤ 罗浮山所在之博罗县，隶隋唐时之循州，"循州，本秦南海郡地，汉平南越，复置南海郡，今州即汉南海郡之博罗县也。梁置梁化郡，隋开皇十年于此置循州，取循江为名也。"⑥ 《南齐书·州郡志》"南海郡"下有罗浮

---

① （明）黄佐纂：《广东通志》卷一九，日本阳明文库藏本。

② 逯钦立辑校：《先秦汉魏晋南北朝诗》，中华书局1983年版，第1129页。

③ 张友仁纂：《民国博罗县志》，广东省博罗县志办公司、广东省文史研究馆1988年版，第70页。

④ 中山大学中国古文献研究所编：《全粤诗》第一册，岭南美术出版社2008年版，第30—32页。

⑤ （唐）李吉甫撰，贺次君点校：《元和郡县图志》卷三四《岭南道一》，中华书局1983年版，第893页。

⑥ 同上书，第892页。

山所在之"博罗县",可知王叔之所寓之罗浮山亦为广州之地。

南朝宋、齐、梁、陈四代流寓岭南广州之诗人,有谢灵运、谢超宗、王思远、刘祥、范云、柳恽、庾丹、范缜、阴铿、徐伯阳、岑之敬、江总、何长瑜、王僧孺、王叔之,凡一十五人,谓"流寓岭南诗人之广州分布"。

南朝流寓岭南诗人中,以广州为流寓地者为最多,其次为交州。《南齐书·州郡志》:"交州,镇交趾,在海涨岛中。扬雄箴曰:'交州荒遗,水与天际。'外接南夷,宝货所出,山海珍怪,莫与为比。民恃险远,数好反叛。"① 交州之地大致相当于今越南中北部,其僻远更甚于广州。流寓此地者有刘宋诗人徐爱:

> 泰始三年,诏曰:"……乃合投畀豺虎,以清王猷,但朽腊将尽,不足穷法,可赦原罪,徙付交州。"爰既行,又诏曰:"徐爱前后衅迹,理无可申,废弃海垂,实允国宪。但早蒙朕识,曲矜愚朽,既经大宥,思沾殊渥。可特除广州统内郡。"有司奏以为宋隆太守。除命既下,爰已至交州,值刺史张牧病卒,土人李长仁为乱,悉诛北来流寓,无所免者。长仁素闻爰名,以智计诳诱,故得无患。久之听还,仍除南康郡丞。太宗崩,还京都。②

在《宋书》中徐爱被列于《恩倖传》,传中未述及其文学之事,因留下两首诗《华林北涧诗》、《咏牛女诗》,姑系之。南齐诗人流寓交州者为张融,《南齐书·张融传》:"出为封溪令。"③ "封溪"为交州所领武平郡属县。梁代诗人未有流寓交州者,陈代为蔡凝"寻免官,迁交趾"④,阮卓"及平欧阳纥,交趾夷獠往往聚为寇抄,卓奉使招慰"⑤。"交趾"为交州之属郡。南朝流寓岭南交州的诗人即为以上所列徐爱、张融、蔡凝、阮卓

---

① 《南齐书》卷一四《州郡志》,第 266 页。
② 《宋书》卷五四《恩倖传》,第 2311 页。
③ 《南齐书》卷四一《张融传》,第 721 页。
④ 《陈书》卷三四《文学·蔡凝传》,第 470 页。
⑤ 《陈书》卷三四《文学·阮卓传》,第 472 页。

四人。

传统岭南区域中又有一越州，今有据可查流寓此地者惟谢超宗一人。《梁书·谢几卿传》："几卿幼清辩，当世号曰神童。后超宗坐事徙越州，路出新亭渚，几卿不忍辞诀，遂投赴江流，左右驰救，得不沉溺。"① 宋齐时越州地相当于今雷州半岛及广西东南部一带。《南齐书·州郡志》：

> 越州，镇临漳郡，本合浦北界也。夷獠丛居，隐伏岩障，寇盗不宾，略无编户。宋泰始中，西江都护陈伯绍猎北地，见二青牛惊走入草，使人逐之不得，乃志其处，云"此地当有奇祥"。启立为越州。七年，始置百梁、陇苏、永宁、安昌、富昌、南流六郡，割广、交、朱鸢三郡属。元徽二年，以伯绍为刺史，始立州镇，穿山为城门，威服俚獠。土有瘴气杀人。汉世交州刺史每暑月辄避处高，今交土调和，越瘴独甚。刺史常事戎马，唯以贬伐为务。②

在上述岭南广、交、越三州以外，南朝流寓岭南诗人另外一个较为集中的流寓地是始兴。"始兴"，为宋、齐时期湘州所领。《南齐书·州郡志》："湘州，镇长沙郡。湘川之奥，民丰土闲。晋永嘉元年，分荆州置，苟眺为刺史。此后三省，辄复置。元嘉十六年置，至今为旧镇。南通岭表，唇齿荆区。领郡：长沙郡、桂阳郡、零陵郡、衡阳郡、营阳郡、湘东郡、邵陵郡、始兴郡、临贺郡、始安郡、齐熙郡。"③ 其中始兴、临贺、始安、齐熙四郡均为岭南之域。《宋书·州郡三》："吴孙皓甘露元年，分桂阳南部都尉，立为始兴郡。……泰豫元年，改始兴曰广兴。"④ 又《通典·州郡十四》："吴分置始兴郡，晋因之。宋改为广兴郡。齐又为始兴郡。"⑤ 宋、齐两代始兴的政区范围大体是一致的，从《中国历史地图集》宋齐两代全图看，大致为今广东境内的北江流域。胡阿祥、孔祥军《中国行政区

---

① 《梁书》卷五〇《文学·谢几卿传》，第 708 页。
② 《南齐书》卷一四《州郡志》，第 267 页。
③ 《南齐书》卷一五《州郡志》，第 287 页。
④ 《宋书》卷三七《州郡三》，第 1133 页。
⑤ 《通典》卷一八四《州郡十四》第五册，第 4914 页。

划通史·三国两晋南朝卷》亦谓:"萧齐之始兴郡即承刘宋之广兴郡而来,并改为旧称。"① 南朝时期流寓始兴的诗人有萧梁的范云、萧子范,陈代的阴铿、江总。《梁书·范云传》:"出为零陵内史,在任洁己,省烦苛,去游费,百姓安之。明帝召还都,及至,拜散骑侍郎。复出为始兴内史。"② 又《梁书·萧子范传》:"出为戎昭将军、始兴内史。还除太中大夫,迁秘书监。"③《梁书》无"州郡志",由梁代流寓诗人范云、萧子范之任始兴内史看,梁代仍有始兴建置。据胡阿祥等所考,梁始兴郡属东衡州,治曲江(今广东韶关市南武水西岸)。④ 阴铿之流寓始兴,文献所载并不明确,《陈书·文学传》只说"天嘉中,为始兴王府中录事参军"⑤,未必就能说明阴铿曾流寓至此。然阴铿既然曾南下岭南投奔萧勃,随萧勃辗转始兴、广州之间是可能的,况且尚有《游始兴道馆诗》可证。赵以武《阴铿年谱初稿》以为阴铿"梁敬帝绍泰元年(555),45 岁或 46 岁,抵始兴,投奔广州刺史萧勃,职事不清,有诗《游始兴道馆》"⑥。既然可据《隋书·经籍志四》"陈镇南司马阴铿集一卷"⑦ 之说大致推断阴铿曾流寓岭南投奔萧勃,而陈代诗人傅縡之情性亦相类似,亦可能是当时流寓岭南诗人的一员。《陈书·傅縡传》:"寻以本官兼通直散骑侍郎使齐,还除散骑侍郎、镇南始兴王谘议参军,兼东宫管记。"⑧ 诸史所载,陈代诗人中往岭南依萧勃者,最可靠者为江总。《陈书·江总传》载:"总第九舅萧勃先据广州,总又自会稽往依焉。梁元帝平侯景,征总为明威将军、始兴内史,以郡秩米八百斛给总行装。会江陵陷,遂不行,总自此流寓岭南积岁。"⑨ 梁陈时期岭南的政区格局已与宋齐时期大为不同,此时广州辖境已较前大为缩

① 胡阿祥、孔祥军、徐成:《中国行政区划通史·三国两晋南朝卷》,复旦大学出版社 2014 年版,第 1113 页。

② 《梁书》卷一三《范云传》,第 230 页。

③ 《梁书》卷三五《萧子范传》,第 510 页。

④ 胡阿祥、孔祥军、徐成:《中国行政区划通史·三国两晋南朝卷》,复旦大学出版社 2014 年版,第 1269 页。

⑤ 《陈书》卷三四《文学传》,第 472 页。

⑥ 赵以武:《阴铿与近体诗》,黑龙江教育出版社 1998 年版,第 82 页。

⑦ (唐)魏征、令狐德棻:《隋书》,中华书局 1970 年版,第 1080 页。

⑧ 《陈书》卷三○《傅縡传》,第 405 页。

⑨ 《陈书》卷二七《江总传》,第 345 页。

小，江总之流寓岭南，当是寓居过东衡州所属之始兴郡和广州所属之南海郡的。这样看来，南朝仅梁陈二代有流寓岭南的诗人，有范云、萧子范、阴铿、傅縡、江总五人，且大都有过广州和东衡州的流寓经历。

三

论及中国古代的流寓或贬谪文人问题，若从时代看，则以唐以后为多，且对历代流寓文人之研究又主要集中于唐、宋、清三代。在贬谪文学或流寓文学研究日益引起学界重视的今天，相对而言对六朝时期的贬谪或流寓问题研究最为沉寂，偶或涉及者唯刘宋之谢灵运和萧梁之江淹。① 江淹的流寓地为建安之吴兴，又不属岭南历史地理区域。仅刘宋谢灵运之徙放广州多被写进文学史著述或年谱编纂中，仍少有纯粹的贬谪或流寓视角的观照。

南朝时期流寓岭南之诗人有谢灵运、何长瑜、徐爰、王叔之四位。谢灵运于宋文帝元嘉十年（433）八、九月间与其子谢凤、其孙谢超宗一并上路徙往广州，其出发地为临川。从流寓经历是一个流寓者奔赴流寓地往返经历来看，谢灵运之流寓岭南，自当起于由临川启程南下之时。关于谢灵运赴流寓地广州的途径，宋红《谢灵运年谱汇考》以为："由临川至广州，先逆流走漳江，刘宋时称'赣水'，南康郡（今江西赣州市）以上称'豫章水'，过大庾岭后顺流走浈江、韶江，刘宋时称'溱水'。唯中间翻越赣粤分界之大庾岭，要走一百一十里陆路，在唐代张九龄开辟沟通南北的岭路之前，这是盘旋迂曲、非常险峻的山路。"② 李森南《山水诗人谢灵运》中也描述了谢灵运此行的路线："灵运此行，是经过南昌、清江、峡江、庐陵、泰和、万安、赣州、南康、大庾，而越过大庾岭，然后到达广东省境。"③ 谢灵运途中作《长歌行》，过大庾岭作《岭表赋》、《岭表诗》，仅为残篇，既至广州，作《感时赋》。元嘉十年十一月，在广州作《昙隆法师诔》，临刑前又作《临终诗》。关于谢灵运流寓岭南途中及被羁于广州

---

① 蔡平：《文学史脉络的生成与地域分布的清晰化呈现——中国古代流寓文学研究综述》，《中国社会科学报》2015 年 3 月 2 日。

② 宋红：《谢灵运年谱汇考》，范子烨主编《中古作家年谱汇考辑要》卷二，世界图书出版公司 2014 年版，第 406 页。

③ 李森南：《山水诗人谢灵运》，文史哲出版社 1989 年版，第 152 页。

时期的创作,各家历来多有分歧。李运富《谢灵运年事简谱》所述较为客观:"赴广州途中,灵运作《岭表赋》及《岭表》诗。《感时赋》及《登狐山》、《入溇溪》、《长歌行》等诗大概也作于这一时段。至广州后,灵运又被指控犯谋反罪,诏于广州行弃市刑。行刑前作《临终》诗。"① 谢灵运流寓岭南的时间是很短暂的,自元嘉十年八、九月至十二月广州弃市,不过三个月左右而已。《宋书》本传对诗人之死叙述得十分简略:"有司又奏依法收治,太祖诏于广州行弃市刑……时元嘉十年,年四十九。"② 仅笼统地称其终于元嘉十年。《资治通鉴》卷一二二"元嘉十年"载:

> (十二月)辛未,魏主如阴山之北。魏宁朔将军卢玄来聘。前秘书监谢灵运,好为山泽之游,穷幽极险……乃降死一等,徙广州。久之,或告灵运令人买兵器,结健儿,欲于三江口篡取之,不果。诏于广州弃市。③

《通鉴》所述灵运之死事是系于元嘉十年十二月之末的,史家有灵运被弃市于本月内之倾向。李雁《谢灵运研究》"出守临川与弃市广州"一节正据此以为"灵运之死当在是年岁末"④。

何长瑜生平事迹诸史载之不详,其流寓岭南事见于《宋书》、《南史》之《谢灵运传》。由二史可知,长瑜为谢灵运东归之后为山泽之游的"四友"之一,即谢惠连、何长瑜、荀雍、羊璿之。谢灵运对其评价很高,以为"当今仲宣"。长瑜被贬放广州,除为增城令,乃起于以诗戏临川王刘义庆的州府僚佐,而触怒了义庆,《先秦汉魏晋南北朝诗》题该诗谓《嘲府僚诗》。《南史·谢灵运传》载:

> 临川王义庆招集文士,长瑜自国侍郎至平西记室参军。尝于江陵寄书与宗人何勖,以韵语序义庆州府僚佐云:"陆展染鬓发,欲以媚

---

① 李运富:《谢灵运年事简谱》,《谢灵运集》附录二,岳麓书社 1999 年版,第 435 页。
② 《宋书》卷六七《谢灵运传》,第 1777 页。
③ (宋)司马光编著,(元)胡三省音注:《资治通鉴》,中华书局 1956 年版,第 3850 页。
④ 李雁:《谢灵运研究》,人民文学出版社 2008 年版,第 78 页。

侧室。青青不解久，星星行复出。"如此者五六句。而轻薄少年遂演之，凡人士并为题目，皆加剧言苦句，其文流行。义庆大怒，白文帝，除广州所统曾城令。及义庆薨，朝士并诣第叙哀，何勖谓袁淑曰："长瑜便可还也。"淑曰："国新丧宗英，未宜便以流人为念。"庐陵王绍镇寻阳，以长瑜为南中郎行参军，掌书记之任。行至板桥，遇暴风溺死。①

这也是仅有的关于何长瑜生平事迹最为详尽的一则材料，其中由袁淑之口提及"流人"一词，当为"流人"于正史中较早的出处。其仅存的另外一首《离合诗》："宜然悦今会，且怨明晨别。肴蔌不能甘，有难不可雪。"②"不可雪"之冤屈当指其因那首戏嘲刘义庆僚佐之诗而被远放岭南之事。徐爰与王叔之二人流寓岭南事迹及作品情况前文已述。徐爰为恩倖之臣，能在交州土人李长仁为乱，尽诛北来流寓之人下得以保全性命，自与其长期周旋于刘宋政权上层而养成的保全性命之术分不开。王叔之流寓岭南，居于罗浮山，以处士修己，其于筑室内读书的凤凰洞，后人名其谓"王子洞"，则自是为岭南人留下了一处人文景观。

在南齐流寓岭南的诗人中，张融是文名最著的一位。关于他的流寓交州武平郡所属之封溪县，《南史·张融传》叙述了事情的大致原委：

解褐为宋新安王子鸾行参军。王母殷淑仪薨，后四月八日建斋并灌佛，僚佐儭者多至一万，少不减五千，融独注儭百钱。帝不悦曰："融殊贫，当序以佳禄。"出为封溪令。从叔永出后渚送之曰："似闻朝旨，汝寻当还。"融曰："不患不还，政恐还而复去。"及行，路经嶂崄，獠贼执融将杀食之。融神色不动，方作洛生咏，贼异之而不害也。浮海至交州，于海中遇风，终无惧色，方咏曰："干鱼自可还其本乡，肉脯复何为者哉。"又作《海赋》，文辞诡激，独与众异。……在南与交趾太守卞展善。展于岭南为人所杀，融挺身奔赴。③

① 《南史》卷一九《谢灵运传》，第 540 页。
② （唐）欧阳询撰，汪绍楹校：《艺文类聚》，中华书局 1982 年版，第 1005 页。
③ 《南史》卷三二《张融传》，第 833 页。

这段材料揭示了有关张融的四个方面信息。其一，张融被远放封溪的缘由。因建斋浴佛，张融捐钱之少而令"帝不悦"，遂出其为封溪令。南朝官员离京出为地方是常事，可张融之出非同寻常，曹道衡《〈南齐书〉、〈南史〉、〈张融传〉叙事次序多误》一文释"帝不悦"，以为"封溪属交州武平郡，在南朝乃迁谪之地"①。其二，赴南途中身处杀身之境，泰然作洛生之咏，而未得獠贼加害。其三，作文辞诡激、独与众异的《海赋》。其四，在流寓地的交游及舍生重义。张融之流寓交州最大的收获是《海赋》的创作。该篇"在描写角度、内容选择上都做了仔细斟酌，而显示出自己的特色。赋首叙大海之状貌，极壮阔雄奇之势；继写洲岛与山岳、海中动物、春天大海景观、丽日下文人高士游仙览境之逍遥；结篇由大海的特性而悟玄理"②。《海赋》全篇完整地被萧子显修《南齐书》时所采录，充分显示其在齐梁文坛的地位。由于语言的艰涩和其博物的性质，历来赋学研究著述少有涉及，马积高《赋史》③、王琳《六朝辞赋史》④、池万兴《六朝抒情小赋概论》⑤ 等均未提及或言之不详，朱建君、修斌主编的《中国海洋文化史长编·魏晋南北朝隋唐卷》以为，"要获得本篇阅读的愉悦，需超越艰涩与博物这层障碍"⑥，《海赋》的不为人所重，盖为艰涩与博物所遮蔽。至于两广地方文学史及文学总集之纂成亦不见《海赋》之踪迹，不能不说是一个缺憾。⑦ 然治南朝之流寓文学，《海赋》之重要地位可得彰显。

---

① 曹道衡、沈玉成：《中古文学史料丛考》，中华书局 2003 年版，第 424 页。

② 于浴贤：《六朝赋述论》，河北大学出版社 1999 年版，第 306 页。

③ 马积高：《赋史》，上海古籍出版社 1987 年版，第 210—233 页。

④ 王琳：《六朝辞赋史》，黑龙江教育出版社 1998 年版，第 244—258 页。

⑤ 池万兴：《六朝抒情小赋概论》，人民出版社 2013 年版，第 111—125 页。

⑥ 朱建君、修斌主编：《中国海洋文化史长编·魏晋南北朝隋唐卷》，中国海洋大学出版社 2013 年版，第 490 页。

⑦ 从陈永正主编《岭南文学史》之编写体例看，编者无意于写进历代流寓岭南文人及其创作，然涉及正文的展开部分却又一定程度地写入流寓岭南文人之作品。如其《六朝的文学》一节即写道："南朝宋文帝时，著名旅行家和诗人谢灵运曾被朝廷流放到广州，他在来广州途中，写过《岭表赋》。"然张融《海赋》这样一篇典型的流寓赋却不被提及。(陈永正：《岭南文学史》，广东高等教育出版社 1993 年版，第 37 页) 张融流寓之交州，涉及今广西之地，清人汪森所编《粤西文载》，收六朝文人赋只江总《南越木槿赋》一篇，亦弃《海赋》而不顾。(汪森编辑，黄盛陆等校点：《粤西文载》第一册，广西人民出版社 1990 年版，第 3 页)

南齐谢超宗，今诗无传。然《齐南郊乐章》十三首、《齐北郊乐歌》六首、《齐明堂乐歌》十五首、《齐太庙乐歌》十六首，《南齐书·乐志》皆署为谢超宗所撰。钟嵘《诗品》评其"祖袭颜延……传颜、陆体"①，故今仍以诗人待之，当不为虚。超宗为南朝流寓岭南诗人中之最不幸者，一生先后两次被流放。前一次为受其祖谢灵运之株连，元嘉八、九（431、432）年随父谢凤、祖谢灵运同徙广州，《南齐书》本传言其"元嘉末得还"②，宋文帝元嘉末为元嘉三十年，可知超宗在其祖谢灵运弃市死、父谢凤"早卒"后，仍羁留岭南近二十年之久，其青少年时期是在岭南度过的。超宗二次被徙越州，乃因对朝廷积久的"轻慢"及因逆反见诛的亲家张敬儿之牵连。南朝偏安江南一隅，至南齐南北分治基本已成定局，南齐政权内部并不多见的朝议北方之事，于大局无补，超宗所言"虏动来二十年矣，佛出亦无如何"，如此深刻的时评言论，自然得被构陷。此番外放，齐武帝将其徙至更为遥远的越州，然行未至，即于豫章受诏赐死。

在《南齐书》中，萧子显将谢超宗与刘祥同置一卷之中，其共同特点，用萧子显的赞语即是："违朝失典，流放南渍。"③ 刘祥先后两次赴广州，首次为迎其兄刘整之丧，而与兄嫂发生财产纠纷，并作"寄意悖慢"的《连珠》十五首遣怀，为有司所奏，齐武帝决定将其外放岭南，令其思过。《南齐书·刘祥传》："上别遣敕祥曰：'……我当原卿性命，令卿万里思愆。卿若能改革，当令卿得还。'"④ 刘祥则一一申辩，乃徙广州。这第二次赴广州，乃为流放，终至病死于岭南。刘祥诗无存，严可均《全宋文》辑其文两篇，分题为《对狱鞫辞》、《连珠（十五首）》⑤，均见于《南齐书》本传，成为其招致远徙并病死广州的直接原因，可视为其流寓岭南经历中的作品。南齐另外一位有岭南经历者为王思远，他的流寓岭南与其他诗人不同，是为齐武帝派往岭南的封疆吏员。《南齐书·王思远传》："出为使持节、都督广交越三州诸军事、宁朔将军、平越中郎将、广州刺史。"⑥ 思远

---

① （南朝梁）钟嵘撰，曹旭笺注：《诗品笺注》，人民文学出版社 2009 年版，第 273 页。

② 《南齐书》卷三六《谢超宗传》，第 635 页。

③ 《南齐书》卷三六《谢超宗刘祥传赞》，第 644 页。

④ 《南齐书》卷三六《刘祥传》，第 642 页。

⑤ （清）严可均辑：《全上古三代秦汉三国六朝文》，河北教育出版社 1997 年版，第 801 页。

⑥ 《南齐书》卷四三《王思远传》，第 765 页。

今存《皇太子释奠诗》残篇及文《让吏部郎表》均无关岭南之事。

宋齐两代流寓岭南之诗人，或因悖慢朝廷、或因不合礼数、或因诗文讥刺时弊、或因受罪者牵连，而得远放，基于特殊的流人身份，居流寓地岭南期间，诸史多不载其行迹。这是南朝同时代史书《宋书》、《南齐书》之共同处，亦以此与《梁书》、《陈书》之岭南流寓文人的历史书写判然而分。

四

萧梁时代流寓岭南的诗人有六位，即范云、柳恽、王僧孺、萧子范、范缜、庾丹。这六人按照赴岭南的缘由大致可以分作两类：一是为萧梁政权所委派岭南为官者，为范云、柳恽、王僧孺、萧子范；二是被贬徙者，有范缜和庾丹。

《南齐书·东昏侯纪》："（永元元年）六月癸亥，以始兴内史范云为广州刺史。"① 范云是由始兴内史任迁广州刺史、平越中郎将。《梁书》本传："出为零陵内史，在任洁己，省烦苛，去游费，百姓安之。明帝召还都，及至，拜散骑侍郎。复出为始兴内史。"② 并不明确为始兴内史为何年。《资治通鉴·齐纪一》"世祖武皇帝上"："宋末，以治民之官六年过久，乃以三年为断，谓之小满；而迁换去来，又不能依三年之制。（永明元年）三月，癸丑，诏，自今一以小满为限。"③ 由此可知，永明元年（483）便已规定任"治民之官"者以三年为限，范云之流寓岭南正为"治民"，自永元元年（499）六月由始兴内史任迁广州刺史任，上推其为任始兴内史当在齐明帝建武三年（496）。④ 范云至始兴内史任后，处置亡奴以情理，安抚豪族以恩德，遂使境内安宁。《南史·范云传》：

又为始兴内史，旧郡界得亡奴婢，悉付作；部曲即货去，买银输

---

① 《南齐书》卷七《东昏侯纪》，第98页。
② 《梁书》卷一三《范云传》，第230页。
③ 《资治通鉴》卷一三五《齐纪一》，第4252页。
④ 柏俊才《范云年谱》系范云为始兴内史于齐明帝建武四年（497）。见《中国韵文学刊》2008年第4期。

官。云乃先听百姓志之，若百日无主，依判送台。又郡相承后堂有杂工作，云悉省还役，并为帝所赏。郡多豪猾大姓，二千石有不善者，辄共杀害，不则逐之。边带蛮俚，尤多盗贼，前内史皆以兵刃自卫。云入境，抚以恩德，罢亭侯，商贾露宿，郡中称为神明。①

本年范云作《除始兴郡表》、《酌修仁水赋诗》、《治西湖诗》。②《太平御览》卷五九《地部》引《方舆记》曰："韶州曲江县修仁水，新安注连水，北有三枫亭、五渡水。齐范云为始兴太守，至修仁水，酌而饮之，赋诗曰：'三枫何习习，五渡何悠悠。且饮修仁水，不挹背邪流。'"③齐武帝建武四年（497）范云仍在始兴内史任。东昏侯永泰元年（498），据胡姗姗所考，范云作《赠沈左卫诗》。诗云："伊昔霑嘉惠，出入承明宫。游息万年下，经过九龙中。越鸟憎北树，胡马畏南风。愿言反渔蓑，津梁肯见通。"其时范云为始兴内史任将满，诗中以"越鸟"、"胡马"之意象表达思归之意，与其所处的环境是相符的。范云又有《咏桂树诗》："南中有八树，繁华无四时。不识风霜苦，安知零落期。"树木的繁华无四时节令枯荣之变，必为岭南风物。该树"不识风霜"之苦，在中国方圆之内未有霜雪之降者，唯岭南而已。故此诗当写岭南风物，亦可能为范云在始兴时期所作。

东昏侯永元元年（499）六月，范云由始兴内史任迁为广州刺史，祭祀孝子墓。十月坐事，征还下狱。《南史》本传云："至任，遣使祭孝子南海罗威、唐颂，苍梧丁密、顿琦等墓。时江祏姨弟徐艺为曲江令，祏深以托云。有谭俨者，县之豪族，艺鞭之，俨以为耻，至都诉云，云坐征还下狱，会赦免。"④范云在广州刺史任时间不长，只有四五个月。《南齐书·东昏侯纪》："（永元元年）冬十月乙巳，以始兴内史颜翻为广州刺史。"⑤范云于永元元年六月至广州刺史任，至永元元年十月颜翻为广州刺史，仅半年不

① 《南史》卷五七《范云传》，第1418页。
② 据胡姗姗所考，《治西湖诗》当系于此年。《范云事迹诗文系年》，湖北大学硕士学位论文，2009年。
③ （宋）李昉等：《太平御览》，中华书局1960年版，第285页。
④ 《南史》卷五七《范云传》，第1418页。
⑤ 《南齐书》卷七《东昏侯纪》，第99页。

到便坐事征还下狱。此事在任昉《为范尚书让吏部封侯第一表》中亦有所提及："既而分虎出守，以囊被见嗤；持斧作牧，以薏苡兴谤。赭衣为虏，见狱吏之尊；除名为民，知井臼之逸。"① 范云之所谓"坐事"离广州刺史任，不过是受徐艺之牵连，为曲江豪族谭俨所诬告而致。至此，范云结束了其三年多岭南为官的经历。何逊有《落日前墟望赠范广州云》诗，李伯齐《何逊集校注》"题解"以为"此诗应作于永元元年中"②。何逊又有《范广州宅联句》诗，李伯齐《何逊集校注》"题解"谓："此诗应为范云由广州刺史任坐事征还、赦免之后所作，时约在永元二年（500）任国子博士之前。"③ 虽题名"范广州"，然此时当为范云除官民，赋闲期间所作，何逊所称仍沿范云前任官衔而已。

范云流寓岭南的几年是在南齐末期，梁代流寓岭南，出任过广州刺史的诗人是柳恽。关于柳恽的流寓岭南，仅有《梁书·柳恽传》："（天监）八年，除持节、都督广交桂越四州诸军事、仁武将军、平越中郎将、广州刺史。"④ 其出任岭南之历时、岭南事迹诸史均无载。何逊有《哭吴兴柳恽》诗，其"霞区两借寇，贪泉一举卮"⑤ 句，盛赞柳恽为任广州时期为政清静，清操自厉。梁代另外一位以出仕身份流寓岭南者是王僧孺。僧孺出任南海太守两年，颇有声绩。梁代南海郡治番禺，时番禺已是梁朝最为重要的对外通商口岸，僧孺之任亦以清廉自守。《南史·王僧孺传》：

　　出为南海太守。南海俗杀牛，曾无限忌，僧孺至便禁断。又外国舶物、高凉生口岁数至，皆外国贾人以通货易。旧时州郡就市，回而即卖，其利数倍，历政以为常。僧孺叹曰："昔人为蜀部长史，终身无蜀物，吾欲遗子孙者，不在越装。"并无所取。视事二岁，声绩有闻。诏征将还，郡中道俗六百人诣阙请留，不许。⑥

---

① （明）张溥辑：《汉魏六朝百三名家集》第四册《任中丞集》，江苏古籍出版社 2002 年版，第 629 页。
② 李伯齐：《何逊集校注》（修订本），中华书局 2010 年版，第 5 页。
③ 同上书，第 7 页。
④ 《梁书》卷二一《柳恽传》，第 332 页。
⑤ 李伯齐：《何逊集校注》，中华书局 2010 年版，第 192 页。
⑥ 《南史》卷五九《王僧孺传》，第 1460 页。

这则材料也是南朝五史中唯一记述广州海上对外贸易之利的史料，显得非常珍贵。至于王僧孺流寓南海期间的创作情况，并无确考。萧子范流寓岭南史料大约与王僧孺相近，仅《梁书》本传称其"出为戎昭将军、始兴内史。还除太中大夫，迁秘书监。"① 别无他述，亦无岭南诗文传世。范缜、庾丹之流寓岭南与前四人不同，皆为坐事故。范缜坐王亮事得徙广州，历时两年。《南史·范缜传》："缜在齐时，与亮同台为郎，旧相友爱。至是亮摈弃在家，缜自以首迎武帝，志在权轴，而所怀未满，亦怏怏，故私相亲结，以矫于时。竟坐亮徙广州。在南累年，追为中书郎，国子博士，卒。"② 庾丹生平事迹仅见于《南史·梁宗室传》，叙述极为简略，唯知其"坐事流广州"③。

陈代流寓岭南的诗人大致有两类：一是梁末侯景乱时，往岭南依萧勃；二是徙交趾或奉使赴交趾。阴铿生平事迹，诸史记述极为简略，其岭南经历不明。《陈书·文学传》载："天嘉中，为始兴王府中录事参军。世祖尝·群臣赋诗，徐陵言之于世祖，即日召铿预宴。"④ 世祖天嘉中受封始兴王的是太子陈伯茂，受封于天嘉元年（560）。《陈书·世祖纪》："永定三年秋八月，庚戌，封皇太子伯茂为始兴王，奉昭烈王后。徙封始兴嗣王顼为安成王。"⑤ 然按南朝政权惯例，皇族子弟封号之名极少出镇者，阴铿所为之始兴王府中录事参军，最大的可能便是在始兴王陈伯茂府上。又据《隋书·经籍志》录阴铿文集所题之"陈镇南府司马"一职，陈高祖永定三年（559）至世祖天嘉四年（563）间，广州刺史欧阳頠为镇南将军，欧阳頠薨于天嘉四年九月，阴铿此时当为广州刺史欧阳頠的镇南府司马，为始兴王府中录事参军之任当在天嘉四年以后至天嘉六年（565）。阴铿当在天嘉四年后离开岭南赴京，故世祖召群臣赋诗，可即日召之预宴。欧阳頠是在萧勃死后"尽有越地"的，欧阳頠之前为镇南将军者正是萧勃。《梁书·元帝纪》："（大宝元年）十二月壬辰，以定州刺史萧勃为镇南将军、

---

① 《梁书》卷三五《萧子范传》，第510页。
② 《南史》卷五七《范缜传》，第1422页。
③ 《南史》卷五一《梁宗室传》，第1271页。
④ 《陈书》卷三四《文学传》，第472页。
⑤ 《陈书》卷三《世祖纪》，第47页。

广州刺史。"① 又《南史·梁宗室传》载:"后江表定,以王琳代为广州,以勃为晋州刺史。魏克江陵,勃复据广州。"② 西魏克江陵在承圣三年(554),自大宝元年萧勃被西江都护陈霸先迎为广州刺史,至承圣三年江陵破,其间萧勃曾出为晋州刺史。如果阴铿果真在梁末乱时依附于萧勃,当在承圣三年之后。梁敬帝绍泰元年(555),阴铿南下岭南,至陈武帝永定三年(559),此四年间,阴铿随萧勃往来于始兴、广州间。赵以武"阴铿诗 26 首写作时间排列"将阴铿唯一可以确定写于岭南的《游始兴道馆》诗系于"555 年春(梁敬帝绍泰元年)南下时写于始兴"③ 是符合实际的。

徐伯阳今存诗两首,均与岭南经历无关。《陈书·文学·徐伯阳传》:"大同中,出为候官令,甚得民和。侯景之乱,伯阳浮海南至广州,依于萧勃。勃平还朝,仍将家属之吴郡。"④ 自梁太清年间侯景乱至平萧勃,十几年间徐伯阳流寓广州,然不详其在萧勃府任何职事。傅縡之事,《陈书》本传仅称其"寻以本官兼通直散骑侍郎使齐,还除散骑侍郎、镇南始兴王谘议参军,兼东宫管记"⑤。其为镇南始兴王谘议参军前任骠骑安成王中记室,据《陈书·世祖纪》载,永定三年始兴嗣王陈顼被徙封为安成王,故可推知傅縡之流寓岭南当在永定三年之后,然"镇南始兴王"尚不可考知。陈诗人岑之敬流寓岭南,乃是受命赴岭南慰喻萧勃,时间在承圣二年(553),而承圣三年江陵破,从此便羁留广州。《南史·文学·岑之敬传》:"承圣二年,除晋安王宣惠府中记室参军。时萧勃据岭表,敕之敬宣旨慰喻。会魏克江陵,仍留广州。陈太建出还朝,授东宫义省学士。"⑥ 陈太建元年(569),章昭达平定欧阳纥之反后与萧引等北还,在岭南为时亦为十多年。其事见于《南史·萧引传》:

（欧阳）颁迁广州病死,子纥领其众,引疑纥异图,因事规正,由是情礼渐疏。及纥反,时都下士人岑之敬、公孙挺等并惶骇,唯引

① 《梁书》卷五《元帝纪》,第 116 页。
② 《南史》卷五一《梁宗室传》,第 1263 页。
③ 赵以武:《阴铿与近体诗》,黑龙江教育出版社 1998 年版,第 115 页。
④ 《陈书》卷三四《文学传》,第 466 页。
⑤ 《陈书》卷三○《傅縡传》,第 405 页。
⑥ 《南史》卷七二《文学传》,第 1788 页。

怡然，谓之敬等曰："管幼安、袁曜卿亦但安坐耳。君子正身以明道，直己以行义，亦何忧乎。"及章昭达平番禺，引始北还，拜尚书金部侍郎。[1]

蔡凝今仅存诗一首，题曰《赋得处处春云生诗》。因在陈高宗面前直言而被谮，徙交趾。《陈书·文学·蔡凝传》：

> 高宗尝谓凝曰："我欲用义兴主婿钱肃为黄门郎，卿意何如？"凝正色对曰："帝乡旧戚，恩由圣旨，则无所复问。若格以佥议，黄散之职，故须人门兼美，惟陛下裁之。"高宗默然而止。肃闻而有憾，令义兴主日谮之于高宗，寻免官，迁交趾。顷之，追还。[2]

蔡凝是南朝流寓岭南诗人的一个特例，从本传看当未到交趾即被"追还"，虽然如此，却也显示了陈高宗对其惩处之重。陈代诗人阮卓工于五言诗，于陈后主时出使隋，与薛道衡、颜之推等谈赋诗。其流寓是赴岭南奉使招慰交趾夷獠，并能洁身而还，颇显清绩。《陈书·文学·阮卓传》曰："及平欧阳纥，交趾夷獠往往聚为寇抄，卓奉使招慰。交趾通日南、象郡，多金翠珠贝珍怪之产，前后使者皆致之，唯卓挺身而还，衣装无他，时论咸伏其廉。"[3] 陈太建元年欧阳纥平，阮卓之赴交趾当在陈太建之初。阮卓今存诗六首，其《咏鲁仲连》诗有"聊弃南金赏，方从沧海游"的句子，陈祚明曰"有傲睨一世之慨"[4]，其中亦当有赴交趾而不染指"金翠珠贝珍怪之产"的寓意。

江总是南朝诗人中流寓岭南线索最为明晰的一位，曹道衡、刘跃进《南北朝文学编年史》将其赴广州依萧勃之年系于梁简文帝大宝二年（551）[5]，其离开岭南被征还，《陈书》本传有明确记载，在陈天嘉四年

---

① 《南史》卷一八《萧引传》，第 504 页。
② 《陈书》卷三四《文学传》，第 470 页。
③ 同上书，第 472 页。
④ 陈祚明评选，李金松校点：《采菽堂古诗选》，上海古籍出版社 2008 年版，第 1002 页。
⑤ 曹道衡、刘跃进：《南北朝文学编年史》，人民文学出版社 2000 年版，第 532 页。

（563），也是一段颇长的流寓经历。《陈书·江总传》载："总第九舅萧勃先据广州，总又自会稽往依焉。梁元帝平侯景，征总为明威将军、始兴内史，以郡秩米八百斛给总行装。会江陵陷，遂不行，总自此流寓岭南积岁。天嘉四年，以中书侍郎征还朝，直侍中省。"① 从《南北朝文学编年史》系江总流寓岭南时间段看应为十三年，然其诗《诒孔中丞奂》又有"我行五岭表，辞乡二十年"之句，存在不小的出入。诗曰：

> 我行五岭表，辞乡二十年。闻莺欲动咏，披雾即依然。畴昔同寮寀，今随年代改。借问藏书处，唯君故人在。故人名宦高，霜简肃权豪。谁知怀《九叹》，徒然泣二毛。步出东郊望，心游江海上。遇物便今古，何为不惆怅。初晴原野开，宿雨润条枚。丛花曙后发，一鸟雾中来。淹留兰蕙苑，吟啸芳菲晚。忘怀静躁间，自觉风尘远。白社聊可依，青山乍采薇。钟牙乃得性，语默岂同归。②

此诗与另一首《别南海宾化侯》诗未必是江总在岭南时期的创作，却是岭南流寓经历的感受。其《经始兴广果寺题恺法师山房诗》、《秋日登广州城南楼诗》则可确定为分别作于始兴和广州二地。前者诗曰：

> 息舟候香埠，怅别在寒林。柱近交枝乱，山长绝迳深。轻飞入定影，落照有疏阴。不见投云状，空留折桂心。③

后者诗曰：

> 秋城韵晚笛，危榭引清风。远气疑埋剑，惊禽似避弓。海树一边出，山云四面通。野火初烟细，新月半轮空。塞外离群客，颜鬓早如蓬。徒怀建邺水，复想洛阳宫。不及孤飞雁，独在上林中。④

---

① 《陈书》卷二七《江总传》，第345页。
② 陈祚明评选，李金松校点：《采菽堂古诗选》下册，上海古籍出版社2008年版，第989页。
③ 逯钦立辑校：《先秦汉魏晋南北朝诗》，中华书局1983年版，第2589页。
④ 同上书，第2579页。

南朝诗人中，江总与谢灵运都是有一定数量明确写于岭南或书写岭南的作品。汪春泓《中国文学编年史·两晋南北朝卷》对江总流寓岭南事迹及创作情况均未作系年辑录①，不能不说是一个缺憾。陈永正《岭南文学史》在"六朝的文学"一节述及江总流寓广州时的诗作《秋日登广州城南楼》诗时说："南朝陈代诗人江总避乱广州，依附他舅父萧勃，居十余年，他写的《秋日登广州城南楼》一诗，描写广州风物，抒发家国之思，清新自然，颇有情致，为他所写的宫体艳诗注入一股清新的空气。"② 该评价是客观的。

南朝流寓岭南的诗人，或因流放、或因避难、或因谪宦、或因为官，在南朝时期的岭南，在可能的环境里，既为岭南注入了先进文化的因子，又以诗文的形式书写了岭南的山川风物，自然应该成为岭南地域文学研究的构成部分，南朝的岭南地域文学研究或可得到不小的充实。

---

① 汪春泓主编：《中国文学编年史·两晋南北朝卷》，湖南人民出版社 2006 年版，第 519 页。
② 陈永正：《岭南文学史》，广东高等教育出版社 1993 年版，第 37 页。

张九龄谪迁的文化意义

陈建森[*]

内容提要　张九龄是盛唐开元名相和文坛领袖。张九龄在三次谪迁的过程中，将唐代诗品由"正"导向"醇"，开唐诗"清澹一派"，"为李杜开先"，以"九龄风度"见知玄宗而成为宰执荐引公卿、朝廷录用大臣的参照标准。张九龄的三次谪迁对唐代政治和文学都产生了深远的影响。

关键词　"诗品始醇"　"清澹一派"　"为李、杜开先"　"九龄风度"

在中国文化史上，因谪迁而引起皇帝沉痛悔思，其"风度"得到皇帝激赏而成为宰执荐引公卿、朝廷录用大臣参照标准的人物屈指可数，岭南张九龄就是其中的一位。张九龄在仕宦生涯中先后遭遇三次谪迁，这三次谪迁对唐代政治和文学都产生了深远的影响。张九龄在政治上以文行、风仪见知玄宗，在唐代文学发展史上，将唐代诗品由"正"导向"醇"，开唐诗"清澹一派"，"为李杜开先"。然在现当代"贬谪文化与贬谪文学"研究中，张九龄谪迁的文化意义尚未得到应有的重视，值得深入探究。

一　将唐代诗品由"正"导向"醇"

张九龄第一次谪迁在开元四年（716）。他在左拾遗任上因"封章直言，不协时宰，方属辞满，拂衣告归。太夫人在堂，承顺左右，孝养之

---

　*　作者简介：陈建森，华南师范大学文学院教授。

至，间里化焉。始兴北岭，峭险巉绝；大庾南谷，坦然平易。公乃献状，诏委开通，曾不浃时，行可方轨"①。"封章直言，不协时宰"，是指开元元年（713），张九龄《上姚令公书》，劝紫微令姚崇用人唯贤，又于开元三年（715）五月密奏《上封事书》，玄宗亲试县令，发现吏部诠选之弊，这前后两"书"直接引起时任检校吏部尚书兼黄门监卢怀慎和紫微令姚崇的不满。"方属辞满"，指曲江公正逢左拾遗任职期满。唐代诠选制度规定"凡居官必四考"②。内外官一年一考课，谓之小考；四年一总，谓之大考。小考与奖惩禄米挂钩，大考与品阶升降相关。四考后，官员按考课的政绩进行职务调整，六品以下旨授官，须离职居家守选，县令、六品下旨授官守选时间一般为三年，但六品以下的常参官、供奉官、各司的员外郎、监察御史、拾遗、补阙等，可以例外。③ 张九龄于先天元年八月前，经嗣鲁王李道坚举荐，应道侔伊吕科对策三道高第，迁左拾遗，至开元四年（716）正好秩满四年，但因其"封章直言，不协时宰"，本为"拾遗"而未能享受"例外"，须离职居家守选，故在开元四年秋不得不"拂衣告归"。是年十一月，曲江公以左拾遗内供奉奉使开凿大庾岭。④

张九龄因"封章直言，不协时宰"，不得不南还曲江守选，落寞伤愁，常与曲江王少府履震和王司马诗酒唱和，山水同游。他在《陪王司马宴王少府东阁序》中说：

夫道行与废，命也，非谋之不臧；命通与塞，时也，岂力之为弊？古之君子推其分、养其和，仲尼得之以弦歌，傅说因之以版筑。至若《诗》有怨刺之作，《骚》有愁思之文，求之微言，匪云"大雅"。王六官志其大者，司马公引而申之。谪居何心？不欲贾生之投

---

① 徐浩：《唐尚书右丞相中书令张公神道碑》，《全唐文》卷四四〇，上海古籍出版社1990年版。

② 《新唐书》卷四五《选举志》，中华书局1975年版，第1173页。凡本文引文出自同一本书，下文只注明页码。

③ 参见王勋成《唐代诠选与文学》第三章考课、第四章六品以下官员守选，中华书局2001年版。

④ 见《唐丞相曲江张先生文集》卷一七《开凿大庾岭路序》，《四部丛刊》本。凡本文所引张九龄诗文均出自《四部丛刊》《唐丞相曲江张先生文集》。

吊？穷愁非我，安用虞卿之苦书？尝以风月在怀，江山为事。簿领何废？形胜不辜，既好乐而不荒，亦上同而不混。追平倚层阁、凭华轩，川泽清明，上悬秋景，岑岭回合，下带溪流，联草树而心摇，际烟氛而目尽。兹邦枕倚，是日登临，岂子虚之过诧，诚仲宣之信美。物色起殊乡之感，谁则无情？而道术得异人之资，吾方有道。于是旨酒时献，清谈间发，歌《沧浪》以放言，咏《蟋蟀》而伤俭。盖古人之作者，岂异于斯！盍赋诗以扬其美？

张九龄在《序》中表明其诗歌创作主张。首先，张九龄认为一个人的"道行与废"、"命通与塞"，最终是由"时"所决定的。仲尼的"弦歌"、傅说版筑时的悲鸣，"《诗》有怨刺之作，《骚》有愁思之文"、"贾生之投吊"、"虞卿之苦书"，皆是道之不行、命之受阻时自然流露的心声。诗歌根源于诗人对社会生活的感受，诗歌应该是感事缘情而发的。其次，诗人借助诗歌来抒发"怨刺"、"愁思"、"穷愁"、"伤俭"等感情，是为了"安其分"、"养其和"。再次，诗人在道之不行、命之受阻时，可以"风月在怀，江山为事"，但又须"好乐而无荒"、"上同而不混"，隐居养志以待时。"物色起殊乡之感，谁则无情？"于是"歌《沧浪》以放言，咏《蟋蟀》以伤俭"，或因山水以抒情，或托物比兴以传情。

沈德潜在《唐诗别裁集》卷一中明确地指出陈子昂和张九龄诗歌审美取向的差异："唐初五言古，渐趋于律，风格未遒。陈正字起衰而诗品始正，张九龄继续而诗品始醇。"[①] "正"指雅正。陈子昂从小就"弛侠使气"，十八岁才"慨然立志，因谢绝门客，专攻坟典"（卢藏用《陈氏别传》），自言"少好三皇五帝霸王之经"（《谏政理书》），"少学纵横术"（《从严仓曹乞推命书》）。在二十四岁中进士到四十岁辞官的十六年中，陈子昂主要是将儒家的"民本"，法家的耕战法治、富国强兵和纵横家的霸王术联系起来，体现了一种拯物济世情怀和刚正直切的精神风度。陈子昂在四十岁到四十二岁逝世前的两年中，"爱黄老之言，尤耽味《易》象"（卢藏用《陈氏别传》），在老庄哲学中寻找精神的寄托。这是一种前后脱

---

① （清）沈德潜：《唐诗别裁集》，上海古籍出版社 2013 年版，第 8 页。

节反差明显的文化价值取向。陈子昂前期的文化价值取向主要是兼济的思想，因而他在这一时期所写的《修竹篇序》，提倡恢复"汉魏风骨"、"风雅"、"兴寄"，倡导的正是儒家以诗"言志"和"风雅比兴"的诗学理念，将唐诗导入了"雅正"的康庄大道。这使他的诗歌呈现一种矫拔古奥之美。"醇"指醇厚。张九龄在《陪王司马宴王少府东阁序》中主张诗可以怨，继承的是屈原骚怨和陆机《文赋》"诗缘情而绮靡"的传统，将唐诗引向醇厚之途。这使其诗歌呈现一种委婉深秀之美。"诗品始正"与"诗品始醇"实质上是先唐"诗言志"与"诗缘情"的诗学传统在初、盛两唐文化语境中的创造性表述，分别揭示了初盛两唐诗歌的美学特征，代表这时期诗坛上两种既有联系又有区别的审美取向。

开元四年（716）张九龄南归守选经过商洛，作《商洛山行怀古》：

> 园绮值秦末，嘉遁此山阿。陈迹向千古，荒途始一过。硕人久沦谢，乔木自森罗。故事昔尝览，遗风今岂讹。泌泉空活活，樵爨独蟠蟠。是处清晖满，从中幽兴多。长怀赤松意，复忆紫芝歌。避世辞轩冕，逢时解薜萝。盛明今在运，吾道竟如何。

"避世辞轩冕，逢时解薜萝"，张九龄借商山四皓传达全身持性与兼济天下兼容互补的文化价值取向。他在《南还湘水言怀》中说："拙宦今何有？劳歌念不成。十年乖凤志，一别悔前行。归去田园老，倪来轩冕轻。江间稻正熟，林里桂初荣。鱼意思在藻，鹿心怀食苹。时哉苟不达，取乐遂吾情。"在失志的"放言"和"伤俭"中体现随缘自适的风度，呈现一种委婉深秀之美。

陈子昂在《修竹篇序》中倡导"风雅"和"兴寄"，他的诗歌更是自觉地执行其"以义补国"、"论道匡君"的社会职责。如陈子昂《感遇》其十七以儒家尊崇的圣尧忧劳百姓，不以黄屋为尊的德政讽谕武则天的大规模兴建佛寺，仿佛是一篇谏疏。他的《感遇》其二十九亦以儒家仁政天下的道理来规劝武后准备开凿蜀山、由雅州道攻击生羌的行动，与其《谏雅州讨生羌书》同一意旨。这样把诗歌当作经典教义的传声筒和押韵的谏疏，对杜甫的《北征》、《塞芦子》、《留花门》等作品的创作当有一定程度的影响，而对白居易的"讽谕诗"的影响尤为深远。张九龄某些反映社会现实的诗歌也还没有摆脱这种观念的束缚。如《奉和圣制送尚书燕国公赴朔方》，开头便以"宗臣事有征，庙算在休兵"讽劝唐玄宗"休兵"，劝告张说弃武怀柔，反对穷兵黩武。《奉和圣制送十道采访使及朝集使》更是直接以诗歌来表述其仁政爱民的政治主张。但是，张九龄的《感遇》十二首、《庭梅咏》和《杂诗》诸作，沿隐以至显，因内而附外，自觉地追求思想感情的感性显现。试取张九龄与陈子昂的《感遇》一首作一比较：

> 孤鸿海上来，池潢不敢顾。测见双翠鸟，巢在三株树。娇娇珍木颠，得无金丸惧？美服患人指，高明逼神恶。今我游冥冥，弋者何所慕？（张九龄《感遇》其四）
> 翡翠巢南海，雌雄珠树林。何知美人意，娇爱比黄金。杀身炎州里，委羽玉堂阴。旖旎光首饰，葳蕤烂锦衾。岂不在遐远，虞罗忽见寻。多材固为累，嗟患此珍禽。（陈子昂《感遇》其二十三）

子昂诗附理切类以指事，借翡翠惨遭杀害，漂亮的羽毛被拿去装首饰、织锦衾来说明"多材固为累"的道理；"多材固为累"一句，属于诗人以第三人称口吻直接出面发议论点明题旨。曲江诗将"双翠鸟"和"孤鸿"作一对比，借"双翠鸟"的不幸遭遇透露对贤良不容的黑暗现实的忧愤，全诗自始至终以"环譬以托谕"的抒情方式，借"孤鸿"传达失志的贤人忧谗畏祸的恐惧和超然尘外的逸情，情缘境发，意随象显。

刘熙载在《艺概·诗概》中明确指出："曲江之《感遇》出于《骚》，射洪之《感遇》出于《庄》，缠绵超旷，各有独至。"[①] 陈诗属于"比体"，而张诗属于"兴体"。"比则蓄愤以斥言，兴则环譬以托谕。"[②] 如张九龄《赋得自君之出矣》：

> 自君之出矣，不复理残机。思君如满月，夜夜减清辉。

---

① （清）刘熙载撰，袁津琥校注：《艺概注稿》，中华书局2009年版，第273页。
② （南朝梁）刘勰撰，杨明照校注拾遗：《增订文心雕龙校注》（中），中华书局2012年版，第452页。

此诗借织妇无心"理残机"喻臣子思念君主，"'自'字是从前数起之词矣，'矣'字是临了煞着之词。自君一出便已矣，却似泥牛入澥，永无消者。君未出时，日勤机杼，事君子而不废女工，宁有残机不理之事。明月临窗，机声轧轧，日理未完之机，于夜间之，时以为常。自君出后，遂不复理，云不理，非真不理也，其意盖欲引起'思'字也。思君甚切，致无暇料理女工，何其用笔之妙也。'思君如满月'，思则无处不到，忽然及着满月。满者，言望君念头，足足有一百二十分。然月必无常满之理，而妾终无暂歇之思，初意满月必满到底，孰知每夜看月，一夜减于一夜。照妾之清辉，渐至不见便了，思君之心终无了期。自无月时想到满月，又从满月想至无月，一年三百六十夜，无夜非满月计。月满之候，止得十二夜，然妾不因清辉渐减而不思也。妾不忘夫，犹臣不忘君。子寿先生真纯臣也。与义府《咏乌》诗互看，其心术之邪正"①。"出于庄"的特点是"蓄愤以斥言"，"出于骚"的特点是"环譬以托谕"，而"环譬以托谕"使得诗歌委婉深秀，而委婉深秀的美学概括则为"醇"。故胡震亨《唐音癸签》指出："张曲江五言以兴寄为主，而结体简贵，选言清泠，如玉磬含风，晶盘盛露，故当于尘外置赏。"②

"正"与"醇"在复古与通变上各有不同的侧重。皎然在《诗式》卷三"论卢藏用《陈子昂集序》"中指出，"子昂《感遇》三十首，出自阮公《咏怀》"③，又在卷五"复古通变体"中指出，"陈子昂复多而变少"④。叶燮《原诗》内篇也指出："然吾犹谓子昂古诗，尚蹈袭汉魏蹊径，竟有全似阮籍《咏怀》诸作者，失自家体段。"⑤厉志《白华山人诗集》卷一则说，陈子昂的诗歌"大半局于摹拟，自己真气仅得二三分"⑥，而张九龄的诗能"发舒神变，学古而为我用，毫不为古所拘"⑦。乔亿《剑溪说诗》

① 徐增：《而庵说唐诗》卷七，徐增撰、樊维纲校注《说唐诗》，中州古籍出版社1990年版，第164页。
② 胡震亨：《唐音癸签》，上海古籍出版社1981年版，第46页。
③ （唐）皎然撰，李壮鹰校注：《诗式校注》，人民文学出版社2003年版，第221页。
④ 同上书，第330页。
⑤ （清）叶燮撰，霍松林校注：《原诗》，人民文学出版社1979年版，第8页。
⑥ （清）厉志：《白华山人诗集》，巴蜀书社2008年版，第293页。
⑦ 同上。

又编亦指出张诗锐意创新，"何尝似后人步趋不失尺寸"①？翁方纲在《石洲诗话》卷一中说："曲江公委婉深秀，远在燕、许诸公之上，阮、陈而后，实推一人，不得以初唐论。"②

陈子昂和张九龄分别为盛唐诗人开辟了诗品"正"与"醇"两种诗歌境界。陈沆在《诗比兴笺》卷三中说："史迁有言：'《诗》三百篇，大抵仁圣贤人发愤之所为作也。'至唐曲江以姚、宋之相业，兼燕、许之文章。诗人遭遇，于斯为盛，所谓不平之鸣，有讬之作，宜若无有焉。此《杂诗》《感遇》诸篇，所以椟重千秋，珠还合浦也。"③ 正指出了张九龄诗歌随物赋形，缘情抒愤的特点。

刘大杰《中国文学发展史》中册指出："故后人论初唐诗之转变者，每以陈、张并称。"④ 周祖譔《隋唐五代文学史》说："陈子昂是第一个有意识要摆脱齐梁诗风并取得成绩的人，而张九龄是陈子昂的直接继承者，其地位当然是要略逊于陈子昂。"⑤"陈、张并称"和"张略逊于陈"的观点都只看到张九龄继往的一面，还未能结合初唐、盛唐士大夫文人的文化价值取向和诗歌的美学追求及其演变来认识张九龄对唐诗的开来的一面。在陈子昂与盛唐诸子的诗歌之间，有一个不可或缺的中间环节，那就是张九龄。张九龄的诗歌主张和诗歌创作是联系初、盛两唐诗歌的桥梁。

二　开唐诗"清澹之派"并"为李、杜开先"

张九龄第二次受挫折是因张说被贬而受牵连的。开元十三年（725），唐玄宗东封泰山，具体事宜命中书令张说操办。张说"多引两省吏及所亲摄官登山。礼毕推恩，往往加阶超入五品，而不及百官"⑥。张九龄劝告说："官爵者，天下公器，先德望，后劳旧。"⑦ 但他的建议不被采纳。事

---

① （清）乔亿：《剑溪说诗》，郭绍虞编选《清诗话续编》（二），上海古籍出版社 1983 年版，第 1117 页。

② （清）翁方纲：《石洲诗话》，郭绍虞编选《清诗话续编》（三），上海古籍出版社 1983 年版，第 1366 页。

③ （清）陈沆：《诗比兴笺》，中华书局 1959 年版，第 165—117 页。

④ 刘大杰：《中国文学发展史》（中），复旦大学出版社 2011 年版，第 48 页。

⑤ 周祖譔编著：《隋唐五代文学史》，福建人民出版社 1958 年版，第 33 页。

⑥ 《资治通鉴》，中华书局 1975 年版，第 6766、6767 页。

⑦ 《新唐书》，中华书局 1975 年版，第 4427 页。

后，朝臣对张说的做法多有不满。同时张说与御史中丞宇文融因政见不和而发生龃龉，后张说因儿子坐赃事发而遭到宇文融、李林甫等人的趁机攻击，终于开元十四年（726）罢相。由张说一手提拔的张九龄亦从中书舍人被转为太常少卿，接着又由京官出守洪州刺史。唐代"重内轻外"的风气很盛，由京官外迁，实际上是变相的谪迁。张九龄亦明白这是朝中反张说一派对他的谗害。他在《答严给事书》中说："凡为前相所厚者，岂为恶人耶？仆爱自书生，燕公待从族子，颇以文章见许，不因势利而合。……嗷嗷之口，曾不是察，既不称其服，又加以谗间，负乘致寇，几于不免。"

洪州三年，诗人无时不在"愿言答休命，归事丘中琴"（《出为豫章郡逢次庐山东岩下》），的矛盾漩涡中痛苦地挣扎——"流芳日不待，夙志蹇无成。知命何所欲，所图唯退耕。华簪极身泰，衰鬓惭木荣。苟得不可遂，吾其谢世缨。"（《巡属县道中作》）"陈力倘无效，谢病从艺术。"（《登郡城南楼》）正因为其功未成而身终不能退，诗人又一直渴望重返朝廷建功立业：

> 江流去朝宗，昼夜兹不舍。仲尼在川上，子牟存阙下。圣达有由然，孰言是无心者？一郡苟能化，百城岂云寡。爱礼谁为羊？恋主吾犹马。感初时不载，思奋翼无假。闲宇常自开，沉心何用写。揽衣步前庭，登陴临旷野。白水生迢递，清风寄潇洒。愿言采芳泽，终朝不盈把。（《忝官二十年尽在内职及为郡尝积恋因赋诗焉》）

这首诗是穷愁的悲歌，是愁思的长吟，它真实地表现了诗人身在江海而心存魏阙、欲进未能的痛苦心情。诗中既有"一郡苟能化"的王政理想，又有"恋主吾犹马"那种渴望重返朝廷施展宏图的迫切愿望，但这些理想和怀抱都被溶解到诗人失志的穷愁和受压抑的旷怨之中。

如果说，张九龄第一次谪迁时的诗歌多"环譬以托谕"抒发其心中的哀愁，那么他在第二次谪迁时的诗歌则多因山水以抒发心中的旷怨。如《江上使风呈裴宣州》：

江路与天连，风帆何森然。遥林浪出没，孤舫鸟联翩。常自千钧重，深思万事捐。报恩非徇禄，还逐贾人船。

邢昉《唐风定》评此诗："闲淡幽远，王、孟一派，曲江开之。"① 张九龄继承谢灵运、谢朓山水诗的创作经验，将六朝山水画以形写神的画风运用于山水诗创作，使他的山水诗"若蜘蛛之放游丝，一气倾吐，随风卷舒，自然成态"②。《赴使泷峡》用移步换形的手法描绘泷峡寒秋萧瑟的景色传达诗人离家北返的别愁。《自湘水南行》："落日催行舫，逶迤州渚间。虽云有物役，乘此更休闲。暝色生前浦，清辉发近山。中流澹容与，唯爱鸟飞还。"既细致生动地描绘出自然界的声色变化，又委婉地透露出内心闲淡的情致。开元十八年（730）七月三日，九龄转桂州刺史兼岭南按察使、摄御史中丞、借金鱼袋。他在《自豫章南还江上作》中云："归去南江水，磷磷见底清。转逢空阔处，聊洗滞留情。浦树遥如待，江鸥近若迎。津途别有趣，况乃濯吾缨"，虽借金鱼袋，仍难解"滞留情"。又如《西江夜行》："遥夜人何在，澄潭月里行。悠悠天宇旷，切切故乡情。外物寂无扰，中流澹自清。念归林叶换，愁坐露华生。犹有汀洲鹤，宵分乍一鸣"，寄兴超旷。孟浩然的《过故人庄》、《晚泊浔阳望庐山》、《万山潭作》，王维的《山居秋暝》、《渭川田家》、《终南山》等诗，显然受到张九龄这种闲淡幽远、寄兴超旷诗风的影响。胡应麟《诗薮·内编》指出："唐初承袭梁、隋，陈子昂独开古雅之源，张子寿首创清澹之派。盛唐继起，孟浩然、王维、储光羲、常建、韦应物，本曲江之清澹，而益以风神者也。"③ 当是确当之论。

张九龄的兼济与独善互补的价值取向对唐代文人的文化心态有着深远的影响。李白在诗歌中经常表示"功成拂衣去，摇曳沧州旁"（《玉真公主别馆苦雨赠卫尉张卿》），"愿一助明主，功成还旧林"（《留别王司马嵩》），"功成谢人间，从此一投钓"（《翰林读书言怀呈集贤诸学士》），"功成拂衣去，归入武陵源"（《登金陵冶城西北谢安墩》），"待我尽节报

---

① （明）邢昉：《唐风定》卷一二，贵阳邢氏思适斋 1934 年刻本。
② （清）厉志：《白华山人诗集》，巴蜀书社 2008 年版，第 295 页。
③ （明）胡应麟：《诗薮》，上海古籍出版社 1958 年版，第 35 页。

明主，然后相携卧白云"（《驾去温泉宫后赠杨山人》），"所冀旄头灭，功成追鲁连"（《在水军宴赠幕府诸侍卿》），显然深受张九龄"愿言答休命，归事丘中琴"（《出为豫章郡逢次庐山东岩下》）的影响。

张九龄还将大笔挥洒，离形得似的画风运用于山水诗创作，使他的山水诗也能超以象外，得其环中。如《江上遇风疾》分别用比喻、夸张、渲染、烘托的手法，把无形的疾风挥洒得声势磅礴，这对岑参《走马川行奉送封大夫出师西征》写"风"有直接的影响。又如写庐山瀑布：

万丈洪泉落，迢迢半紫气。奔飞下杂树，洒落出重云。日照虹蜺似，天清风雨闻。灵山多秀色，空水共氤氲。（《湖口望庐山瀑布水》）

绝顶有悬泉，喧喧出烟杪。不知几时岁，但见无昏晓。闪闪青崖落，鲜鲜白日皎。洒流湿行云，溅沫惊飞鸟。雷吼何喷薄，箭驰入窈窕。昔闻山下蒙，今乃林峦表。物情有诡激，坤元曷纷矫。默然置此去，变化谁能了。（《入庐山昂王瀑布水》）

张九龄此二诗无论是格调还是表现手法，对李白《望庐山瀑布》二首都有直接影响。

杜甫《八哀诗·故右仆射相国张公九龄》诗云："相国生南纪，金璞无留矿。仙鹤下人间，独立霜毛整。矫然江海思，复与云路永。……宾客引调同，讽咏在务屏。诗罢地有余，篇终语清省。一阳发阴管，淑气含公鼎。乃知君子心，用才文章境。……自我一家则，未缺只字警。千秋沧海南，名系朱鸟影。归老守故林，恋阙悄延颈。波涛良史笔，芜绝大庾岭。向时礼数隔，制作难上请。再读徐孺碑，犹思理烟艇。"无论人格还是诗风，杜甫皆以九龄为学习的楷模。

刘熙载在《艺概·诗概》中说："唐初四子沿陈、隋之旧，故才力回绝，不免致人异议。陈射洪、张曲江独能超出一格，为李、杜开先。"① 然白居易在《与元九书》中说过一番耐人寻味的话："又诗之豪者，世称李、杜。李之作，才矣奇矣，人不逮矣，索其风雅比兴，十无一焉。杜诗最多，

---

① （清）刘熙载撰，袁津琥校注：《艺概注稿》，中华书局2009年版，第273页。

可传者千余首。至于贯串今古，尔见缕格律，尽工尽善，又过于李。然撮其《新安吏》《石壕吏》《潼关吏》《塞芦子》《留花门》之章，'朱门酒肉臭，路有冻死骨'之句，亦不过三四十首。杜尚如此，况不逮杜者乎！"过去学术界多认为白居易指责李、杜诗歌少"风雅比兴"，这种评价是偏颇和错误的。但是，如果从初、盛两唐士夫文人的价值取向和诗美追求去审视这一问题，这正是白居易以"风雅比兴"的美学准则去品评李、杜诗歌而得出的近乎实际的结论。可见，李、杜的"诗品"更接近"醇"的境界。

三 "九龄风度"：执宰荐举公卿的审美标准

张九龄第三次谪迁是在中书令任上与唐玄宗、李林甫等人发生一系列不可调和的矛盾而造成的。他主张按军法处斩败军丧师的安禄山，又在对皇太子的废立，对张守珪、牛仙客等人的封赏问题上屡次犯颜强谏，触怒了唐玄宗，并招致口蜜腹剑的李林甫的暗中谗毁，终于在开元二十四年（736）十一月被罢为尚书右丞相。紧接着又发生监察御史周子谅引谶书弹劾牛仙客的事件。玄宗大怒，令在朝堂杖笞子谅，逐其出朝，行至蓝田而死。张九龄又坐引人不当，被贬为荆州长史。玄宗后期的刚愎自用，奸邪小人的明刺暗伤，致使刚正贤良不容于朝，甚至有生命之忧。张九龄幽愤地说："幸得不锄去，孤苗守旧根。无心羡旨蓄，岂欲近名园？遇赏宁充佩，为生莫碍门。幽林芳意在，非是为人论。"（《园中时蔬尽皆锄理唯秋兰数本委而不顾彼虽一物有足悲者遂赋二章》其二）诗人自喻"碍门"的兰草，说自己"直似王陵戆，不如宁武愚"（《荆州城望江》），不会审时度势、察言观色和装聋卖傻，一味犯颜强谏，孤行到底，必然会像周子谅那样被"锄"去，从而透露出"内讼已惭沮，积毁今摧残。胡为复惕息，伤鸟畏虚弹"（《荆州作二首》其二）那种忧谗畏祸的恐惧。张九龄荆州时期的诗歌创作数量明显增多，内容更为深广，感情更为幽愤，诗风转向沉郁。

张九龄是开元名相和文坛领袖。"上（指玄宗）即位以来，所用之相，姚崇尚通，宋璟尚法，张嘉贞尚吏，张说尚文，李元纮、杜暹尚俭，韩休、张九龄尚直，各其所长也"①，盛唐逐渐形成政治稳定、经济繁荣、文

---

① 《资治通鉴》，中华书局1982年版，第6825页。

化昌盛、士风正直和社会和谐的盛世风貌。

《旧唐书·张九龄传》载:

> （开元）二十三年，加金紫光禄大夫，累封始兴县伯。李林甫
> 自无学术，以九龄文行为上所知，心颇忌之。乃引牛仙客知政事，
> 九龄屡言不可，帝不悦。二十四年，迁尚书右丞相，罢知政事。
> 后宰执每荐引公卿，上必问："风度得如九龄否？"故事皆播笏于
> 带，而后乘马，九龄体羸，常使人持之，因设笏囊。笏囊之设，
> 自九龄始也。①

唐玄宗品评的时间是在九龄罢相之后，品评的具体语境是在与宰执
谈论荐引公卿、朝廷用人的场合。可见，九龄虽被罢相，然"九龄风
度"受到唐玄宗的激赏而成为当时朝廷录用大臣所参照的审美标准。综
而观之，玄宗品评"九龄风度"基于张九龄的"风仪"、"文"、"行"
三个层面。

一是张九龄体弱秀整的"风仪"令玄宗见之"精神顿生"。人物品评，
离不开直观的审美具象。《旧唐书》、《新唐书》均描述了张九龄上朝时，
因"体羸"或"体弱"设笏囊使人持之的独特场景。《唐语林》载"明皇
早朝，百官趋班。上见九龄风仪秀整，有异于众，谓左右曰：'朕每见张
九龄，精神顿生。'"②可见，张九龄虽体质羸弱，但"风仪秀整，有异于
众"，令玄宗悦目赏心，以至"精神顿生"。

二是张九龄以文学精识深得玄宗器重。张九龄是继"燕、许大手笔"之后
盛唐的一代辞宗。"九龄幼聪敏，善属文……以才鉴见推。当时吏部试拔萃选
人及应举者，咸令九龄与右拾遗赵冬曦考其等第，前后数四，每称平允……时
张说为中书令，与九龄同姓，叙为昭穆，尤亲重之，常谓人曰：'后来词人之
称首也'……初，张说知集贤院事，常荐九龄堪为学士，以备顾问。说卒后，
上思其言，召拜九龄为秘书少监、集贤院学士、副知院事。"③"会赐渤海

---

① 《旧唐书》，中华书局 1975 年版，第 3099 页。
② （宋）王谠：《唐语林》，周勋初校证，中华书局 1987 年版，第 347 页。
③ 《旧唐书》，中华书局 1975 年版，第 3097—3099 页。

诏，而书命无足为者，乃召九龄为之，被诏趣成。"① 张九龄以"文"见知玄宗，升知制诰。他在《谢知制诰状》中谦虚地说："臣学业既浅，识理非长，述宣圣旨，诚恐不逮。"玄宗"御批"云："昔掌王言，以宣国命。倾来相习，多事游词。卿旧在掖垣，已推才识，及登书府，备探微奥。故有特命，宜副朕心"②，期望九龄杜绝"游词"，继续以"才识"宣扬"国命"。九龄迁中书侍郎，有《谢中书侍郎状》谢恩，玄宗"御批"云："此职择才，十年虚位。以卿达识，所以畴庸，斟酌朝经，动关政本。当兹密命，宜喻朕怀。"③《开天遗事》"七宝山座"条载："明皇於勤政楼，以七宝装成山座，高七尺。召诸学士讲议经旨及时务，胜者得升焉。惟张九龄论辨风生，升此座，余人不可阶也，时论美之。"④ 可知，张九龄的文才、学问、时务均为一时盛选，深得玄宗器重，而令李林甫嫉之若雠。《旧唐书·杨炯传》载张说与徐坚论唐人之文："张九龄之文如轻缣素练，实济时用而微窘边幅。"⑤《四库全书总目》指出："九龄守正嫉邪，以道匡弼，称开元贤相。而文章高雅，亦不在燕许诸人下。《新唐书·文艺传》载徐坚之言，谓其文如轻缣素练，实济时用，而窘篇幅。今观其《感遇》诸作，神味超轶，可与陈子昂方驾。文笔宏博典实，有垂绅正笏气象，亦具见大雅之遗。坚局于当时风气，以富艳求之，不足以为定论。至所撰制草，明白切当，多得王言之体。"⑥ 玄宗初置"翰林待诏"，以张说、陆坚、张九龄等为之，掌四方表疏批答、应和文章。张九龄任中书令后，善于提携文学后进，充实中书省。《新唐书·韦安石传附韦陟》载："中书令张九龄引为舍人，与孙逖、梁涉并为书命，时号得才。"⑦ 这意味着，张九龄"轻缣素练，实济时用"的行文风格直接影响着盛唐开元中后期朝廷下行公文所崇尚的文风。当评价唐代李华、萧颖士、柳冕、韩愈、柳宗元反对骈体文，倡导古文，从文风、文体和文学语言三方面进行散文革新时，我

---

① 《新唐书》，中华书局 1975 年版，第 4428 页。

② 《谢知制诰状并御批》，《唐丞相曲江张先生文集》卷一五。

③ 《谢中书侍郎状并御批》，《唐丞相曲江张先生文集》卷一五。

④ 《开天遗事》，转引自温汝适《曲江集考证》上册，第 38 页。

⑤ 《旧唐书》，中华书局 1975 年版，第 5004 页。

⑥ 《四库全书总目》，中华书局 1983 年版，第 1179 页。

⑦ 《新唐书》，中华书局 1975 年版，第 4351 页。

们不能不正视盛唐以张九龄为代表的散文的存在及其对唐代朝廷文风所产生的影响。

三是张九龄守正忠直，蕴藉儒雅，具有宰辅大臣应有的品行风范和预见性。《新唐书·张九龄传》载：

> （九龄）及为相，谔谔有大臣节。当是时，帝在位久，稍怠於政。故九龄议论必极言得失，所推引皆正人。武惠妃谋陷太子瑛，九龄执不可。妃密遣宦奴牛贵儿告之曰："废必有兴，公为援，宰相可长处。"九龄叱之曰："房帷安有外言哉。"遽奏之，帝为之动色。故卒九龄相而太子无患。①

开元二十四年，武惠妃暗中勾结李林甫，想立自己的儿子寿王瑁为太子，在玄宗面前诬陷太子瑛、鄂王瑶和光王琚，又密求九龄相助，许之以长处相位，被九龄严词拒绝。张九龄在为之"动色"的玄宗面前直言诤辩：

> 陛下纂嗣鸿业，将三十年，太子已下，常不离深宫，日受圣训。今天下之人，皆庆陛下享国之日久，子孙蕃育，不闻有过。陛下奈何以一日之间废弃三子。伏惟陛下思之。且太子国本，难于动摇。昔晋献公惑宠嬖之言，太子申生忧死，国乃大乱。汉武威加六合，受江充巫蛊之事，将祸及太子，遂至城中流血。晋惠帝有贤子为太子，容贾后之谮，以至丧亡。隋文帝取宠妇之言，废太子勇而立晋王广，遂失天下。由此而论之，不可不慎。今太子既长无过，二王又贤，臣待罪左右，敢不详悉。元宗默然，事且寝。②

在废立太子的问题上，张九龄以史为鉴，"议论必极言得失"，挫败了李林甫和武惠妃的结党营私，其守正忠直而成为朝廷的中流砥柱，极力维

---

① 《新唐书》，中华书局 1975 年版，第 4429 页。武惠妃谋陷太子瑛事又见《资治通鉴》第 6823 页。

② 《旧唐书》，中华书局 1975 年版，第 3259 页。

护着盛唐稳定的政治局面。

张九龄为相期间,"所推引皆正人",树立朝廷正气。《旧唐书·严挺之传》载:

> 挺之与张九龄相善,九龄入相用挺之为尚书左丞知吏部选,陆景融知兵部选,皆为一时精选。①

张九龄任用"一时精选"的严挺之知吏部选,用陆景融知兵部选,直接触及朝廷选拔用人的理念、标准和制度的改革,修正武后以来用人唯亲的陋习。

在选拔宰相大臣的问题上,张九龄主张注重人品,量才使用,极力反对玄宗感情用事的恩赏和李林甫的结党营私。如:

> 上美张守珪之功,欲以为相。张九龄谏曰:"宰相者,代天理物,非赏功之官也。"②

> 初,上欲以李林甫为相,问于中书令张九龄。九龄对曰:"宰相系国安危。陛下相林甫,臣恐异日为庙社之忧。"上不从。时九龄方以文学为上所重,林甫虽恨,犹曲意事之。侍中裴耀卿与九龄善,林甫并疾之。是时,上在位岁久,渐肆奢欲,怠于政事。而九龄遇事细大皆力争;林甫巧伺上意,日思所以中伤之。③

> 朔方节度使牛仙客,前在河西,能节用度,勤职业,仓库充实,器械精利。上闻而嘉之,欲加尚书。张九龄曰:"不可。尚书,古之纳言,唐兴以来,惟旧相及扬历中外有德望者乃为之。仙客本河湟使典,今骤居清要,恐羞朝廷。"上曰:"然则但加实封可乎?"对曰:"不可。封爵所以劝有功也。边将实仓库,修器械,乃常务耳,不足为功。陛下赏其勤,赐之金帛可也;裂土封之,恐非其宜。"上默然。李林甫言于上曰:"仙客,宰相才也,何有于尚书!九龄书生,

---

① 《旧唐书》,中华书局1975年版,第3103页。
② 《资治通鉴》,中华书局1956年版,第6811页。
③ 同上书,第6823页。

不达大体。"上悦。明日，复以仙客实封为言，九龄固执如初。上怒，变色曰："事皆由卿邪？"九龄顿首谢曰："陛下不知臣愚，使得待罪宰相，事有未允，臣不敢不尽言。"上曰："卿嫌仙客寒微，如卿有何阀阅？"九龄曰："臣岭海孤贱，不如仙客生于中华；然臣出入台阁，典司诰命有年矣。仙客边隅小吏，目不知书，若大任之，恐不惬众望。"林甫退而言曰："苟有才识，何必辞学！天子用人，有何不可。"①

张九龄在朝廷选用宰辅大臣问题上敢于屡次触怒皇帝，特别在玄宗怒问"事皆由卿邪"、质问"卿有何阀阅"的时候，仍能据理力争，不卑不亢，充分展现了守正忠直的品行和蕴藉儒雅的大臣风范。但由于唐玄宗晚年刚愎自用，好听阿谀诡辞，张九龄最终受李林甫造谣中伤而被罢相。"九龄既得罪，自是朝廷之士，皆容身保位，无复直言"②，直接导致了朝廷政风和士风的转变。

唐宋士人常将张九龄罢相与唐代的治乱联系起来。如《新唐书·崔群传》载："世谓禄山反，为治乱分时。臣谓罢张九龄，相林甫，则治乱固已分矣。"③ 苏轼指出：

> 张九龄不肯用张守珪、牛仙客。轼窃谓：士大夫砥砺名节，正色立朝，不务雷同以固禄位，非独人臣之私义，乃天下国家所恃以安者也。若名节一衰，忠信不闻，乱亡随之，捷如影响。西汉之末，敢言者惟王章、朱云二人。章死而云废，则公卿持禄保妻子，如张禹、孔光之流耳。故王莽以斗筲穿窬之才，恣取神器如反掌。唐开元之末，大臣守正不回，惟张九龄一人。九龄既已忤旨罢相，明皇不复闻其过，以致禄山之乱。治乱之机，可不慎哉。④

---

① 《资治通鉴》，中华书局1956年版，第6823页。
② 同上。
③ 《新唐书》，中华书局1975年版，第5081页。
④ 《苏轼文集》，孔凡礼点校，中华书局1986年版，第197页。

张九龄谪迁的文化意义

苏东坡认为,张九龄在相位,国家则"治";罢相,国家则"乱";张九龄"守正不回","乃天下国家所持以安者";张九龄的罢相,标志着唐代由盛转衰的开始。"安史之乱"爆发之后,唐玄宗幸蜀,思九龄之"风度",悔当初不听九龄谏斩安禄山之言,深叹曰:"自公殁后,不复闻忠谠言",并发中使至韶州,吊祭其先见之明。① "忠谠"是对国与君的忠诚。上引《新唐书》说,张九龄"有蕴藉",即有宽和有容的儒雅风韵。可见,"九龄风度"已超越了张九龄的人格风范,而成为"开元盛世"文化人格的象征。

国家不幸诗家幸。张九龄在三次谪迁的过程中,将唐代诗品由"正"导向"醇",开唐诗"清澹一派","为李、杜开先",其"风度"成为执宰荐举公卿的审美标准。探究"贬谪文化与贬谪文学"之关系,应当重视研究张九龄谪迁对唐代历史兴衰和唐代文学发展的影响。

---

① (唐)徐浩:《唐尚书右丞相中书令张公神道碑》,《全唐文》卷四四〇。

从困在人间到哲理解脱

——漫谈刘禹锡迁谪诗的自我超越

杨子怡[*]

内容提要 刘禹锡迁谪诗实现了从困在人间到勘破人天的哲理解脱。其困在人间的作品主要集中表现在政治讽喻、关注农事及个人的忧愤情怀三大主要题材和主题中。诗人通过其困在人间之所见、所闻、所感，写人生之苦，抒忧国之情，述报国之志，表达对社会人生之看法。但刘禹锡诗的价值更在于他对宇宙人生有一种独特的哲理领悟，能借佛道哲思来调节心态，实现通融圆脱，故其诗意气风发，气势雄直，在启人哲思的妙语中给人一种积极向上的正能量。这类勘破人天的诗作已非困在人间层面之作所能比，内涵更丰富，诗境更高远，诗人实现了真正意义的自我超越。

关键词 困在人间 哲理解脱 自我超越 勘破人天

刘禹锡生于"安史之乱"之后，黄巢起义之前，这是一个社会矛盾日趋激烈的时期。为了挽救唐王朝的危机，维护国家统一，一些有识之士力主革新。公元805年，王叔文在新即位的顺宗帝李诵的支持下举起了革新大旗，素怀大志的刘禹锡自然会参与其中。据史记载，刘禹锡由监察御史擢为屯田员外郎，判度支盐铁案，协助杜佑、王叔文管理财政。王叔文十分器重他与柳宗元，"引禹锡及柳宗元入禁中，与之图议，言无不从"①

---

  * 作者简介：杨子怡，惠州学院中文系教授，现供职于惠州经济职业技术学院。
  ① 《刘禹锡集》整理组点校，卞孝萱校订：《刘禹锡集》，中华书局1990年版，第2页。

（《顺宗实录》五）。但不幸的是，这场变革只维持了 146 天，顺宗被迫退位，二王（王叔文、王伾）被贬，叔文赐死，其他主要成员如刘禹锡、柳宗元、韦执谊、韩泰、韩晔、陈谏、凌准、程异 8 人先被贬为远州刺史，继又贬为司马，且诏令"纵逢恩赦，不在量移之限"（《旧唐书·宪宗纪》），史称"二王八司马"事件。刘禹锡从此开始了他的悲剧人生：他先被贬连州刺史，行至荆南（湖北江陵），改贬朗州（湖南常德）司马，十年后奉诏回长安，因《戏赠看花诸君子》一诗，因"语涉讥刺，执政不悦"，复被外任为十年前被贬而未去的连州任刺史，此后又先后调任夔州（四川奉节）刺史、和州（安徽和县）刺史，一直到唐敬宗李湛宝历二年（826）才回洛阳，任主客郎中、分司东都。从 34 岁到 57 岁，渡过了他 23 年的贬谪生涯，正如他自己所言："巴山楚水凄凉地，二十三年弃置身。"（《酬乐天扬州初逢席上见赠》）这是他人生最艰难的时期。贬谪尽管是当时正直文人之家常便饭，但人生有几个 23 年啊，因此，好友白居易不禁感叹说："亦知合被才名折，二十三年折太多。"（《醉赠刘二十八使君》）刘禹锡一生困在人间，这也正造就了他的诗歌成就，他的名篇佳作大都写于贬谪期间。这个时期所写的诗，一言以蔽之：真，即描写真，情感真，感悟真。南宋严羽曾在《沧浪诗话》中说："唐人好诗，多是征戍、迁（谪）、行旅，离别之作，往往能感动激发人意。"因为迁谪是人生最低潮时期，诗人对现实人生，对痛苦遭遇体验最切最深，无须矫饰作态，刘禹锡的诗充分说明了这一点。读刘禹锡的诗，笔者感到最摄人心魄的是其表达了各种不同的层次。我们至少可从两个层次来感悟刘禹锡的诗：一是用诗来观照他困在人间的所见所闻所感，写人生之苦，抒忧国之情，述报国之志，表达对社会人生之看法；二是从现实人生的困苦中超越出来，对人生痛苦、现实苦难进行深层次的哲理思考，以诗中之理来参悟现实之理，不仅仅满足于对现实人生苦难的客观描述，而是以一种理性的思维去反省超越，从而获得哲理的解脱。这两种情境一是表层的，一是深层的；一是凡间的，一是理想之中的。这两种情境的融合，构成了刘禹锡诗歌的丰富意蕴。

一 困在人间：昔贤多使气，忧国不谋身

刘禹锡是一个心怀大志、有一番作为的人。他曾自称"道未施于人，所蓄者志"（《献权舍人书》），其所蓄之志其实就是希望报效国家，《华山歌》就是其明志之作，华山的高大形象暗寓自己的理想与抱负："能令下国人，一见换神骨。高山固无限，如此方为岳。丈夫无特达，虽贵犹碌碌。"出于这种大志，他不满中唐时期的藩镇拥兵自重、尾大不掉的现实，勇于投身于永贞革新之中，他信念坚定，信心满满，不计较个人得失，只求"功利存乎人民"（《连州刺史厅壁记》），即使受到挫折，也不改其志。其《学阮公体》三首就可见其志：

一

少年负志气，信道不从时。只言绳自直，安知室可欺。
百胜难虑敌，三折乃良医。人生不失意，焉能慕己知。

二

朔风悲老骥，秋霜动鸷禽。出门有远道，平野多层阴。
灭没驰绝塞，振迅拂华林。不因感衰节，安能激壮心。

三

昔贤多使气，忧国不谋身。目览千载事，心交上古人。
侯门有仁义，灵台多苦辛。不学腰如磬，徒使甑生尘。

作者早已"少年负志气"，对人生的挫折与失意，他早有思想准备，"三折乃良医"，人生之"绝塞"，节令之"衰节"，旅次之"层阴"又何惧之有？为了"绳与直"，为了"仁义"，应多交"昔贤"、"侯门"与"上古人"。正是基于这种"忧国不谋身"的个性，他一直不认为自己有什么过错，在其上书中多次称自己是"被冤"、"遭谗"，他坚信"日月至焉，是非乃辩"（《上杜司徒书》）。因此尽管自己处在"动必招悔"、"如陷环泞，动而愈沉"的逆境中，仍不改初衷，对参与王叔文革新之事，至死不悔，直到临终，他在所写的自传里，还颂扬王叔文"自春至秋，其所施为，人不以为非"，甚至还揭露宦官炮制宫廷政变、扼杀革新的阴谋是"宫掖事秘，而建桓立顺，功归贵臣"（《子刘子自传》），其胆略与坚韧令人敬佩。

刘禹锡困在人间的作品主要表现在三大题材和主题中。

从困在人间到哲理解脱

第一，刘禹锡写困在人间的诗最突出的是那些政治讽喻诗。

在这些诗中他对社会的弊政进行了毫不留情的揭露，表现出一个封建知识分子悲天悯物之心。比如对中唐时期的宦官权臣，他进行了前所未有的尖锐的批判，王夫之称这类诗"深于影刺"（《唐诗评选》）。如其《飞鸢操》、《聚蚊谣》、《百舌吟》等诗借讽禽鸟讽刺现实，表达了诗人对他们的蔑视。如《聚蚊谣》：

> 沉沉夏夜闲堂开，飞蚊伺暗声如雷。嘈然数起初骇听，殷殷若自南山来。喧腾鼓舞喜昏黑，昧者不分聪者惑。露花滴沥月上天，利嘴迎人看不得。我躯七尺尔如芒，我孤尔众能我伤。天生有时不可遏，为尔设性潜匿床。清商一来秋日晓，羞尔微形饲丹鸟。

诗中以"飞蚊伺暗声如雷"比喻宦官权臣们的嚣张气焰，他们"喧腾鼓舞"、"利嘴迎人"，肆无忌惮，向人进攻，这哪里是飞蚊，分明是恶意中伤别人的政治丑类。尽管如此，但在诗人看来，他们不会有好结果："清商一来秋日晓，羞尔微形饲丹鸟。"又如，其《百舌鸟》写道：

> 晓星寥落春云低，初闻百舌间关啼。花柳满空迷处所，摇动繁英坠红雨。笙簧百啭音韵多，黄鹂吞声燕无语。东方朝日迟迟升，迎风弄景如自矜。数声不尽又飞去，何许相逢绿杨路。绵蛮宛转似娱人，一心百舌何纷纷？酡颜侠少停歌听，坠珥妖姬和睡闻。可怜光景何时尽，谁能低回避鹰隼？廷尉张罗自不关，潘郎挟弹无情损。天生羽族尔何微，舌端万变乘春辉。南方朱鸟一朝见，索寞无言蒿下飞。

诗首先写百舌鸟活动的季节和环境，生动地摹状了它们那种故意卖弄而得意鸣叫的声音和神态。它们巧舌如簧，连一向以鸣声动听的黄莺和燕子也自叹不如，不敢出声再叫。然后写百舌鸟的"舌端万变"不会有好下场，也绝不会长久。"可怜光景何时尽"一句，讽刺意味甚明，它的弦外之音是：看你得意到几时！接着诗人从两个方面，指出了百舌鸟不可避免的厄运。作者诗中的百舌鸟是有所指的，刘禹锡参加了王叔文的革新运动，他亲身目睹了一些政治人物的见风使舵、巧言善变，以巧言令色取悦当权者，因此诗中的"舌端万变"的百舌鸟就是这类人物的写照，诗人在表达对他们的鄙薄之情的同时，也表示了劝诫，如"廷尉张罗自不关"，诗人以反语提醒他们政敌是十分狠毒的，要注意暗算，不要沾沾自喜。刘禹锡这类诗，诗人"吐词多讽讬幽远"（《全唐诗》），十分含蓄地表达了自己的感情。在这类诗中，他总是采用象征含蓄手法，借寓言自喻身世，寄托一种不便直接吐露的心情，借用寓言，含蓄而深刻地揭示出中唐社会的各种现实矛盾，如《行路难》三首，就是这样的作品，作者的悲愤之情、轻蔑之情流诸笔端。因比喻象征手法的频繁使用，诗显得十分含蓄。

第二，刘禹锡困在人间的作品还表现在对农事的关注。

长期的贬谪生涯，使得刘禹锡有机会接近民间，从朗州时期开始他就广泛地学习民歌，他深深感觉到"虽甿谣俚音，可骊风什"（刘禹锡《上淮南李相公启》），于是他放下士大夫身份"俯于逵，惟行旅讴吟是采；瞰于野，惟稼穑艰难是知"，"观民风与吟啸之际"（刘禹锡《武陵北亭记》），把目光投注民间。他的《蛮子歌》、《竞渡曲》、《采菱行》就是这个时期带有民歌风味的作品，故《旧唐书·本传》评他说："故武陵洞间夷歌，率多禹锡之辞。"被贬连州之后，他深感连州亦善"讴谣"，每于稼穑之际"齐唱田中歌，嘤佇如竹枝。但闻怨响音，不辨俚语词"（刘禹锡《插田歌》）的民风引起他强烈的兴趣，因此，他进一步关注民间，关心农事，写下了大量的农事诗，如其《插田歌》就是这样的作品：

> 冈头花草齐，燕子东西飞。田塍望如线，白水光参差。
> 农妇白纻裙，农父绿蓑衣。齐唱郢中歌，嘤佇如竹枝。
> 但闻怨响音，不辨俚语词。时时一大笑，此必相嘲嗤。
> 水平苗漠漠，烟火生墟落。黄犬往复还，赤鸡鸣且啄。
> 路旁谁家郎，乌帽衫袖长。自言上计吏，年幼离帝乡。
> 田夫语计吏："君家侬定谙。一来长安道，眼大不相参。"
> 计吏笑致辞："长安真大处，省门高轲峨，侬入无度数。
> 昨来补卫士，唯用筒竹布。君看二三年，我作官人去。"

这首诗歌咏了劳动者的生活与劳动场景，描写了一幅幅五彩斑斓的充满浓郁异域风情的风俗画。他在该诗的引言中说："连州城下，俯接村墟。偶登郡楼，适有所感。遂书其事为俚歌，以俟采诗者。"很显然，诗人写作该诗之目的，是仿效古之采风之传统做法，录下此民风民俗，俟将来有朝一日为采风者们提供资料与史实，可见诗人以诗存史的用意甚明。此外，这样的诗还很多，如《畲田》也是这样的作品，诗或写农村之美景，或写山民之勤劳和淳朴。叙事朴实生动，客观真实；语言质朴无华，几近口语。把农民的劳动与风俗展现在眼前。

第三，刘禹锡困在人间的作品也表现在自己的忧愤主题中。

参加王叔文革新失败后，刘禹锡一生投荒在外，九死一生，饱受挫折。先是贬朗州司马，十年后（按年头跨十一年），元和九年（814）奉召回京，再贬任连州、夔州、和州刺史，在外十余年，即诗人所谓"二十三年弃置身"。这些地方在当时来说，地处僻远，条件十分恶劣。就拿朗州来说，孤独的环境，蛮乡的炎天瘴气，低下的司马地位及瘰癧病患，使他饱尝了孤独凄苦，正如他在诗中所言："应怜一罢金闺籍，枉渚逢春十度伤。"（《朗州窦员外寄刘二十八诗，见促行骑走笔酬谢》）尽管他性情豪旷，但思乡之苦，忧愤之思常常流露在其诗作中，如"北渚不堪愁，南音谁复听"、"离忧若去水，浩漾无时停"（《送李策秀才还湖南因寄幕中亲故兼简衡州吕八郎中》）、"孤臣本危涕，乔木在天涯"（《晚岁登武陵城顾望水陆，怅然有作》）、"休公久别如相问，楚客逢秋心更悲"（《送慧则法师归上都，因呈广宣上人》）……这一类诗读来让人感泣不已。这与那个一直有着"信道不从时"、"忧国不谋身"（《学阮公体三首》）信念且倔强不服输个性的刘禹锡判若两人。即使是春暖花开的明媚之日，他居然会有"兰蕊残妆含露泣，柳条长袖向风挥……佳人对镜容色改，楚客登临心事违"（《送春词》）之感伤。至若面对风萧萧的秋景更让人感受到诗人的孤独与伤感："何处秋风至，萧萧送雁群。朝来入庭树，孤客最先闻"（《秋风引》）。特别是当他因水土不服而卧病在床的时候，这种伤感与孤独带来的凄苦之情则更深了，如《卧病闻常山旋师策勋宥过王泽大洽因寄李六侍御》诗就表达了这种因病而致的凄苦：

寂寂重寂寂，病夫卧秋斋。夜虫思幽壁，槁叶鸣空阶。

南国异气候，火旻尚昏霾。瘴烟跕飞羽，沴气伤百骸。

南方之瘴烟沴气使诗人极感不适应，只能卧病静养。夜虫引思，槁叶鸣阶，瘴烟跕羽，沴气伤骸，诗中的孤独凄苦之思不言而喻。长期漂泊之生涯，孤独之处境使他的诗中渗透了深深的思乡之情。如"举目风烟非旧时，梦寻归路多参差"（《泰娘歌》）、"却寻故乡路，孤影空相随"（《和董庶中古散调赠尹果毅》）、"殷勤望归路，无雨即登山"（《谪居悼往二首》）、"叫阍道非远，赐环期自赊"（《晚岁登武陵城顾望水陆怅然有作》），这类作品俯拾皆是，在浓浓的乡思中表达了一种忧愤之情。诗人困在人间，诗也困在人间。

二 哲理超脱：自古逢秋悲寂寥，我言秋日胜春朝

吴乔《围炉诗话》卷三引贺裳语评论刘禹锡诗时说："梦得佳作，多在朗、连、夔、和时"。此言诚不虚也，他在二十余年的贬谪生涯中写作了大量好诗。上面所述他困在人间的诗即是贺裳所谓"佳作"，但笔者认为，真正体现其创作水平的"佳作"还不只这些困在人间的作品，而应该是那些带有哲理性超越的诗。写现实，写眼前景，尽管形象生动，能感人，但诗人因困在人间，故其眼光也困在人间，不能启人遐思，给人激情，启人哲思，引人超脱。而要达到此种境界，必须在客观的写实中融入诗人的哲思。这就需要诗人带哲理的议论。唐人杜甫、韩愈开始在这方面做出了有益的探索。刘梦得在这方面更是明显。长期的贬谪生涯使他常常进行反思和惮悟，故在他的一些诗中常有哲思，而正是这种哲思支撑起他对未来对生活的信念，使自己虽处逆境但能解脱。笔者认为，刘梦得这些用哲思来解脱的诗正是对自己困在人间的诗的一种超越。梦得诗好议论好哲思影响了与他同时代或稍后于他的作者，如晚唐杜枚受其影响就非常大，所以清管世铭《读雪山房唐诗凡例·七绝凡例》云："杜紫微天才横逸，有太白之风，而时出入于梦得。""刘宾客无体不备，蔚为大家，绝句中之山海也。始以议论入诗，下开杜紫微一派。"可见，他这些富有哲思超脱意义的诗比起他那些困在人间即写实的诗更具影响力。梦得诗的哲理超脱我们可以从如下三个方面理解。

第一，哲学家的哲思使梦得诗对宇宙人生常有一种独特的领悟。

刘禹锡不但是文学家，也具有哲学家的哲思。其代表作《天论》正体现了他的朴素唯物主义的思想。在该文中他对"天"进行了唯物的阐释："天，有形之大者也；人，动物之尤者也。"他把荀子的"人定胜天"重新进行解释，提出了"天人交相胜"的观点，人与天都有自己特定的规律，二者之间既区别、矛盾又互相依存。这种"天人交相胜"的唯物主义辩证观是支撑他在逆境中始终不肯屈服、不肯悔改的思想源泉。也正是因这种唯物史观使他对宇宙人生有了自己独特的领悟，比如对大自然的新陈代谢的客观规律之认识，他就比同时代人认识得更清楚，这在他的许多诗中表现了出来。比如，从林叶的新旧相代，流波的前后相继，他领悟出大自然及人类社会的新陈代谢，生命的生生不已："芳林新叶催陈叶，流水前波让后波"（《乐天见示，伤微之、敦诗、晦叔三君子，皆有深分，因成是诗以寄》）；从眼前的千帆竞过及自己的病窘之境，他看到了希望和前景："沉舟侧畔千帆过，病树前头万木春"（《酬乐天扬州初逢席上见赠》）；从新翻的杨柳枝他悟出了时代更替，奉劝世人莫沉湎于过去，应着眼于现在与未来："请君莫奏前朝曲，听唱新翻杨柳枝。"（《杨柳枝词》）这些深含哲理的诗给人以启迪与振奋。正是这种独特的唯物观使他看问题总是具有辩证思维，看到问题的两面。比如，秋，在中国文人的眼中，总是万物萧瑟与生命微弱的代名词，"悲哉，秋之为气"，因此，悲秋常是中国文学的主题，但他却看到了秋的另一面，有了自己独特的感受与领悟："自古逢秋悲寂寥，我言秋日胜春朝。晴空一鹤排云上，便引诗情到碧霄。"（《秋词》）传统文人的那种悲凉感伤荡然无存。

第二，梦得诗常意气风发，气势雄直，在启人哲思的妙语中给人一种积极向上的正能量。

如前所述，"人定胜天"及"天人交相胜"的哲学思想是支撑刘禹锡一生的精神力量，也正是有了这种精神力量，他才在备受打击之后能百折不挠，不向对手认输，始终对人生充满着积极进取的热情。大家所熟知的玄都观观桃花的故事就说明了他的个性。朗州十年回长安后，他游玄都观写出了一首名为《戏赠看花诸君子》的诗："紫陌红尘拂面来，无人不道看花回。玄都观里桃千树，尽是刘郎去后栽"。很明显，诗中借"桃花"影射"二王八司马事件"后上台的满朝新贵，由于"语涉讥刺"又遭贬谪。十二年后，再度被召回，在同样地点以同样的题材又写了第二首《重游玄都观》："百亩庭中半是苔，桃花净尽菜花开。种桃道士归何处，前度刘郎今又来。"诗人仍以桃为喻，嘲笑那些曾经迫害自己的人也不过是政治舞台上的匆匆过客而已。从这里可看出梦得之为人和其坚韧之个性。这种不屈不挠的个性在他的许多诗中都得到了表现。比如他的一首《同乐天登栖灵寺塔》是这样写的：

> 步步相携不觉难，九层云外倚栏杆。
> 忽然语笑半天上，无限游人举眼看。

虽然是"步步相携"、高耸"九层"、举步维艰，但诗人"不觉难"，并可倚栏凭眺，半天一笑，游人举目而观，何其幸也。字里行间洋溢着一股高扬向上的力量。开阔疏朗的境界和高扬向上的情感，深蕴于含蓄深沉的内涵之中。读梦得诗你看不到颓废，看不到沮丧，因为诗人总把一种哲人的睿智和诗人的挚情渗透其中，哲思使人开阔，情感使人振奋，正因如此，其诗极富艺术张力和雄直之气势。这样的例子俯拾即是，诸如"朔风悲老骥，秋霜动鸷禽。……不因感衰节，安能激壮心"（《学阮公体三首》其二），"马思边草拳毛动，雕眄青云睡眼开。天地肃清堪四望，为君扶病上高台"（《始闻秋风》）之类诗句写得大气淋漓，情感激越，昂扬奋发，具有一种振衰起废、催人向上的力量。又如其绝句名作《浪淘沙词九首》也是这样的作品，如其第八首云：

> 莫道谗言如浪深，莫言迁客似沙沉。
> 千淘万漉虽辛苦，吹尽狂沙始到金。

作者在此诗中对自己和朋友的因"谗言"而"迁徙"的遭遇进行了哲思化的解析："谗言深"奈我何，"迁客"身又何惧，沙不磨不成金，人不磨不成器。作者以一种简练爽利、晓畅易解的诗化语言表达出一种强烈的自信，显示出诗人傲视忧患、独立不移的气概和迎接苦难、超越苦难的开阔胸襟与旷达情怀。梦得诗中的这种议论风发、气势雄直的风格，蓄积一种正能量，催人奋发。怪不得他的好友白居易晚年曾这样评价他："彭城刘梦得，诗豪者也，其锋森然，少敢当者。予不量力，往往犯之。"

第三，梦得常借佛道哲思来调节心态，实现通融圆脱。

刘禹锡从小受到佛教思想的影响。据有关资料记载，他从小住在嘉兴，而在距离此处百里之外的吴兴住有两位诗僧——灵澈与皎然。在他十岁左右时，他曾随父拜访过两位诗僧，并与两位诗僧一起吟咏唱和，并赢得了两位的好评，"皆曰孺子可教"。这可从下面两则资料中得到印证——刘禹锡在《权舍人书》中说："禹锡在儿童时已蒙见器，终荷荐宠，始见知名。"① 在《澈上人文集纪》中，刘禹锡说："初，上人在吴兴，居何山，与昼公为侣，皎然字昼，时以字行。时予方以两髦执笔砚，陪其吟咏，皆曰孺子可教。"② 可见两位诗僧对他的影响十分大。

刘禹锡接受两位诗僧的影响主要表现在以下几个方面。其一，刘禹锡推崇的灵澈，不是境界清灵的一面，而是含义深远，融会典故的一面。如瞿蜕园先生就认为："禹锡于文中自言幼时学诗之事，盖颇得其渊源，故特举'经来白马寺，僧到赤乌年'及'青蝇为吊客，黄耳寄家书'之句，以为入作者间域，此亦禹锡自道其诗法也。"③ 特别是在其诗作中经常出现一些佛典人物，比如，刘禹锡对皎然喜欢并常提到的历代高僧支道林、道生、慧林等也十分喜欢并对他们耳熟能详，在其诗作中经常出现他们的名字，如"生公说法鬼神听，身后空堂夜不扃"（《金陵五题·生公讲堂》），"借问至公谁印可？支郎天眼定中观"（《宣上人远寄和礼部王侍郎放榜后诗因而继和》），"休公久别如相问，楚客逢秋心更悲"（《送慧则法师归上都因呈广宣上人》）等诗，就对晋高僧竺道生、支道林、慧林等表示了景仰之情。其二，写作与皎然等相同题材的诗。有人统计梦得与皎然等写作

① 《刘禹锡集》整理组点校，卞教萱校订：《刘禹锡集》卷一〇，中华书局1990年版，第121页。

② 《刘禹锡集》整理组点校，卞教萱校订：《刘禹锡集》卷一九，中华书局1990年版，第239页。

③ 瞿蜕园：《刘禹锡集笺证》，上海古籍出版社1989年版，第521页。

题材相同的甚多，如皎然有《寓兴》、《杂寓兴》、《咏史》、《偶然五首》诸作，刘禹锡亦有《寓兴二首》、《咏史二首》、《偶作二首》等作品；皎然有与道教相关的《步虚词》，刘禹锡也有《步虚词二首》；皎然有《长门怨》、《铜雀妓》，刘禹锡亦有《阿娇怨》、《魏宫词》；皎然曾以"寒竹"自况，其《南池杂咏五首》写"寒竹"云："袅袅孤生竹，独立山中雪。苍翠摇动（一作劲）风，蝉娟带寒月。狂花不相似，还共凌冬发。"刘禹锡则以"庭竹"自况，其《庭竹》诗云："露涤铅粉节，风摇青玉枝。依依似君子，无地不相宜。"① 从这里可看出，梦得受佛特别是皎然等人影响是何其深！其三，以佛家的通脱圆通来调适自己。刘禹锡一向疾恶如仇，刚正不阿，个性犟直，不肯屈就人。但佛家的思想渗透与影响，使他在心态上发生了一些变化，他开始用佛家的通脱圆通来调适自己。比如《再授连州至衡阳酬柳柳州赠别》一诗中他说："去国十年同赴召，渡湘千里又分歧。重临事异黄丞相，三黜名惭柳士师。归目并随回雁尽，愁肠正遇断猿时。桂江东过连山下，相望长吟有所思。"他虽然愁肠百折，但此时他开始"有所思"。这种思考与调适最明显始于连州。公元 815 年 3 月至 819 年底，这五年他一直谪处连州，担任刺史。他虽然"谪在三湘最远州，边鸿不到水南流"（《赴连州途经洛阳诸公置酒相送张员外贾……率尔酬之》），但连州"山秀而高，灵液渗漉……石侔琅玕，水孕金碧…环峰密林，激清储阴"② ，与播州的"西南极远，猿狖所居，人迹罕至"③ 和朗州的"气泄而雨淫，地慝而伤物"④ 相比，还算风景宜人，正是美丽的风景加上佛家思想之影响，因此，他的心态发生了一些变化。比如在谪居连州的第三年，他写了《问大钧赋》一文，在文中他开始反思，他认识到以往自己锋芒毕露、锐意激烈、犟直刚正有点过之，是刚健有余而柔婉不足，因而使自己屡处困蹇，潦倒一生，故而诗人要"今哀汝穷，将厚汝愚。剔去刚健，纳之柔濡"，要去刚存柔。这既是生活给他的教训，也是佛家的圆融无碍思想在他身上产生的影响。在居连州的五年中他进行了心

---

① 《刘禹锡集》整理组点校，卞教萱校订：《刘禹锡集》卷二五，中华书局 1990 年版。
② 刘禹锡：《连州刺史厅壁记》，《刘禹锡集》卷九，中华书局 1990 年版，第 108 页。
③ 《旧唐书·刘禹锡传》，中华书局 1975 年版，第 4211 页。
④ 刘禹锡：《砥石赋并序》，《刘禹锡集》卷一，中华书局 1990 年版，第 4 页。

态的调整和理性的重建，在"厚愚"、"纳柔"、"不息"、"自新"的反复反思中实现通脱圆融，也体现生命的坚忍。中国文化中蕴含着的儒道互补的精神力量给了他很大支持，支撑起他的信念与人格理想，使自己失衡的生命得以平衡，从而减弱了因政治的创伤而带来的生命重压和精神负累，因此，在此期间他写了大量的反映恬适的山水诗，他完全解脱了自己，旷达疏豪。他的诗虽然因思乡念旧而不无伤感，但绝少中晚唐诗人普遍表现出的极深层的感伤情调，他总是给人以奋发向上的启示与鼓舞力量，其原因即是诗人已在圆通无碍中调适了自己。

三　自我超越：从困在人间到勘破人天

上面论述了刘禹锡诗的两个方面：困在人间与哲理解脱。如何评价这些诗？从诗境来说，梦得诗第二层面对第一层面是否有超越？这涉及诗论的一个大问题。饶宗颐先生曾提出一个有名的概念——"形上诗"，或可作为对这个问题的一个回答。饶先生认为，形而上是与形而下相对立的。中国文化认为形而下者则为器。"重视道，重视讲道理，这是形上诗的特征，也是形上词的特征。"[1] 很显然，饶先生把中国诗分为抒情的、写形的与说理的两个层面，即困在人间的与超越人间的两个方面。中国古代就有形上诗，但以情为主，说理的与议论的诗一直无地位，到了"以议论为诗、以才学为诗"的宋代才有了地位。饶先生认为："中国诗歌中的形而上部分，实在太缺乏。不但言情的词如此，而且言志的诗亦如此。这是一个缺陷。"[2] 饶先生的说法大体合乎中国诗歌的实际。说理的形而上的诗在宋代才成为主流，但唐代的诗人们已经有了这方面的尝试。比如，说理议论的风气从杜甫开始已肇其端。杜甫的诗大多是困在人间的诗，这些诗虽表达了诗人忧国忧民的感情，但只是"属于社会性，只是表层意义，都是凡间的事"[3]。杜甫超越自己而使诗中有理学是在夔州三年及以后的诗，而正是因杜甫夔州后诗有理学，所以才被宋人黄山谷读懂并被接受，所以饶

---

① 施议对：《为二十世纪开拓新词境，创造新词体——饶宗颐形上词访谈录》，《文学遗产》1999 年第 5 期。

② 同上。

③ 同上。

先生认为，"杜甫夔州以后的诗，特别重要"①。先生认为，所谓形上诗，就是要将诗境与宇宙人生之境连接起来，把自己的性情学问修养打拼入诗，这就规定了不论诗还是词必须说理，必须对道有所阐发，必须以道统气，必须勘破人天，不能只局限于人间，困在人间而无超越。他从这理念出发，把诗分为诗人之境、学人之境与真人之境。能勘破人天、提出对宇宙人生的看法，即具备了形上诗的条件的才是真人之境。饶公本着这种理念，对近现代词家如王国维、夏承焘、詹安泰、蒋春霖都表示了遗憾，认为他们都只停留在诗人层面，特别是对蒋春霖的"只是在第一境界纠缠不清，无病呻吟"② 表示了批评。所以他们都无法达到形上诗的层面。

饶先生之论确是有创意和独具慧眼的。因为，在传统思维中，人们对这种议论为主体的诗无一不采取批评的态度。比如后人评论宋代诗歌，大多诟病他们以议论为诗，清代吴乔就说："古人咏史，但叙事而不出己意，则史也，非诗也。出己意、发议论而斧凿铮铮，又落宋人之病"，而"用意隐然，最为得体"③。宋人之所以大都走说理一途，大概是他们看到了其中诗境之审美价值。而开宋人之境的虽可溯至杜甫，但大开此境的无疑是中晚唐一批诗人。可以说，刘禹锡就是其中昭昭者。他的哲理诗及论史诗别开一面，表现了极高的价值，既是对前此以往诗人的超越，也是对自己创作的超越。他及同时代或稍后的诗人们的说理诗对宋人影响极大，明之胡应麟就清楚地看到了这一点，他认为中晚唐的咏史诗"皆宋人议论之祖"④，所论甚有眼光。

刘禹锡一部分诗之所以对自己有超越，就是因为他已不再把眼光局限于人间，他开始思考，特别是早期佛教在他身上的潜移默化的影响因子开始被激活，哲学家本能的说理气质也使得他不得不带着哲理的眼光看待苦难与人生，他知道必须超脱，不能只是专论人间，着眼人间，如果这样，只能困在人间，永远打不开心中的死结。如上所述，他在连州开始的反

---

① 施议对：《为二十世纪开拓新词境，创造新词体——饶宗颐形上词访谈录》，《文学遗产》1999 年第 5 期。

② 同上。

③ 郭绍虞：《清诗话续编》，上海古籍出版社 1983 年版，第 558 页。

④ （明）胡应麟：《诗薮》，上海古籍出版社 1979 年版，第 39 页。

思，对自己"厚愚"及"纳柔"等行动，就清楚地表明他开始进行深层次的思考。刘禹锡正因为对宇宙人生与自己的灾难思考对接起来，因而在他的说理诗中表现出异于常人的豪气和达气。他那些说理满满的诗非常具有理学成分，因而也具有形上诗的特质，其诗境明显超越了他的那些困在人间的诗作，受到人们的追捧与喜爱。如其《汉寿城春望》就写道：

> 汉寿城边野草春，荒祠古墓对荆榛。
> 田中牧竖烧刍狗，陌上行人看石麟。
> 华表半空经霹雳，碑文才见满埃尘。
> 不知何日东瀛变，此地还成要路津。

这首诗意蕴十分丰富，至少有三层意蕴。其一，描绘出春望之景。虽是春望，但传达出的却是一片衰败之景：野草萋萋，荒祠古木，荆棘丛生；牧竖烧刍，祭烟缕缕；墓前石麟，足供注目；华表半空，残碑断碣。如此之景，足令人生慨。其二，荒凉景色之后透露出诗人南贬时凄凉而又孤独的心态以及对国事的忧心忡忡。如果诗仅止于此，还不足以上升到形上诗的高度。其三，这首诗让人动容与感慨的第三层意蕴，是诗人透过荒凉意象的外表，以哲学家的眼光从更深层次看到了人世间的沧桑变化，此时此刻自己虽是贬谪之身，但他却体会到了人间的顺境、逆境也和世间万物的兴废一样不是永恒不变的。昔日的荒凉难道不可成为"要路津"！由于诗人站在哲学的高度，不但使自己得到解脱，也启人遐思。此外，他的《金陵怀古》也是这样的诗：

> 潮满冶城渚，日斜征虏亭。
> 蔡洲新草绿，幕府旧烟青。
> 兴废由人事，山川空地形。
> 后庭花一曲，幽怨不堪听。

这是诗人由和州返回洛阳，途经金陵所写。此诗也有三层意蕴。　是写眼前所见之景：潮满冶城，日斜古亭，新草已绿，旧烟仍青。二是借眼前之景暗寓诗人对历史陈迹之凭吊，自然会联想起六朝旧事，会想到一代代人在此演绎着王朝的兴废。但更具深意的是诗人从六朝帝王凭恃天险、纵情享乐而致亡国，历史的教训却没有被后世记取这一事实，站在哲学家的高度，警策世人："兴废由人事，山川空地形"，意即兴废由人，据险无益。也就是提出了社稷之存"在德不在险"的卓越见解。后来王安石《金陵怀古》四首其二："天兵南下此桥江，敌国当时指顾降。山水雄豪空复在，君王神武自无双。"也由此化出。足见议论之高，识见之卓。刘禹锡这类议论说理、警策世人的诗作还有很多，诸如"筑用金锤力，摧因石鼠窠"、"万户千门成野草，只缘一曲后庭花"、"莫言一片危基在，有过无穷来往人"、"莫道桑榆晚，为霞尚满天"（《酬乐天咏老见示》）、"人生不失意，安能慕己知"之类诗句不胜枚举。这些诗句寓哲理于其中，能引发人们的思考。诗人的高明之处，不是游离形象的空泛议论，而是寄寓在形象之中，寓于客观的叙述之中，从而显得含蓄而具深意。人们常说他这类诗糅怀古与讽今为一体，熔咏史与示志于一炉，旨趣隽永，发人深省。细读刘禹锡诗，此言不虚也。

　　总之，刘禹锡这类以议论入诗、融入哲理的作品，已非他那些着眼于人间、困于人间的诗作可比，诗的内涵更趋于丰富，诗的意境也得到了明显的提高。诗人把自己的学问、志趣、修养、性情融入诗中，把诗境与人生之境连接起来，常在洞烛社会现象与人生苦难之后，想常人之不敢想，发常人之不敢发，妙语连珠，奇思迭出，使自己的诗作有层次，有深度，为中唐以后诗坛之创作开了新诗境。严格地说，虽然他的诗还不能完全达到形上诗的高度，不完全具备形上诗的全部特质，但他在这方面所做的努力以及对同时代人以及自己的超越，应该得到肯定。

宋代雷州流寓士大夫与天宁寺的深厚因缘

李明山[*]

李明山[*]

内容提要 雷州处于岭南独特的地理位置，使得它成为到达、过往流寓文人和士大夫驻足流连的地方。唐朝所建的天宁寺又是半岛地区的禅宗圣地，更成为流寓文人和士大夫的云集之所和休歇处，二者结下了深厚因缘，并相得益彰，使得雷州的流寓文化更加丰富多彩，也使得雷州流寓文化更加具有佛教禅宗倾向。

关键词 雷州 流域文化 天宁寺 禅宗倾向

雷州之所以称雷州，是因为它坐落在雷州半岛之上。它原来称海康县，后来改成雷州市。雷州半岛以"雷"著称，雷暴活动十分活跃。雷州半岛属于华夏台背斜、雷州台凸的一部分。它是由于喜马拉雅运动，形成规模巨大的构造盆地——琼雷凹陷。在盆地的第四纪更新世沉积地层中间或夹有玄武岩。当雷州半岛与海南岛上升为陆地后，火山继续活动，玄武岩又覆盖于第四纪地层之上。中更新世末，上更新世初，琼州海峡相对断裂下陷，致使雷州半岛与海南岛分离。特殊的地理，造成了特殊的气候。特殊的地理和气候，又养育了特殊的人群。

在中国古代，封建帝王贬谪官员有多个目的地，不同时期发生不同变化。但岭南（包括崖州，今海南）在唐宋时期确实是一个重要的流放地。由于雷州在岭南的特殊地理位置，不仅有朝廷贬官被流放到雷州，流放到

＊ 作者简介：李明山，广州工商学院学刊编辑部编审。

海南的流官也要途经此地，驻足停留。因此，雷州作为流官的目的地，抑或是过往驻足之地，都少不了留下一些流寓士大夫文人的历史文化足迹。

佛教传入雷州，当在隋唐之间，南宗为主。[①] 也有学者认为传入更早，是在三国时期。[②] 传入路线自北而南。在初唐，由于六祖惠能的不懈努力和大刀阔斧的改革，使得佛教禅宗以曹溪为基地，首先在岭南得到重大发展，然后一花开五叶，反向传播到大江南北、黄河两岸。公元 713—742 年，雷城开元寺建立，是雷州第一间佛教寺院。唐大历五年（770），和尚岫公建天宁寺；唐元和年间（806—820）建天竺庵；宋代建高山寺、仙桥寺、雨花台。宋代，佛教由海康传入徐闻，建有圆通寺和崇真寺。湛江湖光岩楞严寺也在宋代兴建。可见，唐宋时代的雷州半岛的佛教是非常兴盛的。诸多寺庙在惠能南禅宗兴盛之后兴建起来。天宁寺为了方便远方善男信女敬佛斋忏，在寺院的西边修筑了一所公寓，时称"西馆"。更重要的是，南来北往的流官贬臣，大都经过此地，免不了需要居住、歇脚或者流连一番。

古代雷州，又被称为"蛮夷瘴疠之乡"。这里的老百姓多由福建莆田迁来，他们说的话都是闽南方言。雷州百姓热情好客，敬贤如师、疾恶如仇是著名的。早在宋咸淳十年（1274），就在西湖北侧建立了"十贤祠"，主要是为纪念宋代丞相寇准、学士苏轼、侍郎苏辙、正字秦观、枢密王岩叟、正言任伯雨、丞相李纲、丞相赵鼎、参政李光以及编修胡铨这十大名相贤臣而修建的。因此，雷州的流寓文人和士大夫自然地和雷州天宁寺结下了深厚因缘。流寓文人和士大夫通过天宁寺，找到了人生的休歇处，使受伤的心灵得到慰藉，心态得到重新调整。天宁寺也借重中原内地名流士大夫扩大自身的文化内涵和影响。可以说是二者相得益彰，相辅相成。唐宋元明清，流寓此地的辅臣、名士很多，在此略述一二足矣，恕不赘述。

一　寇准与天宁寺的因缘

北宋乾兴元年（1022），寇准受迫害被一再贬逐，于二月从道州起程，

---

① 卢彦培：《雷州佛教文化浅说》，"宝华寺网"首页，2015 年 10 月 28 日。
② 吴建华：《雷州半岛佛教述略》，《湛江师范学院学报》2003 年第 1 期。

四月到达雷州。当他一到军衙，书吏把雷州地图及文献资料给他看时，他在地图上看到雷州城东南门至海岸十里，不禁愕然地说："我少年时曾写这样的诗句：'到海只十里，过山应万重'，想不到竟然预测到今日，难道这是偶然的吗？"

寇准被贬为雷州司户参军，官从八品，是无职无权的散官。但雷州民众很敬重他，因为他曾是当朝宰相，并知道他是贤相。作为贬官，按例他不能住官舍，但雷州民众愿意借房舍给他住，可是又遭到当地鹰犬的阻挠，把借屋让舍给寇准的人投入大牢。寇准为了不连累好心的地方民众，携带眷属搬到了郊外属于天宁寺的西馆居住。据康熙《海康县志》记载："寇准公，无公宇居，百姓闻之，争荷瓦木，不督而成。"从上述记载可以推断，当时西馆还没有房屋，在没有公家房屋居住的情况下，百姓自动为他建房。房屋建好后，才有了后来"西馆"的名称。还有学者考证，西馆，可能就是当年的临海驿。西馆地处荒郊野外，冷落萧条。寇准在此，免不了思绪万端，乡情骤起。寇准有《临海驿夏日》诗为证："岭外炎蒸当盛暑，雨馀新馆觉微凉。最怜夏木清阴合，时有莺声似故乡。"在更深夜静之时，辗转难眠，回首往事，于是又挥笔书写《海康西馆有怀》："风露凄清西馆静，悄然怀旧一长叹。海云销尽金波冷，半夜无人独凭栏。"寇准虽然受到当权势力的迫害和为难，但却得到了地方百姓的关照和尊敬，尤其是得到了天宁寺佛教僧人的收留。没房子，他们帮他在天宁寺旁边建起了简陋的住房，生病了，医僧帮助他治疗调养。在此期间，寇准得以和天宁寺亲密接触，与佛教僧人结下了深厚因缘。寇准在雷州天宁寺经过了一段时间的调整之后，又恢复了他胸襟豁达的宰相本来面目，经常到乡下了解民情，关心群众疾苦，号召兴修水利。

寇准除了居住天宁寺西馆，接近僧众，还到雷州地方其他寺庙察访。他在此间曾察访过五代梁僧人了容所建的广教寺，并留下了诗篇来记述此事："十里寻幽景，寒泉几派分。僧同云夜坐，雁向草堂闻。"① 寇准的寺庙参访，不同于寻常游览，而是能够夜宿寺庙，还和僧人在草堂促膝长谈，漫话世事人生。

---

① 明嘉靖《广东通志》卷六五。

寇准在雷州，有机会接触天宁寺僧人，他较多地受到佛教思想的影响。清代举人雷州李韶绎有《拟重修雷郡寇公祠记》之作，其中说道："公清廉方正，忠不绝书。其大者如建储之议，澶渊之举，孤忠謇謇，日月争光，是公之忠，天下之人共闻之，雷之人亦无不共闻之矣。抑知公固能忠，公尤能恕。……公之忠，雷之人不过得诸耳闻之；公之恕，雷之人不且得诸目见乎。朝以忠旌公，雷应以忠且恕法公，人能法公，虽谓公至今存可也。"寇准是典型的儒家士大夫，曾身为朝廷宰相，对于儒家忠恕之道自然烂熟于心。这里主要说的是寇准宽恕迫害他的丁谓之事。

寇准被丁谓贬来雷州当司户参军，半年后，丁谓亦被贬为崖州（在海南）司户参军。丁谓过雷州，求见寇准，寇准拒绝不见，但却派人送一只蒸羊在通往崖州的路上给了丁谓。当时，寇准的家童打算找丁谓实施报复，寇准得知，便把门关起来，让他们纵情赌博，不让他们出去，直等丁谓走远了才开门。家童不解其意，寇准说："不要计较前仇，得饶人处且饶人。"① 丁谓闻讯，羞愧难当。后来有人作词："雷州户，崖州户，人生会有相逢处。客中颇恨乏蒸羊，聊赠一篇长短句。"据《归田录》记载："公贬雷州，时，丁谓与冯拯在中书，丁当秉笔，初欲贬崖州，而丁忽自疑语对冯曰：'崖州再涉鲸波如何？'冯唯唯而已，丁乃徐徐拟雷州。丁之贬也，冯遂拟崖州。当时好事者相语曰：'若遇雷州寇司户，人生何处不相逢。'"又据《续资治通鉴》："当年寇准被贬雷州，丁谓命令宋绶草拟责备寇准之词，宋绶请问寇准之罪，丁谓说：'春秋没有人够得上将领，汉朝的法律没有准道，都以事实为证。'宋绶虽然服从了丁谓的指挥，但最终还是没有完全照丁谓原话去写。等到丁谓遭贬，宋绶仍然撰写制词，他立即草拟词曰：'春秋没有将领的先戒，旧的典章说得很清楚，说不出的罪行，通常的刑法是不赦免的。'大家议论时感到非常痛快。"

可见寇准这时真是"宰相肚里能撑船"，对迫害他的人也采取了宽恕、容忍的态度。这里仅仅用儒家的宽恕之道，来解释寇准的这一行为还不够。事实上，寇准是来到雷州之后，在天宁寺西馆居住，通过和佛教僧人的亲近和交往，重新调整了心态，思想发生了新的变化。他相信了因果报

---

① 谢清科：《寇准在雷州宽恕丁谓》，《湛江日报》2010 年 1 月 25 日。

应，不和丁谓一般见识，不去冤冤相报，而是以德报怨，采取了得饶人处且饶人的态度。而这一态度和具有佛教倾向的《西游记》中唐僧的态度不谋而合。《西游记》第八十一回记载："三藏扯住道：'徒弟，常言说得好：遇方便时行方便，得饶人处且饶人。'"寇准本来是一个心胸狭窄之人。寇准受到丁谓的诸多迫害贬到了雷州，在半年后丁谓也遭到贬逐路经雷州之际，他不仅没有报复他，还送给他一只蒸羊。这和他在雷州天宁寺受到佛家因果报应、慈悲为怀的思想影响不无关系。

寇准在雷州只度过了短短18个月的贬官生涯，既饱经风霜，身心受到摧残，又忧国忧民，在病苦之中还殚精竭虑地为雷州人民做好事。他在油尽灯残时，写下一首《病中书》："多病将经岁，逢迎故不能。书惟看药录，客只待医僧。壮志销如雪，幽怀冷似冰。郡斋风雨后，无睡对寒灯。"寇准病重期间，没有了一切应酬。但他和寺庙的关系依然保持。在医疗条件不好的情况下，寺庙和尚成了常客。因为和尚懂得禅医，又能给他治病。但是，由于寇准疾病严重，在雷州仅一年多的时间就去世了。寇准和天宁寺的深厚因缘，永久地载入了天宁寺史册。敬贤如师的雷州人，为了纪念寇准，为他修了寇公祠作为永久纪念。更修"十贤祠"，永久纪念宋代流寓雷州的社稷忠臣和贤达名士，寇准被列为"十贤"之首。

二 苏轼与"万山第一"

绍圣四年（1097），因元祐党争，苏轼一再遭受贬谪。先贬杭州，再贬惠州，直至贬到雷州。南赴琼州儋耳必然路过雷州。此时，胞弟苏辙也谪居雷州。兄弟沦落他乡，多年不见，自然是悲喜交加。天宁寺旁边的西馆，不仅可以留住以雷州为目的地的官员，即便是到海南路过的贬官，也免不了在此流连暂住。苏轼兄弟到了雷州，就住到了天宁寺。城墙外的天宁寺，方圆数里，佛塔如林，绿树四合，一面临水。其时，住持大和尚盛情迎接苏学士，让出方丈堂给他们居住，并以茶饭相待。苏东坡在惠州时，患难中舍命陪侍的爱妾王朝云也香消玉殒埋骨惠州，一路凄风苦雨踯躅南下，正在心力交瘁之际，在雷州天宁寺得到僧人的殷勤厚待，使心灵得到些许慰藉。心情稍微好转，便与和尚谈佛论经，颇为投缘。兴之所至，苏东坡提笔书写了"万山第一"四字楷体匾额，赠给了寺庙和尚。该书法圆润方正，后来成为天宁寺的镇寺之宝。

著名书法家沈定庵先生崇拜苏东坡，其斋号"仰苏斋"。他说，从小即耳聆父亲谈东坡一生事迹，后读遍东坡诗文，很是景仰。他说起雷州天宁寺苏东坡"万山第一"题字匾额，还有一段动人故事。他且有《万山第一记》为证：

> 绍圣四年，东坡居士自惠州再贬儋州，六月经雷州，寓天宁禅寺，寺僧待之甚殷。临别，坡公赠书"万山第一"。禅寺镌石建坊，长为镇山之宝。余于民国卅五年游雷州，礼天宁寺，瞻坡公题刻，端厚雄伟，顶礼再三，手拓留念。次年携归珍藏。"文革"祸起，家抄身拘，"万山第一"幸逃烬难。岂佛祖呵护坡公遗泽耶。一九八五年重访，四十年往事，如梦如尘。再礼天宁，而坊额荡然，千年物华，一旦劫灰。慨叹之余，余告住持，愿奉昔拓，冀俾重刻还旧。越年，余三访往捐。佛光广被，殿宇辉煌，拓片得其所哉，宝地真万山第一也。己丑白露仰苏斋主人山阴沈定庵记。[1]

苏东坡于宋绍圣四年（1097）自惠州再贬海南儋州，六月到达海康（雷州），寄寓雷州第一古刹天宁禅寺。寺僧待之甚殷。临别，东坡书"万山第一"四字相赠。天宁寺视之为镇寺之宝，并建坊刻石，成为一大胜迹。1946年，沈定庵先生游雷州，礼天宁寺，获观东坡"万山第一"刻石，为其端厚雄伟所吸引，便向寺僧借梯手拓。因他不谙拓碑技巧，拓得不精，但总算将字的轮廓拓了下来。沈先生奉为至宝留存。"文革"中，沈家遭抄，唯此拓未毁。然雷州天宁寺的原石却不能幸免，消失人间。1985年，沈定庵随绍兴政协代表团访问深圳，重游旧地，见"万山第一"刻石已非原貌，是根据照片复制，完全失真。叹息之余，面告寺僧愿将旧拓奉送，庶几得以重刻。1987年，当地政府隆重举行拓片捐献仪式，不久，"万山第一"重放光彩。沈先生在原拓上题数语曰："坡翁雷州天宁寺题额，余四十年前客岭南时手拓，今春重游古刹，惜古刹原额已毁，归里

---

① 《万山第一话沧桑》，见"三桐斋"，新浪网络博客，2015年10月28日。

检寄旧拓奉天宁寺供养，并识数语用志因缘。丁卯八月，山阴沈定庵。"
为记此段特殊因缘，他又赋诗一首："忆我雷州多次行，万山第一墨缘诚。
坡公此地曾留滞，名刹高贤倍动情。"己丑年，沈定庵先生写诗一首，诗
文与前又有不同："忆昔几番到雷城，万山第一倍觉亲。坡公天宁曾留客，
名刹高贤万古情。"

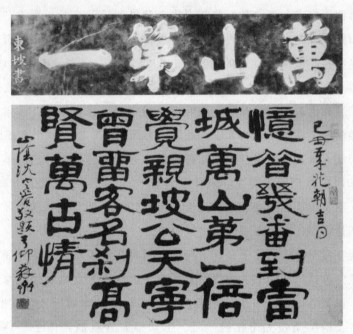

书法家沈定庵先生捐献给天宁寺的"万山第一"
拓片并在仰苏斋题诗为记

　　苏轼题写"万山第一"，其实天宁寺并没有坐落在崇山峻岭之上，但
是天宁寺的周边，也是山岭起伏，湖光山色。苏轼与佛结缘，并非始自雷
州天宁寺。他所到之地，如有佛寺，便要参访礼拜。被贬惠州，路过南雄
大庾岭、韶州南华寺，都会礼拜禅宗六祖惠能。人称"苏居士"。可以说，
他与佛禅具有深厚的因缘，也有深刻的理解和体悟。他把自己的仕途看成
是蜿蜒崎岖的山路，要想达到的目标就是顶峰上那虚无缥缈、若隐若现
的、难以到达的高处不胜寒的楼阁，寺庙就是一个很好的歇脚处。苏轼的
"万山第一"题字，对天宁寺来说既是溢美之词，也符合自己当时的真情

实感，是他对天宁寺崇高评价的艺术表达。作为佛教禅宗寺庙文化，古来就是山林文化（或者称为丛林文化），大都不在闹市通衢，而在深山风景优美、利于禅修的清静之地，寺和山是紧密相连的（寺庙的住持有时也被尊称为山长）。苏东坡见过的禅宗寺庙不胜枚举，单把天宁寺视为"万山第一"，确有他的深意。天宁寺确实是唐代岭南禅宗古寺之一。作为禅宗丛林，粤西天宁寺和粤北韶州曲江南华寺和乳源云门寺鼎足而立，把它说成是万山第一也是自然的。再者，苏东坡作为戴罪之身，一再被贬，且有丧妾之痛，在心情极为低落的情况下，却得到了天宁寺僧人的殷切接待，这在苏居士眼中，也应该是在众多禅宗山林寺庙中排名靠前、数一数二的。苏东坡和佛教的因缘深厚，和岭南南禅宗的因缘更深厚，和雷州天宁寺因缘最深厚。这也是他为天宁寺题写"万山第一"的又一个重要原因。

北宋词人秦观，字少游，江苏高邮人，是苏轼的门生。他们早在熙宁七年（1074）就开始了交往。宋哲宗绍圣年间，元祐党失势，苏轼被贬，秦观也受到了牵连，屡遭贬逐。元符元年（1098）四月到达横州贬所，九月初五到达雷州，这是秦观贬谪生涯的最后一站。

秦观在雷州海康宫住下，开馆授徒，闲时荡游罗湖，写诗吟诵，与在海南的老师苏轼鸿雁传书。在海康宫亭庙下，梦见天女拿一幅维摩画像让他写赞。秦观笃信佛教，于是题道："竺仪华梦，瘴面囚首。口虽不言，十分似九。应笑荫覆大千作狮子吼，不如博取妙喜似陶家手。"醒来后，就把这段话记录下来。宋僧惠洪在《冷斋夜话》中说，自己在天宁寺，还亲眼从和尚戒禅那里看到这幅字，正是秦少游的笔迹。元符三年（1100），徽宗大赦天下，贬谪者得以北归。六月二十一日，历尽沧桑的苏轼来到雷州与秦观相会。师徒相见，百感交集。秦观与苏轼在西湖踏歌而行，互诉别情。秦观拿出自己在雷州写的诗请老师点评，苏东坡拿出一把扇子递给秦观，秦观一看，原来是自己南谪过程中写的一首《踏莎行》词，不禁一阵感动。[1] 二人在天宁寺流连，苏东坡多方宽慰秦观，使他的心境也轻松了不少，苏轼自然也很欣慰。苏轼也拿出给秦观的诗作《雷州八首·此为秦观作》，并鼓励秦观积极面对困境，准备北归，互相勉励，依依惜别。

---

① 曹炜明：《从"万山第一"到"苏公亭"》，《湛江日报》2012年12月17日。

宋代雷州流寓士大夫与天宁寺的深厚因缘

古代雷州作为"蛮烟瘴雨"之地，谪官贬宦流放之所。仅有宋一代，先后有诸多朝臣、名士谪贬或途经雷州。寇准、李纲、胡铨、秦观、苏轼、苏辙、赵鼎、李光、任伯雨、王岩叟被尊为"雷州十贤"。他们在雷州和天宁寺发生了这样那样的联系，建立了深厚的禅宗因缘。

苏轼倅杭与西湖词人群体叙事

张海鸥[*]

内容提要 苏轼倅杭期间开始词创作。此时杭州地区形成了以苏轼、张先为中心的西湖词人群。本文先以苏轼的行迹为线索，考证这个词人群体十余人的交游情况，然后论述他们以词叙事的种种方式：张先和苏轼大量以词"应社"，具有"以诗为词"的意味。张、苏较多地采用词题和词序叙事，这在词史上具有开拓意义。在词牌选择使用方面，他们承唐五代词之体制，以中短篇制为主，但也开始写作长调慢词。张先对苏轼写词有多方面的影响。欧阳修对苏轼初期作词也有影响。苏轼初作词承"花间"宗风，但很快就形成了多样的风格，其中有豪放之词。此时期西湖词人群体叙事的主要故事内涵有咏妓、游赏、送别、行役等，情感内涵主要是宦情、风情、友情等。

关键词 苏轼 倅杭 词人群体

熙宁四年（1071）六月，苏轼通判杭州，开始了三年零三个月的倅杭生涯（熙宁四年六月离京赴杭，熙宁七年九月离杭赴密）。这是苏轼文学创作的第一个丰收期，他与杭州、苏州、湖州等地的文友诗词唱和，作品甚丰。

以词而论，苏轼此时期才开始写词①，于是杭州词坛便形成了一个以张先、苏轼为中心的词人群，他们唱和酬赠，创作出了一批以描绘西湖美

---

* 作者简介：张海鸥，中山大学教授。

① 有学者认为苏轼二十多岁就开始写词了。参见苏轼撰，薛瑞生笺证《东坡词编年笺证》，三秦出版社 1998 年版，第 16—23 页"弁言"。

景、抒写朋友情怀为主的词。

在这些词人中，苏轼年辈和职级都比较低，刚学写词，词名不及前辈词人张先，但他不仅写词最多，而且与其他词人词作词事牵连也最多，实际上是最具有纽带作用和号召力的中心人物。

这个词人群的词事词作，主要发生在杭州及其属县，发生在送别、游赏、雅集、燕饮、行旅的场景中，唱和酬赠是创作的主要动因和方式，友情、风景、文情酒趣、歌儿舞女是主要的叙述内涵。苏轼初作词，除阅读学习前辈词家外，最直接的榜样是欧阳修和张先。这期间张先对苏轼作词影响最大，从写作兴趣的激发，到词调、题材、手法、风格，都有直接而微妙的影响。

一 苏轼倅杭时期的交游与词事①

（一）赴杭途中

熙宁四年六月，苏轼因与新法不合而不安于朝，离京赴杭。途经陈州，拜访陈守张方平，并与在陈为学官的苏辙会晤。九月与辙同赴颍州拜访刚刚致仕的欧阳修。张、欧二人都是苏轼的师长，皆对新法有异议。苏轼拜谒他们，尽晚辈之礼，并在一定程度上抚慰自己政治的失意。

十月渡淮，途径濠、楚、扬、润诸郡，十一月到杭。在扬州遇到了孙洙、刘挚、刘攽，苏轼有诗《会孙巨源、刘莘老、刘贡父三同舍》记录此事。四人皆因论新法不便而外任。此后几年间，互有诗词往来。熙宁七年，孙洙奉诏还朝，在润州与赴密州的苏轼相遇，同行至楚州而别，苏轼写了《采桑子·润州多景楼与孙巨源相遇》和《更漏子·送孙巨源》二词。

（二）倅杭期间

苏轼倅杭期间交往的主要文士，依其在苏词中出现的次序，有以下几位：

1. 贾收，字耘老，湖州人。熙宁五年（1072）十二月，苏轼"之湖州相度捍堤"，与之相识，作《双荷叶》、《荷花媚》二词，还有诗《和邵同

---

① 主要依据干水照《宋人所撰三苏年谱汇刊》，上海古籍出版社 1989 年版；孔凡礼编《苏轼年谱》，中华书局 1998 年版。

年戏赠贾收》,《和贾收吴中田妇叹》等,其与贾收终生交游自此始。《吴兴志》卷一七载:"贾收,字耘老,有诗名,喜饮酒,其居有水阁曰浮晖。李公择、苏子瞻为州与之游,唱酬极多。"《吴兴志》还记载苏轼念耘老贫而赠书画的事,贾收也在苏轼离开湖州后建怀苏亭,编《怀苏集》。

2. 陈襄(1017—1080),字述古,神宗初知谏院,改侍御史。因论青苗法不便,出知陈州,徙知杭州。熙宁五年(1072)五月至七年六月知杭。比苏轼晚到六个月,早走三个月。苏轼虽比陈襄小20岁,但政见相通,举凡赈济饥民,消除蝗灾,浚治钱塘六井,奖掖后进,皆同心协力。二人才情文趣相仿,时常宴饮唱和,交游颇深。陈襄《古灵集》①、《苏轼诗集》② 中此期唱和诗各存多首。苏轼倅杭期间所作词与陈襄有关者共9首(下详)。陈襄无词存传。

3. 周邠,字开祖,钱塘人。嘉祐八年(1063)进士,熙宁间为钱塘县令。苏轼倅杭多与之酬唱,称周长官。后来苏轼自密州改除河中府过潍州,邠时为乐清令,以雁荡图并诗寄轼,轼和诗有"西湖三载与君同"句。③ 熙宁五年秋,周邠母卒,苏轼为作挽词④,并有诗数首。熙宁六年(1073)寒食,苏轼在杭作《瑞鹧鸪·寒食未明至湖上太守未来两县令先在》。两县令之一就是钱塘县令周邠。

4. 徐畴,字符用,熙宁中为仁和县令,即苏词《瑞鹧鸪》"两县令"中的另一位。熙宁六年七月立秋,与苏轼一起求雨。

5. 张先(990—1078),字子野,嘉祐四年(1059)致仕归吴兴(即湖州)。⑤ 此后多次往返于湖、杭间。熙宁五年十二月,苏轼赴湖州相度捍堤利害。苏轼的朋友孙觉(莘老)于熙宁四年十一月知湖州,此前(熙宁五年七月七日)苏轼曾在余杭法喜寺作诗《宿余杭法喜寺寺后绿野堂望吴

---

① (宋)陈襄:《古灵集》,收录于《景印文渊阁四库全书》,商务印书馆1986年版。

② (宋)苏轼撰,(清)王文诰辑注,孔凡礼点校:《苏轼诗集》,中华书局1982年版。

③ 潜说友:《咸淳临安志》卷六六,《宋元方志丛刊》,中华书局1990年版,第3959页。

④ (宋)苏轼撰,(清)王文诰辑注,孔凡礼点校:《苏轼诗集》,中华书局1982年版,第2608页。

⑤ (清)夏承焘:《张子野年谱》,《唐宋词人年谱》,上海古籍出版社1955年版。该书指出张先于嘉祐末治平初致仕。张先撰,吴熊和、沈松勤校注:《张先集编年校注》(浙江古籍出版社1996年版)所附《年表》写张先致仕于嘉祐四年。

兴诸山怀孙莘老学士》。熙宁五年春，孙觉在湖州曾为张先《十咏图》（八年前为父张维作）作序，张先有《醉落魄·吴兴莘老席上》词，可见交情不浅。苏轼这次到湖州公干，孙必接待，张必出席，苏此前所赠孙诗必是席间一个话题，因而张先依苏诗韵作了诗（已佚），苏再作《元日次韵张先子野见和七夕寄莘老之作》，此事发生在熙宁六年（1073）元日。苏、张交游唱和自此始。张先是词名卓著的前辈，他对苏轼作词影响很大。[①] 熙宁六年"柳絮飞时节"[②]，张先在杭州为官妓龙靓等作词三首。熙宁七年（1074）春，张先曾"自杭归湖"作《玉联环》词。[③] 此年张先娶妾（似在湖州），苏轼有《张子野八十五尚闻买妾述古令作诗》，张先和作仅存一联。七月至九月间陈述古移知应天府，杨绘继任旋又诏还，苏轼奉诏知密州，张先与苏轼作送迎之词十余首。九月，杨、苏、张、陈同赴湖州为"六客之会"。

6. 陈舜俞（1026—1075），字令举，湖州乌程人。熙宁三年（1070）知山阴县时因不奉青苗法，上疏自劾，降监南康军酒税。弃官居秀州（嘉兴）白牛村，号白牛居士。熙宁七年秋专程到杭州看望苏轼，苏作《鹊桥仙·七夕送陈令举》。陈舜俞与李常友善，《全宋诗》中陈有5首诗是专门写给李常的。九月参与湖州六客之会。苏轼有《菩萨蛮·席上和陈令举》，可知陈舜俞先写了《菩萨蛮》（无存）。六客同游，陈有诗《饯张郎中》、《双溪行》、《青龙江醉眠亭》。陈卒于熙宁八年。苏轼有《祭陈令举文》。

7. 杨绘（1027—1088），字元素，熙宁七年六月知杭州，仅2个月又徙知河南应天府。苏轼为之作送迎之词10首。

8. 王诲，字规父，熙宁六、七年知苏州。熙宁六年冬，苏轼往常、润、苏、秀赈济灾民。至苏州，苏守王诲出示仁宗赐其父举正所作飞白，苏轼作《仁宗皇帝御飞白记》[④]。熙宁七年（1074）七月，苏轼作《述衷情·杭妓往苏迓新守杨元素寄苏守王规父》词，七年十月，苏轼赴密途经

---

① 孙维诚：《论张先对苏轼词学思想的影响》《张先与北宋中前期词坛关系探论》，安徽大学出版社2007年版。

② （宋）张先撰，吴熊和、沈松勤校注：《张先集编年校注》，上海古籍出版社2012年版，第47页注①引苏轼诗。

③ 同上注，第52页。

④ （宋）苏轼撰，（清）王文诰辑注，孔凡礼点校：《苏轼诗集》，中华书局1982年版，第343页。

苏州，王设席，并求词，苏作《阮郎归·苏州席上作》。

9. 李常（1027—1090），字公择。因抨击青苗法落职，通判滑州，后徙知湖州，熙宁七年三月到任，九年三月移知齐州。苏、杨北上专程过湖州为"六客之会"。事后李常筑六客堂于湖州郡圃中，并编《六客词》（已佚）。苏轼在湖为李作词2首（下详）。熙宁九年李常离任，张先作《天仙子·公择将行》、《离亭燕·公择别吴兴》送别。

10. 孙觉（1028—1090），字莘老，熙宁四年十一月至六年三月知湖州。熙宁五年十二月苏轼到湖州公干，行前有《将之湖州戏赠莘老》、《再用前韵寄莘老》。到湖州后，为孙莘老作《墨妙亭记》。熙宁六年三月，孙觉知泸州，苏轼作送别诗。①

11. 柳瑾，字子玉。苏轼与柳子玉诗文往来较多。熙宁七年春，苏轼在润州有词《昭君怨·金山送柳子玉》。

12. 刘述，字孝叔，湖州人，神宗时曾为御史，授吏部郎中。与新法不合，王安石欲置之狱，司马光为之辩，贬知江州，逾岁提举崇禧观，闲居吴兴，卒年七十二。

（三）循行属县

苏轼倅杭期间循行属县三次。一是熙宁五年十二月之湖州相度捍堤利害，二是熙宁六年春，循行富阳、新城、桐庐等属县，三是熙宁六年十一月至熙宁七年六月，在常、润间赈灾。

湖州相堤与张先相识交游已如上述。而在后两次循行与赈灾期间，苏轼创作了一些思乡念亲怀友或抒写羁旅行役之感的诗词。词凡9首：《行香子·丹阳寄述古》、《祝英台近·惜别》、《行香子·丹阳寄述古》、《减字木兰花·得书》、《蝶恋花·京口得乡书》、《卜算子·自京口还钱塘道中寄述古》、《昭君怨·金山送柳子玉》、《醉落魄·离京口作》、《少年游·润州作代人寄远》。

（四）徙知密州

熙宁七年九月，诏苏轼知密州、杨绘知应天府。杨、苏离杭，与陈令

---

① （宋）苏轼撰，（清）王文诰辑注，孔凡礼点校：《苏轼诗集》，中华书局1982年版，第396、354、443页。

举、张子野同舟至湖州访李公择，并刘孝叔为六客之会。然后杨、苏北上赴任。

二　西湖词人群体的叙事方式

（一）以词应社（唱和酬赠）

此时西湖词人群中，与词事相关者十几位，但有词存传的主要是苏、张二人。①

苏轼熙宁四至七年词 54 首②

时间	行迹	作品
熙宁四年十月	楚州	1、2《南歌子·楚守周豫出舞鬟因作二首赠之》
熙宁五年一月	杭州	3.《浪淘沙·探春》
熙宁五年秋		4.《浣溪沙·感旧》
熙宁五年十二月	湖州	5.《双荷叶·湖州贾耘老小妓名双荷叶》6.《荷花媚·荷花》
熙宁六年春	富阳等地	7.《行香子·过七里滩》8.《祝英台近·惜别》
熙宁六年	杭州西湖	9.《瑞鹧鸪·寒食未明至湖上太守未来两县令先在》10.《江城子·湖上与张先同赋时闻弹筝》11.《菩萨蛮·歌妓》12.《瑞鹧鸪·观潮》13.《临江仙·风水洞作》14.《江城子·陈直方妾……》
熙宁七年一月	丹阳	15.《行香子·丹阳寄述古》16.《减字木兰花·得书》17.《昭君怨·金山送柳子玉》18.《卜算子·自京口还钱塘道中寄述古》19.《蝶恋花·京口得乡书》20.《醉落魄·离京口作》21.《少年游·润州作代人寄远》
熙宁七年夏秋	杭州	22.《占春芳》（红杏了）23.《减字木兰花》（双龙对起）24.《鹊桥仙·七夕送陈令举》25.《虞美人·为杭守陈述古作》26.《菩萨蛮·杭妓往苏迓新守杨元素寄苏守王规父》27.《述衷情·送述古迓元素》28.《减字木兰花·寓意》29.《菩萨蛮·述古席上》30.《江城子·孤山竹阁送述古》31.《菩萨蛮·西湖送述古》32.《清平乐·送述古赴南郡》33.《南乡子·送述古》34.《南乡子·和杨元素时移密州》35.《浣溪沙·菊节别元素》36.《浣溪沙·重九》37.《劝金船·和元素韵自撰腔命名》

---

① 《全宋词》中杨绘仅存词一首：《醉蓬莱》（对亭台幽雅）、刘述仅存词一首：《家山好》（挂冠归去旧烟梦）。见唐圭璋《全宋词》，中华书局 1965 年版。此二词应非此期所作。保苅佳昭《苏轼与杨绘有关之词》也未认为此词与苏轼有关。

② （宋）苏轼撰，邹同庆、王宗堂校注：《苏轼词编年校注》，中华书局 2002 年版。保苅佳昭《苏词研究》（线装书局 2001 年版），其中有《东坡词编年考》三篇，及《苏轼与杨绘有关之词》一篇。

续表

时间	行迹	作品
熙宁七年九月	湖州	38.《南乡子·沈强辅雯上……同子野各赋一首》39.《南乡子·赠行》40.《定风波·送元素》41.《减字木兰花·过吴兴李公择生子……》42.《南乡子·席上劝李公择酒》43.《菩萨蛮·席上和陈令举》
熙宁七年十月	赴密州途经苏州、润州、京口、楚州、海州	44.《阮郎归·苏州席上作》45.《醉落魄·苏州阊门留别》46.《菩萨蛮·润州和元素》47.《采桑子·润州多景楼与孙巨源相遇》48.《减字木兰花》（银筝旋品）49.《醉落魄·席上呈元素》50.《述衷情·琵琶女》51.《更漏子·送孙巨源》52.《浣溪沙·赠陈海州陈尝为眉令有声》53.《永遇乐·寄孙巨源》54.《沁园春·赴密州早行马上寄子由》

张先熙宁四至七年词 16 首①

时间	行迹	作品
熙宁五年	湖州	1.《醉落魄·吴兴莘老席上》
熙宁六年	杭州	2.《望江南·与龙靓》3.《雨中花令·赠胡楚草》4.《武陵春》（每见韶娘梳鬓好）
熙宁七年	自杭返湖	5.《玉联环》（南园已恨归来晚）
熙宁七年夏秋	在杭州	6.《熙州慢·赠述古》7.《虞美人·述古移南郡》8.《河满子·陪杭守泛湖夜归》9.《芳草渡》（双门晓锁响朱扉）10.《沁园春·寄都城赵阅道》11.《更漏子·流杯堂席上作》12.《劝金船·流杯堂唱和翰林主人元素自撰腔》13.《定风波令·次韵子瞻送元素内翰》14.《定风波令·再次韵送子瞻》
熙宁七年九月	在湖州	15.《定风波令·雪溪席上同会者六人……》16.《木兰花·席上赠周邠二生》

　　应社就是应付社会交际。张、苏是最早大量用词进行社会交往的人。周济《介存斋论词杂著》云："北宋有无谓之词以应歌，南宋有无谓之词以应社。"薛瑞生认为词史上"开应社风气之先者自当首推苏东坡"②。就文体功能论，张、苏开始大量地以词应社，具有"以诗为词"的意味。以上二人 70 首词，据发生场景和发表方式，可粗略分类如下（作品序号依上表）：

　　酬赠唱和之词 32 首（张 6、7、10、13、14；苏 15、17、18、21、24—36、38—41、46、49、51—54）；

　　咏妓词 13 首（张 2、3、4、16；苏 1、2、5、6、11、14、44、45、

---

① （宋）张先撰，吴熊和、沈松勤校注：《张先集编年校注》，上海古籍出版社 2012 年版。

② （宋）柳永撰，薛瑞生校注：《乐章集校注》"前言"，中华书局 1994 年版，第 23 页。

50）；

游赏雅集宴饮之词 20 首（张 1、8、9、11、12、15；苏 3、7、9、10、12、13、20、22、23、37、42、43、47、48）；

自咏抒怀之词 5 首（张 5；苏 4、8、16、19）。

词是比诗更适宜于休闲娱乐的音乐文学。此时张先已经致仕闲居，苏轼则刚刚离开拘谨的朝廷，到具有湖山胜境的杭州任职，又遇上张先这样一位大名鼎鼎的前辈词人，则他们选择词这种音乐文学的方式叙事抒情交往酬赠娱乐遣兴，便自然而然地拓展了词的用途，增广了词的创作契机，这在词史上当然是有开拓意义的。

（二）张先和苏轼开拓性地发展了词题叙事和词序叙事的方式

缘事而立的词题是从北宋才出现的。词牌和调名形成之初，往往具有一定的叙事性，即与词的内容一致。但词牌定型后，就日益格式化，远离叙事。于是词人们在词牌之后，有时加个题目，以标明题旨、引导叙事。词题始见于北宋词。① 在词调之外另标词题的情况，正出现在张先时代。据《全宋词》，在张先之前，词另立标题者有 7 人 22 首，而最早大量使用词题者正是张先。今存张先词 175 首，其中 60 首使用了词题或序。此前及同时代词人中，尚无人如此大量采用题序。上表所列 15 首词中，有题或序的 13 首；苏轼 54 首词中，有题或序的 51 首。这可视为苏轼学词受张先影响的一个例证。

当词人觉得词题尚不足以说明作词之原委时，便将词题延展为词序，以交代、说明有关这首词的一些本事或写作缘由、背景、体例、方法等。唐五代词无序。张先最先将词题延长为序，只是有时题和序并不分明，其短者两字，长者数十字，其中可视为词序者三例：《天仙子·时为嘉禾小倅，以病眠不赴府会》、《木兰花·去春自湖归杭，忆南园花已开，有"当时犹有蕊如梅"之句。今岁还乡，南园花正盛，复为此词寄意》、《定风波令·雪溪席上，同会者六人：杨元素侍读、刘孝叔吏部、苏子瞻、李公择二学士、陈令举贤良》。三首词中，《天仙子》是张先尝试使用词序的较早之作。《木兰花》和《定风波令》作于苏轼倅杭时期，序文渐长，与词的

---

① 张海鸥：《论词的叙事性》，《中国社会科学》2004 年第 2 期。

正文毫不重复，是对词所叙之事进行解释和补充。词序这种方式被苏轼继承并大量使用。苏轼倅杭时期的 54 首词，可视为有序者（可标点为两句以上者）13 首。其序也比张先更长，如《江城子·陈直方妾……》（题序36 字）、《南乡子·沈强辅……》（题序 25 字）等。当然，苏轼采用词序，不止是受张先影响。他作诗也多用序，他的诗序受陶渊明影响很明显，他的一百多首《和陶诗》中就有不少较长的序。在词体发展史上，可以说词序始于张先，兴于苏轼。

（三）词牌的叙事意味

苏轼此时期用 30 种词牌作了 54 首词：菩萨蛮 6 首，南乡子 6 首，减字木兰花 5 首，浣溪沙 4 首，江城子 3 首，南歌子 2 首，行香子 2 首，瑞鹧鸪 2 首，醉落魄 2 首，述衷情 2 首，浪淘沙 1 首，双荷 1 首，荷花媚 1首，祝英台 1 首，临江仙 1 首，昭君怨 1 首，卜算子 1 首，蝶恋花 1 首，少年游 1 首，占春芳 1 首，鹊桥仙 1 首，虞美人 1 首，清平乐 1 首，劝金船 1 首，定风波 1 首，阮郎归 1 首，采桑子 1 首，更漏子 1 首，永遇乐 1首，沁园春 1 首。

其中只有熙宁七年将至密州时作的《永遇乐》和《沁园春》是长调。这就是说，苏轼倅杭期间开始作词，先从短章作起。尽管在他之前，柳永等人已经大量创作长调，尽管天才苏轼也熟悉柳词，但他在初涉词体的两、三年中，只习短章而未染指长调。但在赴密途中，他开始试作长调（永遇乐、沁园春）了。

与此相关，有两位词人不可不提。一是苏轼的恩师欧阳修。欧阳修于熙宁四年六月致仕，七月居颍。苏轼此年赴杭途中，九月专门到颍州看望欧公。欧阳修曾于皇祐元年（1049 年，43 岁）知颍州，"二月丙子至郡，乐西湖之胜"①。很可能是在此时写过一组描写颍州西湖的《采桑子》。今存于《欧阳修全集》中的《近体乐府》共 181 首，同调者排列在一起，第一个词调就是《采桑子》，共 13 首，详审词意，后 4 首当为致仕居颍所作。前 10 首近似联章体，每词都以 "××××西湖好" 为起始句。惟第

---

① （宋）欧阳修：《欧阳修全集》，中国书店 1986 年版（据世界书局 1936 年版影印），"年谱"第 9 页。

10 首因有"俯仰流年二十春……归来恰似辽东鹤……谁识当年旧主人"等句,必是致仕居颍所作。前 9 首分别咏西湖四时情景。这组词之前有《西湖念语》一篇 151 字,是晚年居颍之作,颇似这组词的总序,结语云:"因翻旧阕之辞,写以新声之调,敢陈薄伎,聊佐清欢。"① 欧阳修生前或曾亲自整理厘定自己的文集(本文不详细讨论此问题,但取成说),作品先后次序与时序有关。《西湖念语》及《采桑子》组词居全部词作之首,又明言"翻旧阕之辞",则前 9 首《采桑子》很可能是他中年知颍"乐西湖之胜"所作。观 9 词之内容和风格,似亦更像中年知颍之作。② 晚年致仕闲居,常有朋友来看望。如八十多岁的赵概从睢阳远道而来,郡守吕公著参与会晤并将会晤之所命名为会老堂,欧阳修还亲自写了《会老堂致语》,结尾"口号"有"欲知盛集继荀陈,请看当筵主与宾。金马玉堂三学士,清风明月两闲人"等语。这样的事情在欧公致仕闲居的生活中显然不止一次。朋友们宴饮雅集,少不了诗词音乐。因此他或"翻旧阕之辞",或"写以新声之调",并为这组《采桑子》作了序言,命歌儿舞伎演唱佐欢。

苏轼、苏辙专程来颍看望恩师,必然游赏西湖,欧公必然会用这套节目为师生雅集宴饮佐欢,苏轼对此必艳羡激赏。此后苏轼到了湖山风景更胜于颍州的杭州,州官生涯与欧阳修当年知颍亦颇类似,于是他也像老师那样写歌词咏湖山胜景,抒一时情怀,让歌妓们演唱,为朋友宴集游赏增添清欢雅趣。欧阳修 181 首词,共享 48 种词调,多为短制中篇,稍长者只有 7 调 7 首(《御街行》1 首、《蓦山溪》1 首、《御带花》1 首、《千秋岁》1 首、《越溪春》1 首、《凉州令》1 首、《摸鱼儿》1 首)。苏轼倅杭期间所用词调与欧公同者有 16 调 32 首,皆为短制:南乡子 6 首、减字木兰花 5 首、浣溪沙 4 首、南歌子 2 首、行香子 2 首、瑞鹧鸪 2 首、述衷情 2 首、浪淘沙 1 首、临江仙 1 首、蝶恋花 1 首、鹊桥仙 1 首、虞美人 1 首、清平乐 1 首、定风波 1 首、阮郎归 1 首、采桑子 1 首。欧公用过的较长篇制的词调苏轼此时都未使用。观其方至杭州所作《浪淘沙·探春》,与欧公西

① (宋)欧阳修:《欧阳修全集》,中国书店 1986 年版(据世界书局 1936 年版影印),第 1055 页。
② (宋)欧阳修撰,李之亮笺注:《欧阳修集编年笺注》,巴蜀书社 2007 年版,第 7 册,第 193 页。以此组词为熙宁五年春所作,似欠斟酌。

湖《采桑子》之风格意境颇相近。

特别值得一提的是，自称"曲不如人"的苏轼此时还自制了《荷花媚》词牌。说明他一开始作词就很注重音律并且努力通晓之。

张先此前作过长调慢词，此时期 16 首词使用 14 种词牌，其中有《熙州慢》、《沁园春》二长调，其余 14 首词也都是篇制较短者。此时期苏轼与张先都用过的词牌有《醉落魄》、《沁园春》、《虞美人》、《更漏子》、《劝金船》、《定风波》六种，皆非长调。其中《劝金船》是杨绘创调，但杨词无存，今《全宋词》中仅苏、张各 1 首。

张先、苏轼此期作词以中短篇制为主，与词体文学自唐五代至北宋前期以中短篇幅为主的情况一致。苏轼此后大量写作长词，以他的影响，长词便渐渐与短制并行了。

（四）风格的意味

张先对苏轼作词的影响，是一个备受词学家关注的话题，论者已多。要言之，大致在以下诸端：宴饮唱和以词应社的方式，小令短制的词牌选择，词题词序的运用，词为艳科的传统观念，或婉约或清丽或淡雅的风格。

说到风格，值得特别一提的是，苏轼此时已经在尝试多种风格的词作了。比如熙宁 7 年秋送杨元素的词《南乡子·赠行》，应视为苏轼最早的豪放词。因杨元素此番回京似有典兵之议，苏轼乃作豪放之词为之壮行：

> 旌旆满江湖。诏发楼船万舳舻。投笔将军因笑我，迂儒。帕首腰刀是丈夫。　　粉泪怨离居。喜子垂窗报捷书。试问伏波三万语，何如。一斛明珠换绿珠。

观此后直到密州所作词，多有豪放语气，如《定风波·送元素》上片与此风格类似：

> 千古风流阮步兵。平生游宦爱东平。千里远来还不住，归去，空留风韵照人清。

又如《减字木兰花·戏李公择生子》、《南乡子·席上劝李公择酒》、《菩萨蛮·席上和陈令举》、《沁园春·赴密州早行马上寄子由》等词,豪放风格已经形成。一年后,他在《与鲜于子骏书》中特别提到《江城子》(老夫聊发少年狂)"自成一家……颇壮观也"。可知他创作豪放词既非偶然,亦非无意。

天才的苏轼自然是传统曲子"缚不住者"。他从杭州开始,就一直尝试创作不同风格的词,他也许并非有意,只是任凭天才触发,但实际上,在花间樽前正宗词之外,他的词风呈现出多元趋向。此期间他还写了一些清新旷达之词,如《虞美人》(湖山信是东南美)、《采桑子》(多情多感仍多病)、《永遇乐·寄孙巨源》(长忆别时),都堪称是其后密州《水调歌头》(明月几时有)那种清旷之词的前奏。

三 西湖词人群体叙事内涵

以苏轼的行迹为线索,他三年间丰富多彩的生活经历,牵扯到各种各样的人物和故事,酿造出一批展现此时此地文人士大夫生活和心态的词。这些词或叙事或写景或抒情写意,或赞誉他人或表现自我,构成了一幅城市文人生活的长卷。生活的主人公是一批文人士大夫,其中有闲居名士,有苏、杭一带的太守县令们,而无论何时何地何事,总少不了风情万种的官妓或家妓们。上文依词作发生场景和发表方式,将词分为应社、咏妓、游赏宴集、自咏四类,每一类词都侧重叙述或展示他们生活或心情的某些侧面,因而具有不尽相同的文化蕴涵。

苏轼到杭州之前,先在颍州欧阳修那里领略了如何用词这种音乐文学体式咏唱湖光山色,从而怡情养性,舒解心灵。倅杭三年又遇到张先这样的风流名士,陈襄、杨绘、李常、孙觉等一批善解山水风光或两性风情的士大夫。他们常常在湖光山色、楼堂亭阁中雅集宴饮,观风景、饮美酒、赏佳人,向"望湖楼"、"孤山寺"、"涌金门",看"湖中月、江边柳、陇头云","寻常行处,题诗千首,绣罗衫、与拂红尘"(《江城子·丹阳寄述古》)。国事政事通常不进入词的叙事范畴,因为在这个严肃的话题之外,词有太多优美有趣的故事可叙。从叙事的角度看,每首词都涉及人和事,有些人事成为词的内容,有些只是背景。比如"寒食未明至湖上太守未来两县令先在"、"湖上与张先同赋时闻弹筝"、"陪杭守泛湖夜归"等。游赏酬赠送迎之际,以词叙事抒情以足风雅,以慰友情,这就构成了词的丰富多彩且复杂微妙的文化内涵。笔者在这里讨论四个比较集中的话题:咏妓、行役、送迎(熙宁七年夏秋间陈襄、杨绘、苏轼先后奉调离杭)、六客雅集。在这些事件中产生的词蕴含着宦情、友情、风情之林林总总,亲切感人。

(一)咏妓词

大体可视为咏妓词的共 13 首,张先 4 首,苏轼 9 首。熙宁四年十月,苏轼赴杭途经楚州,"楚守周豫出舞鬟因作二首赠之",苏轼以两首歌咏舞鬟的《南歌子》步入词坛。词中描写舞鬟"绀绾双蟠髻,云敧小偃巾。轻盈红脸小腰身。迭鼓忽催花拍、舞凝神",地道的"花间"路数。熙宁五年十二月出差湖州,又作《双荷叶》、《荷花媚》戏赠贾耘老,称赞贾之家妓(方纳为小妾)姿态音容之美艳,又暗喻云雨情事,虽轻松调侃但并不轻佻,词语清雅含蓄,意境优美清新,出于"花间"而胜之。据此可知,苏轼步入词坛,原来是直承"花间"衣钵粉艳登场的。然而观其稍后几首赠妓词,如《菩萨蛮》写"皓齿发清歌"的歌妓,《江城子》赠陈直方妾,《阮郎归》赠苏州佳人,词的脂粉渐薄情味渐厚,由形貌而向内心情感开掘,渐离"花间"路数,很快便呈现出自家风神。

张先 4 首词非作于一时一地,皆发生于酒席娱乐之际,苏轼都在场。4 首词分赠杭州官妓龙靓、胡楚、周韶,湖州官妓周、邵二人。① 内容皆以描写受赠者之美貌神韵才艺为主,如"媚脸"、"香红"、"云鬟"、"蛾眉"、"雪肤"、"柔肌"、"轻弹"、"低唱"之类。

苏、张赠妓词,写的是都市生活中的两性风情,表现的是文人对才艺女性的审美激赏。词中的女性虽然是被欣赏被描写的对象,但她们却是词故事的主角,是都市风情剧中登场的演员。她们以美貌、服饰、歌舞才艺装点着文人士子的生活和辞章。她们不仅是词中的被叙者,还是词的催生者,是词人创作的动力和契机。她们当中当然不乏会作词者,但就古代词

---

① (宋)张先撰,吴熊和、沈松勤校注:《张先集编年校注》,上海古籍出版社 2012 年版,第 47—51 页。注引陈师道《后山诗话》、苏轼《天际乌云贴》关于本事的记载;又第 75—76 页,注引《观林诗话》关于六客之会的本事。

史而言，歌妓们对于词文化的主要作用是构成故事，激发词作。

苏、张的咏妓词，对后世读者具有"导游窗口"的意义，使读者从中可以了解当时的社会关系、城市风情、文人生活和心态、审美时尚等。

对于词人创作而言，湖山之美与女人之美的意义略同。张、苏此时期七十多首词中，以写风景为主的大约 20 首。他们所经所到之处，苏、杭、湖、润等诸州山水皆入词篇，构成山水风光画卷，这无须赘述。值得探究的是发生在山水女人之间的心情意绪。

（二）羁旅行役之词

熙宁六年（1073）春，苏轼巡行属县富阳、新城、桐庐等地，过七里滩缅怀东汉光武帝与隐士严子陵的故事，作《行香子》，首两句"一叶舟轻，双桨鸿惊"。读苏轼终生之作，诗、文、词中常见扁舟、孤鸿意象。扁舟漂泊，往往隐喻生命之状态；孤鸿缥缈，往往隐喻生命之品性。下片"君臣一梦，今古虚名"的感慨，显然有伤今之意。毕竟他此时的仕宦身份有点被边缘化。几天后他"还过钓台路"，作《祝英台近·惜别》，有"萦损襄王，何曾梦云雨。旧恨前欢，心事两无据"等语，似言惜别异性、宦游孤寂之情。

熙宁六年（1073）冬"往常、润、苏、秀赈饥民"。七年（1074）正月赴润州，过丹阳作《行香子》寄陈述古叙友情。三月"自京口还钱塘道中寄述古"作《卜算子》，有"归去应须早……应是容颜老"句，倦游思乡。近半年出差行旅，苏轼写了好几首思家念亲之词：《减字木兰花》写收到家书欣喜之情态："香笺一纸，定尽回文机上意。欲卷重开，读遍千回与万回。"虽然夸张，但夫妻思念之情毕现。《蝶恋花》是在京口"一纸乡书来万里，问我何年，真个成归计？"倦仕思乡，"东风吹破千行泪"。虽然归计难成，但倦意也是真实的。《醉落魄·离京口作》有："此生飘荡何时歇？家在东南，常作西南别。"《少年游·润州作代人寄远》有："去年相送，余杭门外，飞雪似杨花；今年春尽，杨花似雪，犹不见还家。"宦游孤旅，身不由己的无奈之意深沉感人。

（三）送迎之词

熙宁七年（1074）六—九月，陈襄六月奉诏七月离杭，杨绘七月来杭继任九月诏还朝，苏轼九月奉诏知密，陈舜俞专程来杭送别，张先六—九月也在杭州。三个多月间杭州官场送往迎来之事频发，宴饮送别成了他们生活的主题和文学的主旋律。诗文当然也是有的，不过词无疑最适用于此。

张先作《熙州慢》、《虞美人》、《河满子》、《芳草渡》送述古。《劝金船》、《定风波》两首送元素。《定风波令》送子瞻。

苏轼送别陈令举1首：《鹊桥仙·七夕送陈令举》。

苏轼送别述古之作8首：《虞美人·为杭守陈述古作》、《诉衷情·送述古迓元素》、《减字木兰花·寓意》、《菩萨蛮·述古席上》（代妓写送别意）、《江城子·孤山竹阁送述古》、《菩萨蛮·西湖送述古》、《清平乐·送述古赴南郡》、《南乡子·送述古》。

苏轼迎元素2首：《菩萨蛮·杭妓往苏迓新守杨元素……》、《诉衷情·送述古迓元素》；送元素7首：《南乡子·和杨元素时移密州》、《浣溪沙·菊节别元素》、《浣溪沙·重九》、《劝金船·和元素韵自撰腔命名》、《南乡子·……送元素还朝》、《南乡子·赠行》、《定风波·送元素》。

同是送迎之词，张先之作略多形而下的描述，苏轼之作略多形上之思。宦情、友情、风情是这类词的主要内涵。

张先《虞美人》颂扬述古太守"恩如明月家家到"，希望他常来信。《芳草渡》写杭人送述古情景："千骑拥，万人随……歌时泪，和别怨，作秋悲。"十分感人。《劝金船》、《定风波令》两首送元素有"相识晚"、"留住难久"之叹。《定风波令》送子瞻称赞他"文章传口"，现在要离开了，"湖山风物岂无情"。

陈令举比苏轼年长十多岁，此时辞官闲居。二人为莫逆之交。苏词有"相逢一醉是前缘，风雨散，飘然何处"之叹。不料两年后陈就去世了，苏轼为其作《祭陈令举文》。可见苏轼对人生之聚散离合特别敏感。

陈襄比苏轼晚到先离，共事两年多。陈虽比苏年长20岁，又是长官，但二人政见相同，山水诗酒文心雅趣皆多默契，相交忘年，情深意笃。此番相送，苏词表达了复杂的感受。《虞美人》写惜别："使君能得几回来？便使樽前醉倒、且徘徊"。《减字木兰花》戏说太守风情："云鬟倾倒，醉倚栏干风月好。"《菩萨蛮》代妓写意："相思拨断琵琶索。枕泪梦魂中。"《江城子》兼写风情、友情、别情："且尽一樽，收泪唱阳关。漫道帝城天样远，天易见，见君难。"《菩萨蛮》惜别："今日漫留君，明朝愁杀人。

佳人千点泪，洒向长河水。"《南乡子》是苏轼送述古，于临平（杭州东北）舟中别后所作，写惜别之情，情辞俱佳：

> 回首乱山横，不见居人只见城。谁似临平山上塔，亭亭，迎客西来送客行。　　归路晚风清，一枕初寒梦不成。今夜残灯斜照处，荧荧，秋雨晴时泪不晴。

送旧迎新，心情复杂。《诉衷情·送述古迓元素》云："钱塘风景古来奇，太守例能诗……花尽后，叶飞时，雨凄凄。若为情绪？更问新官，向旧官啼。"

杨、苏同时奉调离杭，杨自制词调《劝金船》（已佚），苏和词："无情流水多情客……如对茂林修竹，似永和节……又还是轻别……欲问再来何岁？应有华发。"可见也是文友诗侣，苏轼因有"爱君才器两俱全"之赞（《浣溪沙》）。新太守也擅风情，席上有"纤纤细手如霜雪，笑把秋花插"。

离别之际，仕宦漂泊之感最浓，《南乡子》有"东武望余杭，云海天涯两沓茫。何日功成名遂了，还乡，醉笑陪公三万场"之念。《浣溪沙》："良辰美景古难全，感时怀旧独凄然……菊花人貌自年年，不知来岁与谁看。"面对生活之无常，难免无奈之感。

（四）六客之会

熙宁七年九月，苏、杨同时离杭，先绕道湖州会友。苏轼的朋友李公择方知湖州，在那里恭候嘉客。陈令举、张子野就是湖州人，因以主人身份陪杨、苏同往湖州，贬官闲居的刘孝叔也在此地。六人相会于湖州，不止一日，他们在碧澜堂、雪溪、垂虹亭、醉眠亭、李公府第等多处游赏、雅集、宴饮，是称"六客之会"。对苏轼倅杭和杨绘知杭而言，这是曲终奏雅；对于湖州，这是一场文化盛会，是称誉州史的文坛佳话；对于词史而言，这是以两位天才词人为代表的杭州词人群体二载切磋的告别演出，这演出不仅丰富了词的叙事方式（已如前述），而且具有丰富的叙事内涵。不论当事人还是后人，一提起"六客之会"，总有绵长的缅怀。

张先当场所作《定风波令》，用他首创的题序叙事的方式记录了事件的地点、参与者及其身份："雪溪席上，同会者六人，杨元素侍读，刘孝叔吏部，苏子瞻，李公择二学士，陈令举贤良"。送别是这场风云际会的主题，苏轼有《南乡子》2首，《定风波》1首赠别元素，张先有《定风波令》2首分赠元素、子瞻。张先还有《木兰花·席上赠周邵二生》。李公择生子3日会客，苏轼作《减字木兰花》戏贺，苏轼还有《南乡子·席上劝李公择酒》，《菩萨蛮·席上和陈令举》。七年后，苏轼《书游垂虹亭》①追记此事：

> 夜半月出，置酒垂虹亭上。子野年八十五，以歌词闻于天下，作《定风波令》其略云："见说贤人聚吴分，试问，也应傍有老人星。"坐客欢甚，有醉倒者。此乐未尝忘也。今七年耳，子野、孝叔、令举皆为异物，而松江桥亭，今岁七月九日海风架潮，平地丈余，荡尽无复孑遗矣。追思曩时，真一梦耳。元丰四年十二月十二日黄州临皋亭夜坐书。

综上所述，苏轼倅杭期间，与张先等词人共同营造了一个利用良辰美景享受赏心乐事、声色风雅兼备、富于文人雅趣的文学环境，创作了一批内涵丰富艺术质量优良的词作，无论就叙事内涵还是叙说形式而言，都对词体文学有所丰富和拓展。

---

① （宋）苏轼撰，（清）王文诰辑注，孔凡礼点校：《苏轼诗集》，中华书局1982年版，第2254页。

苏辙流寓雷州的情感历程[*]

彭洁莹[**]

内容提要 检读苏辙流寓雷州期间创作的诗文，可以看到，处雷州之"穷"时的苏辙，经历了幽忧怨愤、随缘自适、超然通达的情感历程，期间的迁谪感、遁隐思、济世心，是封建士子在远离权力中心遭受朝廷惩罚时如何安身立命问题上内心挣扎的结果，是儒、释、道三家思想在苏辙身上的集中体现。

关键词 苏辙 流寓 雷州 情感

北宋政坛在元祐八年（1093）高太后晏驾、哲宗亲政开始，再一次风云突变。绍圣元年（1094），被哲宗启用的李清臣、邓温伯极力诋毁元祐之政，数月之间，元祐旧党纷纷被贬离朝，新党章惇返朝拜相，诏夺司马光，吕公著赠谥，贬吕大防、刘挚、苏辙等官，苏辙出知汝州。数月后苏辙再谪袁州，未至，降授朝议大夫分司南京，筠州居住。绍圣四年（1097）二月，朝廷追贬司马光、吕大防、刘挚、苏辙、梁焘等人，二月二十八日，朝廷下诏，苏辙责授化州别驾，雷州安置，当时一起被贬的有 31 人。苏辙六月五日到达雷州，元符元年（1098）三月二十四日，

＊ 本文系广东省哲学社会科学"十二五"规划 2014 学科共建项目《苏辙流寓岭南研究》（GD14XZW10）、广东省哲学社会科学"十二五"规划项目《雷州半岛流寓文人研究》（GD12DL03）、湛江市哲学社会科学 2013 年度规划项目《苏轼、苏辙流寓雷州研究》（2013Y09）、广东海洋大学 2013 年度人文社科研究项目《苏辙流寓雷州研究》（C14061）阶段性成果之一。

＊＊ 作者简介：彭洁莹，广东海洋大学文学与新闻传播学院副教授。

苏辙、苏轼等因"悖逆"罪状成书，苏辙移循州安置，六月循州告下，苏辙离开雷州，八月到达循州。苏辙被贬雷州一年的时间里，留下诗歌26首，分别是《次远韵》①、《次韵子瞻和陶公止酒》②、《次韵子瞻过海》③、《过侄寄椰冠》④、《寓居二首》（《东亭》、《东楼》）⑤、《所寓堂后月季再生与远同赋》⑥、《浴罢》⑦、《子瞻闻瘦以诗见寄次韵》⑧、《和子瞻次韵陶渊明停云诗并引》⑨、《次韵子瞻独觉》⑩、《和子瞻次韵陶渊明劝农诗并引》⑪、《次韵子瞻谪居三适》（《旦起理发》、《午窗坐睡》、《夜卧濯足》）⑫、《同子瞻次过远重字韵》⑬、《次韵子瞻和渊明拟古九首》⑭；文5篇，其中李公麟为入儋州的苏轼所画之像，苏辙写有赞，但已佚，其他为《雷州谢表》⑮、《子瞻和陶渊明诗集引》⑯、《和子瞻沉香山子赋并引》⑰ 和学术著作《老子新解》。

苏辙从小喜欢写作，一生著述颇丰，存诗约1800首，文1100余篇。这些诗文他都亲自编订，计《栾城集》五〇卷，收元祐六年以前诗文，《栾城后集》二四卷，收元祐六年至崇宁五年诗文，《栾城三集》一〇卷，收崇宁五年至政和二年诗文。苏辙尚有《栾城应诏集》、《龙川略志》、《龙川别志》及学术专著《诗集传》、《春秋集解》、《古史》、《老子解》等，可谓笔耕不辍。相比之下，苏辙流寓雷州所写的三十篇诗文，并不算多。

---

① （宋）苏辙：《栾城后集》卷之二，曾枣庄、马德富校点《栾城集》（中），上海古籍出版社2009年版，第1129页。
② 同上书，第1130页。
③ 同上。
④ 同上书，第1130—1131页。
⑤ 同上书，第1131页。
⑥ 同上书，第1131—1132页。
⑦ 同上书，第1132页。
⑧ 同上书，第1133页。
⑨ 同上书，第1193页。
⑩ 同上书，第1133页。
⑪ 同上书，第1194—1195页。
⑫ 同上书，第1134—1135页。
⑬ 同上书，第1136页。
⑭ 同上书，第1136—1139页。
⑮ 《栾城后集》卷之一八，《栾城集》（下），上海古籍出版社2009年版，第1364页。
⑯ 《栾城后集》卷之二一，《栾城集》（下），上海古籍出版社2009年版，第1401—1402页。
⑰ 《栾城后集》卷之五，《栾城集》（中），上海古籍出版社2009年版，第1190—1191页。

　　然而细考从绍圣元年（1094）苏辙56岁哲宗亲政复兴新法，苏辙出知汝州，再贬袁州，开始他颠沛流离的谪宦生涯，到崇宁三年（1104），苏辙65岁，真正闲居颍昌开始他晚年生活，这谪宦的十年苏辙作诗极少，一共不满80首。从绍圣元年甲戌（1094）到绍圣四年丁丑（1097），苏辙再贬筠州的四年间，有诗22首，文8篇；从旧党纷纷北归的元符三年（1100）到新党大胜，蔡京入相的崇宁元年（1102）这三年间，苏辙存诗20首，其中原因，苏辙自己说："（元祐）九年，得罪出守临汝，自汝徙筠，自筠徙雷，自雷徙循，凡七年。元符三年，蒙恩北归，寓居颍川。至崇宁五年，前后十五年，忧患侵寻，所作寡矣。"[1] 这样说来，苏辙60岁在雷州一年所作30篇诗文，已不算少，是我们研究苏辙在雷州的生活及谪宦心态的重要资料。苏辙流寓雷州的情感历程，主要体现在以下几个方面。

一　迁客逐臣的幽忧怨愤

　　苏辙自十九岁进士及第，二十二岁应制科试入第，之后沉迹下僚二十余年，元祐年间虽青云直上官至副宰，旋即又岁更三黜，一年中先后贬官汝州、袁州、筠州，苏辙一路南贬，直至离京城万里之遥的雷州。坎坷的仕途，使苏辙在雷州难掩迁客逐臣常见的幽忧怨诽："忧来感人心，悒悒久未和"、"忧长酒易消"[2]、"逐客例幽忧""颠隮本天运，愤恨当谁复？"[3] 自己仕途上的这种困顿挫折，愤恨之情真是无以言说，苏辙不能怨责朝廷，只好归之于"天运"。在《夜卧濯足》中，苏辙又说："逐客久未安，集舍占鸺鹠"。"鸺鹠"即猫头鹰，古人认为是不祥之鸟，猫头鹰飞进了寓所里，更引起"逐客"长久的焦虑难安。司马迁《史记·屈原贾生列传》："贾生为长沙王太傅，三年，有鵩飞入贾生舍。止于坐隅。楚人命鵩曰'服'。贾生既已谪居长沙，长沙卑湿，自以为寿不得长，伤悼之，乃为赋以自广。"[4] 赋，

---

　　① 《栾城后集引》，《栾城集》（中），上海古籍出版社2009年版，第1095页。

　　② 《次韵子瞻和渊明拟古》其七，《栾城后集》卷之二，《栾城集》（中），上海古籍出版社2009年版，第1138页。

　　③ 《浴罢》，《栾城后集》卷之二，《栾城集》（中），上海古籍出版社2009年版，第1132页。

　　④ 《史记》卷八四，上海古籍出版社2006年版，第1910页。

亦即猫头鹰，苏辙这里不仅以西汉才华横溢又横遭贬谪的贾谊自比，委婉的表述中又隐含有"忧生"之嗟了。

苏辙居雷期间的这种强烈的迁谪之感，源自于险恶的政治环境、苏辙对贬谪地气候风土的不适应及苏辙自身的衰病之痛，试分述之。

1. 险恶的政治环境

黄庭坚《跋子瞻和陶诗》曰："子瞻谪岭南，时宰欲杀之"①，实际上这句话也可以换成："子由谪岭南，时宰亦欲杀之。"苏辙此次的责授化州别驾，雷州安置，《苏辙散官安置制》给苏辙定罪："朋奸擅国，罪有余辜。造讪欺天，理不可赦。……操倾侧孽臣之心，挟纵横策士之计。始与兄轼，肆为抵巇，晚同相光，协济险恶。搆无根之词而欺世，聚不逞之党以蔽朝。谓邪说为谠言，指善政为苛法。"② 大有置之死地而后快之感。

苏辙与责授琼州别驾，昌化军安置的苏轼相遇于藤州，兄弟俩六月五日到达雷州，知州张逢即延入馆舍，礼遇有加。编管罪官不准居住官舍，张逢出面赁下太庙斋郎吴国鉴宅，县令陈谔派人为之整修一新，建东亭、东楼，张逢还每月一两次带厨子到苏辙住处款待。对于张逢、陈谔的礼遇，苏辙是非常感激的："邑中有佳士，忠信可与友。相逢话禅寂，落日共杯酒。艰难本何求，缓急肯相负？故人在万里，不复为薄厚。米尽鬻衣衾，时劳问无有。"③

但是一直严密监视苏辙兄弟行踪的章惇等人，是不会让苏辙那么惬意的。绍圣四年（1094）十一月，张逢受到了广西经略安抚使走马承受段讽的告发，十一月二十七日，与苏辙同批被贬的梁焘卒于化州，十二月初三，刘挚卒于新州，"众皆疑两人不得其死"④，苏辙的处境非常严峻。元符元年（1098）二月，朝廷诏令河北路转运副使吕升卿、提举荆湖南路常平董必，并为广南东、西路察访，企图兴起大狱，尽杀元祐流人："时有告刘挚在政府谋废立者，章惇、蔡卞欲因是起大狱岭表，悉按诛元祐臣

① 《山谷诗集注》卷一六，上海古籍出版社2003年版，第416页。
② （宋）宋绶编：《宋大诏令集》卷二〇八，转引自《栾城集》（下），上海古籍出版社2009年版，第1761页。
③ 《次韵子瞻和渊明拟古九首》其一，《栾城后集》卷之二，《栾城集》（中），上海古籍出版社2009年版，第1135页。
④ 《续资治通鉴长编》卷四九三，转引自《苏辙年谱》，第568—569页。

僚，故遣升卿等"①，"蔡京等究治同文馆狱卒，不得要领，乃更遣升卿及必使岭外，谋尽杀元祐党"②。幸亏曾布上奏："升卿兄弟与轼、辙乃切骨仇雠，天下所知，轼、辙闻其来，岂得不震恐？万一望风引决，岂不有伤仁政？"③ 朝廷怕苏辙兄弟"望风引决"有伤仁政，于是只是派董必到广西。董必三月到达广西，就体量察访张逢礼遇苏辙事，诬告苏辙强夺雷氏田宅，舍主被鞠问，因赁契分明而作罢。张逢因此被勒令停职，海康县令陈谔亦受处罚，苏辙被加重处分，移循州安置。

"笼樊顾甚密，俯首姑尔容"④、"变化密移人不悟，坏成相续我心知"⑤，虽远在天涯，政敌亦必欲置之死地而后快，如此的笼樊密顾，变化密移，政治环境的险恶，稍有不慎就有生命之虞，苏辙怎不"忧来感人心，悒悒久未和"，"忧长酒易消"⑥？

2. 雷州"气候殊恶"，苏辙"饮食异和"

宋号称不杀士大夫及上书言事者，那么贬谪便是对罪臣最好的惩罚。在北宋中原人看来，岭南已是瘴乡疠地，何况岭南之一隅的雷州？在他们看来，雷州不仅是化外之境，更是"说着也怕"的"恶地"②，身处其境，若非神灵护佑，唯死而已。《谢表》一类主要用于感恩戴德、深自悔过的文体，是不适合使用怨诽愤激之语的，可是我们看看苏辙一到雷州所上的《雷州谢表》：

> 再斥海滨，通行万里，罪名既重，威命犹宽。臣辙诚惶诚惧，顿首顿首。…身锢陋邦，地穷南服，夷言莫辨，海气常昏。出有践蛇茹蛊之忧，处有阳淫阴伏之病。艰虞所迫，性命岂常。念咎之余，待尽

---

① 孙汝听：《苏颍滨年表》，转引自《栾城集》（下），上海古籍出版社 2009 年版，第 1807 页。

② 《续资治通鉴长编》卷四九四，转引自《苏辙年谱》，第 571 页。

③ 同上书，第 572 页。

④ 《次韵子瞻过海》，《栾城后集》卷之二，《栾城集》（中），上海古籍出版社 2009 年版，第 1130 页。

⑤ 《过任寄椰冠》，《栾城后集》卷之二，《栾城集》（中），上海古籍出版社 2009 年版，第 1131 页。

⑥ 《次韵子瞻和渊明拟古》其七，《栾城后集》卷之二，《栾城集》（中），上海古籍出版社 2009 年版，第 1138 页。

而已。……怜臣草木之微，念臣犬马之旧。未忍视其殒毙，犹复许以全生。臣虽弃捐，尚识恩造，知杀身之何补，但没齿以无言。

笔意间就有对朝廷掩抑难言的幽怨，行文中虽有《谢表》一类文体中常见的恭敬惶恐，但雷州的气候风土还是让苏辙充满生命无常的忧虑惶惧。对于贬谪地雷州和循州环境的恶劣，在循州所作的《祭八新妇黄氏文》亦有详尽的描述："自筠徙雷，自雷徙循，风波恐惧，蹊遂颠绝。所至言语不通，饮食异和，瘴雾昏翳，医药无有。岁行方闰，气候殊恶，昼热如汤，夜寒如冰。行道僵仆，居室困瘁。"[①] 雷州的风土人情之异，苏辙又有诗曰：

　　飓风不作三农喜，是岁,海无飓风。舶客初来百物新。(《寓居二首·东楼》)

　　晚稻欲登，白露宵蒙。人饮嘉平，浆酒如江。雷人以十月腊祭,凡三日,饮酒作乐。我独何为，观成于窗。此心了然，来无所从。(《和子瞻次韵陶渊明停云诗》)

　　海民慢寒备，不畜衾与裯。虽苦地气泄，亦无徒跣忧。(《夜卧濯足》)

　　衰发秋来半是丝，幅巾缁撮强为仪。(《过侄寄椰冠》)

　　越人髡裸，章甫奚适。(《和子瞻沉香山子赋》)

　　多生习气未除肉，长夜安眠懒食粥。屈伸久已效熊虎，倒挂渐拟同蝙蝠。众笑忍饥长杜门，自恐暮年还入俗。经旬辄瘦骇邻父，未信脑满添黄玉。海夷旋觉似齐鲁，山蕨仍堪尝荻栗。孤船会复见洲渚，小车未用安羊鹿。海南老兄行尤苦，樵爨长须同一仆。此身所至即所安，莫问归期两黄鹄。(《子瞻闻瘦以诗见寄次韵》)

雷州近海，地处卑湿，气候炎热，飓风时作，雷民剃发裸肩赤脚，更不用说戴礼帽了，最让苏辙不惯的是饮食。苏辙在北方养成的习惯是喜欢

---

① 《栾城后集》卷之二〇，《栾城集》（下），上海古籍出版社 2009 年版，第 1386 页。

吃肉，可是海滨土人以粥和"羹藜饭芋"为主，现而今要他"暮年还入俗"实在是苦不堪言，不惯之下，他甚至"懒食"而"忍饥长杜门"，十多天后就"形骸但瘰瘵"（《浴罢》），瘦得使邻父惊骇。兄苏轼在海南听说，劝他要入乡随俗："土人顿顿食薯芋，荐以熏鼠烧蝙蝠。旧闻蜜唧尝呕吐，稍近虾蟆缘习俗。""人言天下无正味，即且未遽贤麋鹿。"① 苏辙想到"海南老兄行尤苦，樵爨长须同一仆"，表示"此身所至即所安"，要把"海夷"当成"齐鲁"，把"山蕨"当成中原的"菽粟"去努力适应。雷民风俗亦与中原不同，祭祀百神祈求来年五谷丰登的重要节日"腊祭"，竟然不是在十二月，"雷人以十月腊祭，凡三日，饮酒作乐"。众人欢宴"浆酒如江"之际，苏辙强烈感受到了"我独何为"、"来无所从"的孤独。

3. 苏辙身受衰病之苦

苏辙自幼身体不好，有脾肺之疾，被贬雷州之前在筠州时就有《饮酒过量肺疾复作》诗，可知稍不注意就有旧病复发之险。入雷之后，苏辙亦时时受疾病之苦——"茅檐容病躯，稻饭饱枵腹"（《浴罢》），"月从海上涌金盆，直入东楼照病身"（《东楼》），"忧病多所忘，问学非复旧"（《次远韵》），"咄咄书空中有怪，内热搜膏发痈疥"（《次韵子瞻独觉》），这其中既有旧疾脾肺之患，也有不惯雷州"饮食异和，瘴雾昏翳"而"内热搜膏"导致的新病"痈疥"之苦，"咄咄书空中有怪"用晋人殷浩典，南朝刘义庆《世说新语·黜免》记载，殷浩被贬为庶人并放逐之后，虽然嘴里没有什么怨言，却每天用手指在空中写"咄咄怪事"四个字来表达自己的愤慨、惊诧、失意情绪。在苏辙这首诗的后面，虽有"羹藜饭芋如固然，饱食安眠真一快"、"竹杖芒鞋即行李"的旷达语，然而"咄咄书空中有怪"、"本来日月无阴晴"又含蓄地表达出遭贬被逐后的惊诧愤慨与内心的不平静。再看他的《夜卧濯足》：

> 海民慢寒备，不畜衾与裯。虽苦地气泄，亦无徒跣忧。逐客久
> 未安，集舍占鸺鹠。念昔使胡中，车驰卒不留。貂裘溯北风，十袭

---

① （宋）苏轼：《闻子由瘦》，苏轼著，冯应榴辑注，黄仕轲、朱怀春校点《苏轼诗集合注》卷四一，上海古籍出版社 2001 年版，第 2123 页。

犹飕飕。中途履冰河，马倒身自投。宛足费冯翼，千里烦卷鞴。十年事汤剂，风雨气辄浮。南来足忧虑，此病何时瘳。名身孰亲疏，慎勿求封侯。

可知苏辙除了脾肺、痈疥之疾，还有伤足之苦。大约十年前即元祐四年（1089），苏辙以翰林学士被命为贺辽生辰使出使契丹，契丹冰天雪地，北风飕飕，气候严寒。由于归心似箭，途中经过冰河时马滑倒了，自己也从马上摔下来伤了脚。十年来虽然不断以汤剂治疗，可是遇到风雨天气脚就浮肿。南迁以来雷州的瘴雾湿热之气更加重了伤足之痛，诗人深深忧虑"此病何时瘳"？不由羡慕海康之民"虽苦地气泄，亦无徒跣忧"了。"逐客久未安，集舍占鹪鹩"、"名身孰亲疏，慎勿求封侯"，逐客牢骚满腹却又以旷达语自我宽解。

苏辙被贬到雷州时已经六十岁了，面对自己的"颓然拥褐身"（《午窗坐睡》），"齿摇发脱"（《和子瞻沉香山子赋》）之际苏辙不免有了几分感叹："衰罢百无用，渐以圜斲方。隐约就所安，老退还自伤"（《次韵子瞻和渊明拟古九首》其四），"衰发秋来半是丝，幅巾缁撮强为仪"（《过侄寄椰冠》）。苏辙赴化州途中经过临江，曾作青词《阁皂》向神灵祈求"愿得生还中原"，到了雷州，他更是时时做着北归回乡之梦："颍川筑室久未成，夜来忽作西湖梦"（《同子瞻次过远重字韵》）。然而政治环境的艰险、对雷州气候风土的不适应、既衰且病的身体，都让苏辙越来越觉得北归无望。从愤恨忧惧、失望疲惫到淡然平和，向来沉静简洁、老成持重的苏辙退缩着适应着，也不断调整着自己——"久已无心问南北，时能闭目待仪麟"（《东楼》），"此身南北付天工，竹杖芒鞋即行李"（《次韵子瞻独觉》），"南海炎凉身已惯，北方毁誉耳谁闻"（《次韵子瞻夜坐》）。他甚至已经做好终老雷州的打算——"竿木常自随，何必返故丘"（《次韵子瞻和渊明拟古九首》其八），"我归无时，视汝长久"（《和子瞻次韵陶渊明劝农诗》），"闭门不复出，兹焉若将终"（《次韵子瞻和渊明拟古九首》其二），"借问何时归？兹焉若将终"（《次韵子瞻过海》），"此身所至即所安，莫问归期两黄鹄"（《子瞻闻瘦以诗见寄次韵》），"归去有时无定在，漫随俚俗共欣欣"（《寓居二首·东楼》）。一贬再贬，颠沛流离困苦至此，不漫随俚俗，又能如何？性命尚且不保，何况其余？在看似通达乐观的背后，隐含着多少身不由己的悲苦无奈！

二 佛道隐士的自适随缘

"衰罢百无用，渐以圜斫方"（《次韵子瞻和渊明拟古九首》其四），早年在朝堂中的锋芒毕露渐渐在瞬息万变的政坛风云中消磨，其实早在元祐还朝时，党争的激烈残酷就使苏辙产生了退缩逃避的想法："宦游已如马受辄，衰病拟学龟藏头。"（《次韵子瞻见寄》）细细检读苏辙在雷州期间所作的诗歌，会发现"杜门"和"闭门"二词出现频繁："闭门不复出，兹焉若将终"（《次韵子瞻和渊明拟古九首》其二）、"闭门亦勿见，一嗅同香风。晨朝饱粥饭，洗钵随僧钟。借问何时归？兹焉若将终"（《次韵子瞻过海》）、"众笑忍饥长杜门，自恐暮年还入俗"（《子瞻闻瘦以诗见寄次韵》）、"杜门人笑我，不知有天游"（《次韵子瞻和渊明拟古九首》其八），"闭门"是对现实的自觉拒绝，是为避祸的一种自我保护。"闭门"又往往和"兹焉若将终"相连，可知这是苏辙北归无望后心理上不断退缩逃避的结果。

"杜门"幽居，那苏辙在雷州的日常生活如何？《次远韵》、《次韵子瞻和陶公止酒》、《子瞻闻瘦以诗见寄次韵》、《和子瞻次韵陶渊明停云诗》、《次韵子瞻过海》、《过侄寄椰冠》、《所寓堂后月季再生与远同赋》、《和子瞻次韵陶渊明劝农诗》、《次韵子瞻和渊明拟古九首》、《同子瞻次过远重字韵》、《寓居二首》（《东楼》、《东亭》）、《浴罢》、《次韵子瞻独觉》、《次韵子瞻夜坐》、《次韵子瞻谪居三适》（《旦起理发》、《午窗坐睡》、《夜卧濯足》），从这些诗题，我们大致可以了解苏辙在雷州的交游及日常起居。苏辙在雷州还有交游吗？除了至亲儿子苏远、兄长苏轼、侄子苏过，他基本上不再与仕途中人诗酒酬唱，在雷州寓居东楼的日子里，他种月季、浴罢、独觉、夜坐、旦起理发、午窗坐睡、夜卧濯足，苏辙在杜门谢客的寂寞中用"心"体悟生活本身的乐趣，尽可能地发掘"谪居"生活中的"适"，以期做到随遇而安，随缘自适。这期间，参禅悟佛成为苏辙的思想利器：

《华严》有余秩，默坐心自读。诸尘忽消尽，法界了无瞩。恍如仰山翁，欲就沩叟卜。犹恐堕声闻，大愿勤自督。（《浴罢》）

《华严》未读河沙偈，偃仰明窗手自披。（《东亭》）

道人鸡鸣起，趺坐存九宫。灵液流下田，伏苓抱长松。（《旦起理发》）

定中龙眠膝，定起柳生肘。心无出入异，三昧亦何有。……从今百不欠，只欠归田叟。（《午窗坐睡》）

晨朝饱粥饭，洗钵随僧钟。……居家出家人，岂复怀儿童。……众人指我笑，缰锁无此工。一瞬千佛土，相期兜率官。（《次韵子瞻过海》）

"趺坐"、"入定"、"洗钵"、"僧钟"、读《华严经》、悟沙河偈，苏辙是沉迷于佛法中了，他已把自己视为"居家"的"出家人"，不复有"儿童"之怀、更何况名缰利锁，苏辙止息杂念，摆脱一切牵扯，使心神平静——"诸尘忽消尽"、"心无出入异"，他几乎达到佛家"法界了无瞩"，"三昧亦何有"的物我两忘境界，恍惚中以为自己就是唐高僧慧寂（仰山翁）向佛教禅宗沩仰宗始祖灵佑（沩叟卜）学习佛法了。

禅宗认为，"心"为万事万物之本体，又不执着于心，"以心为本"，"即心即佛"，"于一切上，念念不住，即无缚也"[①]。"汝但任心自在，莫作观行，亦莫澄心，莫其贪嗔，莫怀忧虑，荡荡无碍，任意纵横，不作诸善，不作诸恶，行住坐卧，触目遇缘，总是佛之妙用。"[②] 被远谪岭南的苏辙，历经忧患之后，极力摆脱世事的牵系，更多地指向了自己的"心"："心无出入异，三昧亦何有"（《午窗坐睡》）、"《华严》有余秩，默坐心自读。诸尘忽消尽，法界了无瞩"（《浴罢》）、"不悟万法空，子如此心何"（《次韵子瞻和渊明拟古九首》其一）、"万法灭无余，方寸可久居。将扫道上尘，先拔庭中芜。一净百亦净，我物皆如如"（《次韵子瞻和渊明拟古九首》其三），"身"，我不能自主，但"心"总归是我可以主宰的，我诸

---

① （唐）惠能著，郭朋校释：《坛经校释》第十七节，中华书局1983年版，第32页。
② （宋）普济著，苏渊雷点校：《五灯会员》卷二，中华书局1984年版，第60页。

尘消净，万法皆空，其如我心何？

了悟佛法的苏辙，这时候就像得道高僧，超然悲悯地俯视这个世界："跋扈飞扬，谁匪南柯。运历相寻，忧喜杂和。我游其外，所享则多。削迹拔木，其如予何。"（《和子瞻次韵陶渊明停云诗》）显达时的跋扈飞扬也好，失意时的迁谪打击也罢，到头来不都是南柯一梦吗？人的一生啊，得志失志，心情难免就或喜或忧，难以解脱。而我，早已看透这一切了，我行迹俱扫，心境澄澈，你能拿我怎么办呢？十年之后的大观元年（1107），苏辙已北归隐居颍川，作《遗老斋记》云："予闻之乐莫善于如意，忧莫惨于不如意。今予退居一室之间，杜门却扫，不与物接。心之所可，未尝不行；心所不可，未尝不止。行止未尝少不如意，则予平生之乐，未有善于今日者也。"① 其中的彻悟，不亦如此吗？

苏辙在雷州"杜门幽居"的另一思想利器是道家，特别对道家创始人老子情有独钟，除了学术著作《老子新解》成书于雷州，苏辙还屡屡表示要师法老聃，"老聃真吾师，出入初犹龙"（《次韵子瞻过海》）、"我师柱下史，久以雌守雄"（《次韵子瞻和渊明拟古九首》其二），老子主张贵柔、守雌，反对刚强、进取，主张清静无为，苏辙深得其中之味："金刀虽云利，未闻能斫风。世人欲困我，我已安长穷。"（《次韵子瞻和渊明拟古九首》其二）以静制动，以柔克刚，金刀至锋至利，却也奈何不了至柔无形的风，对于现今的"穷"、"困"，"我"既已安之若素，"世人"又奈"我"何？

苏辙在《次韵子瞻和渊明拟古九首》其八中，又有："老聃白发年，青牛去西周。不遇关尹喜，履迹谁能求。"司马迁《老子伯夷列传》："老子修道德，其学以自隐无名为务。居周久之，见周之衰，乃遂去。至关，关令尹喜曰：'子将隐矣，强为我著书。'于是老子乃著书上下篇，言道德之意五千余言而去，莫知其所终。"② 苏辙说，真是庆幸啊，老子白发之年骑着青牛离开西周的时候，如果不是函谷关令尹喜坚持要老子把他的学说记载下来，谁又知道《老子》精深博大的学问呢？"不遇关尹喜，履迹谁

---

① 《栾城第三集》卷之一〇，《栾城集》（下），上海古籍出版社 2009 年版，第 1565 页。
② 《史记》卷六一，上海古籍出版社 2006 年版，第 1652 页。

能求"中之"履迹",笔者以为当作老子著《老子》(又名《道德经》)一书解。为了使老子"履迹"可寻,苏辙作《老子解》,并最终成书于雷州。

幽居自适的苏辙,有时候也会顽心忽起。跟随苏轼渡海的侄子苏过给叔叔寄来了椰子冠:"衰发秋来半是丝,幅巾缁撮强为仪。垂空旋取海棕子,束发装成老法师。"(《过侄寄椰冠》)戴上椰冠,取来海棕子,束发把自己打扮成老法师自得其乐,苏辙觉得椰子冠并不亚于当年廊庙时戴的官帽:"茅檐竹屋南溟上,亦似当年廊庙时。"苏辙何尝真正忘却魏阙?

三　敦厚儒者的淑世情怀

苏辙究竟是一个淳淳儒者,执政期间就勤以政事,以"吏事精详"[①]著称,贬官的身份使苏辙在雷州无须再管烦琐的吏事,事实上远离朝堂的苏辙并不曾一刻忘记国事民生,其《寓居二首·东楼》诗曰:

> 月从海上涌金盆,直入东楼照病身。久已无心问南北,时能闭目待仪麟。飓风不作三农喜,_{是岁,海无飓风。}舶客初来百物新。归去有时无定在,漫随俚俗共欣欣。

久已无心问南北,似乎南贬北归,都与自己无关了,也已不涉朝政,然而"飓风不作三农喜"后面苏辙的注释:"是岁,海无飓风。"对气候充满关注,由气候想到的是民生,苏辙儒者的拳拳诚挚之心,让人感怀。

苏辙感受着雷州淳朴民风的同时,亦观察到"海康杂蛮蜒,礼俗久未完",雷民"髡裸"、"袒裼"、"徒跣",形同野人。退而独善之后,苏辙决定肩负起传播中原先进文化礼教之职责:"我居近闾阎,愿先化衣冠。"(《次韵子瞻和渊明拟古九首》其五)苏辙特别观察到雷州之民的鄙朴之习表现在不耕不绩不织不工不医:"予居海康,农亦甚惰,其耕者多闽人也。然其民甘于鱼鳅蟹虾,故蔬果不毓;冬温不雪,衣被吉贝,故艺麻而不绩,生蚕而不织,罗纨布帛,仰于四方之负贩。工习于鄙朴,故用器不

---

① 苏籀《栾城先生遗言》:"时小吕申公(吕公著)当轴,叹曰:'只谓苏子由儒学,不知吏事精详如此'"。《栾城集》(下),上海古籍出版社2009年版,第1841页。

作。医夺于巫鬼，故方术不治。"（《和子瞻次韵陶渊明劝农诗引》）所以他说"我迁海康，实编于民"，但他表示"愿以所知，施及斯人"，他在《劝农诗》中劝民要勤于耕种，教导人民"斫木陶土，器则不匮。绩麻缫茧，衣则可冀。药饵具前，病安得至？"苏辙循循善诱："我行四方，稻麦黍稷，果蔬蒲荷，百种咸植。粪溉耘耔，乃后有穑。尔独何为，开口而食。掇拾于川，搜捕于陆，俯鞠妇子，仰荐昭穆。闽乘其偷，载来逐逐。计无百年，谋止信宿。我归无时，视汝长久。孰为沮溺，风雨相耦。筑室东皋，取足南亩。后稷为烈，夫岂一手。"用心可谓良苦。

移风易俗，也不是那么容易："东邻有一士，读书寄贤关。归来奉亲友，跬步行必端。慨然顾流俗，叹息未敢弹。提提乌鸢中，见此孤翔鸾。渐能衣裘褐，袒裼知恶寒。"（《次韵子瞻和渊明拟古九首》其五）东邻之士学礼归来，热心奉劝亲友"跬步行必端"，虽然流俗让他叹息感慨，但是风俗究竟在慢慢改变，渐渐地，雷民"袒裼知恶寒"，穿上简单的衣服了。苏辙坚信："一夫前行，百夫具履"，"期尔十年，风变而美。"（《和子瞻次韵陶渊明劝农诗》）大有杜甫《奉赠韦丞丈二十二韵》中"致君尧舜上，再使风俗淳"之意了。

苏辙"愿以所知，施及斯人"的淑世情怀表现的另一种方式就是潜心学术。

苏辙《颖滨遗老传》："凡居筠、雷、循七年，居许六年，杜门复理旧学，于是《诗》、《春秋传》、《老子解》、《古史》四书皆成。"[1] 其中《老子新解》成书于雷州，苏辙把它寄给远在海南儋州的苏轼，苏轼读后赞叹不已，其《跋子由老子解后》曰："昨日子由寄《老子新解》，读之不尽卷，废卷而叹。使战国时有此书，则无商鞅、韩非。使汉初有此书，则孔、老为一。晋、宋间有此书，则佛、老不为二，不意老年见此奇特。"[2] 贬官筠州时苏辙开始著《老子解》，兄弟居雷期间，苏轼对苏辙说："子所作《诗传》、《春秋传》、《古史》三书，皆古人所未至。唯解《老子》差若不及。"苏辙于是作重大修改："予至海康，闲居无事，凡所为书，多所

---

[1] 《栾城后集》卷之一三，《栾城集》（下），上海古籍出版社 2009 年版，第 1313 页。
[2] （宋）苏轼：《跋子由老子解后》，《苏轼文集》卷六六，中华书局 1999 年版，第 2072 页。

更定。乃再录《老子》书以寄子瞻，自是蒙恩归北。"① 于是有了这让兄长意料之外并"读之不尽卷，废卷而叹"的"奇特"之文。

居雷期间，苏辙的《春秋传》亦尚未完稿。苏辙《东楼》诗曰："月从海上涌金盆，直入东楼照病身。久已无心问南北，时能闭目待仪麟。"苏轼有和诗《东楼》曰："白发苍颜自照盆，董生端合是前身。独栖高阁多辞客，为着新书未绝麟。"② 两诗中的"麟"，用的是孔子著《春秋》典。《春秋·哀公十四年》："春，西狩获麟。"杜预注："麟者仁兽，圣王之嘉瑞也。时无明王，出而遇获。仲尼伤周道之不兴，感嘉瑞之无应，故因《鲁春秋》而修中兴之教，绝笔于获麟之一句，所感而作，固所以为终也。"后以"绝麟"为著作辍笔之典。苏轼诗中的"董生"即汉大儒董仲舒，著有《春秋繁露》，苏轼是把弟弟苏辙喻为董生。所以苏辙的"待仪麟"，苏轼的"未绝麟"，都指苏辙的《春秋传》尚未完成，然在苏辙的"无心问南北"（亦即无心政治）、杜门辞客独栖东楼的潜心著述中，"绝麟"又是指日可待的，想到这一点，东楼上沐浴在皎洁月光下受伤病之苦而闭目养神静思的迁客就有了几丝宽慰。

苏辙被贬雷州，幼子苏远同行，苏辙贬居期间的学术活动，很多时候得到苏远的协助。《次远韵》："万里谪南荒，三子从一幼。谬追《春秋》余，赖尔牛马走。忧病多所忘，问学非复旧。借书里诸生，疑事谁当扣？吾儿虽懒教，擢颖既冠后。求友卷中人，玩心竹间岫。时令检遗阙，相对忘昏昼。"为著《春秋传》，苏辙要苏远为他向里中诸生借书，父子俩常在对《春秋传》的翻检遗阙，研讨"疑事"中忘记了白天黑夜，苏远的进步让苏辙宽慰，在对"问学"的沉迷中，苏辙甚至消解了社会现实环境之恶劣艰难及身体疾病的痛苦："忧病多所忘"。

苏辙在《历代论引》中说："予少而力学。先君，予师也；亡兄子瞻，予师友也。父兄之学，皆以古今成败得失为议论之要。以为士生于世，治气养心，无恶于身。推是以施之人，不为苟生；不幸不用，犹当以其所知著之翰墨，使人有闻焉。予既壮而仕，仕宦之余，未尝废学。"③ 不用于世

---

① （宋）苏辙：《再题老子道德经后》，转引自《苏辙年谱》，第651页。
② （宋）苏轼：《东楼》，《苏轼诗集合注》，上海古籍出版社2001年版，第2134页。
③ 《栾城后集》卷之七，《栾城集》（下），上海古籍出版社2009年版，第1212页。

时，即以所知著之翰墨，使人有闻，惠人以知，启人以智，续文化道统，以"立言"而使得人生"不朽"，这何尝不是济世之道？

结　语

作为一个隐忍老练的政治家，苏辙有强烈的用世之心和功名之念。"达则兼济天下，穷则独善其身"，苏辙元祐显达时的天下之心，有目共睹，《宋史》卷三三九《苏辙列传》评曰："元祐秉政，力斥章、蔡，不主调停，及议回河、雇役，与文彦博、司马光异同，西边之谋又与吕大防、刘挚不合。君子不党，于辙见之。"① 处雷州之"穷"，苏辙独善其身的同时，何尝没有功名之念？不然怎会有如许多寻佛问道意欲旷达却又挥之不去的幽忧怨愤？说到底，苏辙并没有像处岭海时的兄长苏轼那样真正看穿得失，处雷州之穷时的苏辙，是隐忍有所待的。

与苏辙自己四十多岁受"乌台诗案"影响，第一次贬谪筠州时的心态相比，彼时苏辙"自废弃以来，颓然自放，顽鄙愈甚，见者往往嗤笑"②，因怨愤激切而萎靡不振、放浪形骸、自暴自弃，贬雷期间的苏辙虽依然有迁客逐臣的忧谗畏讥，但心境已然平和超然许多，首先，是年岁渐长对官场险恶世事人事无常的看淡；其次，生性沉静谨重内敛的苏辙在读书、著述的日常简单生活中努力自遣自适，在参禅问道的凝神静思中使心态平衡；再次，与兄长频繁的诗书酬唱，岭海之外比自己处境更加糟糕的兄长那乐观旷达的个性又时时感染着他，兄弟情亲的友爱弥笃慰藉了人生的罹忧。

幽忧怨愤的迁谪之感也好，参佛问道的遁隐之思、"愿先化衣冠"的济世之心也罢，实际上就是"处"与"出"矛盾的纠结，是封建士子在远离权力中心遭受朝廷惩罚时如何安身立命问题上内心挣扎的结果，是儒、释、道三家思想在苏辙身上的集中体现。

---

① 《苏辙列传》，《宋史》（九），第8663页。

② 《答黄庭坚书》，《栾城集》卷之二二，《栾城集》（上），上海古籍出版社2009年版，第491页。

胡铨流寓雷州行迹考论[*]

钟嘉芳^{**}

内容提要 绍兴十八年（1148）十一月十五日，胡铨以"怨望朝廷"的罪名从新州被押送到吉阳军编管，途经雷州。论文考证了胡铨抵雷路线、时间、渡海及海岛登岸地点。绍兴十九年正月，徒步到雷州的胡铨得到当地官民的欢迎和帮助。他从徐闻递角场渡海，在琼山海岸登陆，在渡海前夕写下了气貌不衰的渡海诗。胡铨北返的时间约在绍兴二十六年（1156）六、七月，过雷州时作有《筑雷州郡城记》。

关键词 胡铨 流寓 雷州 行迹

胡铨，江西庐陵（今吉安）人，南宋中兴四大名臣之一。他毕生主张抗金，是南宋朝廷主战派的代表人物。尽管为此半生贬谪岭海之间，却依然铁骨铮铮，矢志不移。胡铨不仅是"江西脖子最硬的人"，也是雷州半岛的历史文化名人，位列"雷州十贤"。

绍兴十八年（1148）末，胡铨从新州（今广东新兴）被贬至吉阳军（今海南三亚）。雷州为海南的必经之路，谪迁海岛的流人在南迁与北返会两次途径雷州。雷州，在海外流人心中是具有重要象征意义的"人生分水岭"：南迁渡海意味着前途渺茫，生死难料。北返途经雷州，象征着重回大陆，再迎人生和政治生涯新的春天。因此流寓雷州是胡铨流寓人生的重

---

* 本文系广东海洋大学 2014 年度人文社科研究项目《胡铨流寓雷州研究》阶段性成果之一。

** 作者简介：钟嘉芳，广东海洋大学文学与新闻传播学院讲师。

要一环，对胡铨寓雷行迹的勾勒和考辨，是洞悉其跌宕人生的依据，是阐发其流寓雷州的意义、价值和影响的基础，是对其年谱《胡忠简公年谱》翔实的补充，当然也寄托后人对名贤高山仰止的思慕。

一

绍兴十八年（1148）十一月，胡铨被贬海南吉阳军，途经雷州。关于胡铨此次被贬的具体情况与缘由，历史文献多有记载，并且较为详细，在此概述之。《宋史·胡铨传》载："书既上，桧以铨狂妄凶悖，鼓众劫持，诏除名，编管昭州，仍降诏播告中外。给、舍、台谏及朝臣多救之者，桧迫于公论，乃以铨监广州盐仓。明年，改签书威武军判官。十二年，谏官罗汝楫劾铨饰非横议，诏除名，编管新州。十八年，新州守臣张棣讦铨与客唱酬，谤讪怨望，移谪吉阳军。"① 嘉庆《雷州府志》也载："（绍兴）十八年新州守臣张棣讦铨与客唱酬，谤讪怨望，诏送海南编管，道经于雷。"② 从以上可以得知，胡铨被贬的最终原因是得罪了权臣秦桧，从而开始了坎坷不断的贬谪人生。在绍兴和议时期，胡铨冒死向宋高宗赵构上"斩桧书"《戊午上高宗封事》，请斩主和派奸佞秦桧、王伦和孙近。秦桧对其恨之入骨，给予了严厉打击。经过众人奔走营救，秦迫于舆论，从轻处置，把胡铨贬为广州盐仓。过了七年，秦的亲信谏官罗汝楫弹劾胡铨，胡铨以"饰非横议"之名被押送新州编管。又过了六年，在秦桧的爪牙广东经略使王鈇的授意下，新州守臣张棣攻讦胡铨没有好好反省，反而填词讽刺朝廷，秦桧再次把他贬谪到更为偏远的吉阳军编管。

胡铨被贬海南的导火索源于他在新州所填的一首词《好事近》："富贵本无心，何事故乡轻别？空使猿惊鹤怨，误薜萝风月。囊锥刚要出头来，不道甚时节。欲驾巾车归去，有豺狼当辙。"《续资治通鉴》记载此事的原委："己亥，新州编管人胡铨移吉阳军编管。先是秦桧尝于一德格天阁下书赵鼎、李光、胡铨三人姓名。时鼎、光皆在海南。广东经略使王鈇问右

---

① （元）脱脱等：《宋史》卷三七四，中华书局 1977 年版，第 11582 页。
② （清）雷学海主修，陈昌齐总纂·《嘉庆雷州府志》卷一八，上海书店出版社 2003 年版，第 553 页。

承议郎、知新州张棣曰：'胡铨何故未过海？'铨尝赋词云'驾巾车归去，有豺狼当辙。'棣即奏铨不自省循，与见任寄居官往来唱和，怨望朝廷，鼓唱前说，殊无忌惮，于是送过海编管。"① 此词作于绍兴十六年，他被编管新州的第四年。虽然一再贬谪，且时日长久，但作为士大夫，他始终没有忘怀"以天下苍生为己任"的社会责任感。"铁肩担道义，妙笔著文章"，他填词借以表达思乡之情、壮志未酬的失落以及对奸臣当道的愤慨。"豺狼"一语直斥秦桧等投降卖国之人，词锋犀利。在绍兴和议期间，秦桧大兴文字狱，这首词两年后成为政敌不遗余力搜罗的罪证，坐实了他"讪上"之罪。南宋王明清《挥尘录·后录》卷一〇的记录也证实胡铨因词获罪而被放逐海南："邦衡在新兴尝赋词，郡守张棣缴上之，以谓讪谤。秦（桧）愈怒，移送吉阳军编管。"

枢密院是宋朝设立的核心政府机构，主要管理军事机密及边防等事。对犯特定罪的官吏开除其官籍或者说是剥夺其官爵和出身的处罚，谓之"除名"。"编管"即宋代把有罪的官吏谪放偏远州郡，编入该地户籍，并由地方官吏加以管束。海南在南宋时期是中国最偏远的地区，经济落后，尚属蛮荒，历来被统治者作为贬谪罪臣之地。流放海南是对他们最严厉的处罚，因此海南也被人们视之为不祥之地。崖州，即吉阳军，更是海南的最南端，谓之天涯海角。唐朝被贬宰相杨炎对此地曾有"一去一万里，千去千不还。崖州在何处？生度鬼门关"之说，把崖州比作"鬼门关"，有去无还。胡铨最初由枢密院编修官降职为广州盐仓，到后来除名、编管新州，最后到流放崖州，贬谪地越发偏远荒凉，离当时的政治中心渐行渐远；官职从朝廷要员到任职地方、再到被除名编管，胡铨受到的处罚越来越残酷，打击与迫害越来越重。编管本来就是戴罪之身，对于一般人来说，肯定是行为越发低调，心态越发惶恐，唯恐罪加一等，而胡铨却在编管期间作出"欲驾巾车归去，有豺狼当辙"这样指斥时弊的文句，可见他的硬气和大无畏精神。

胡铨主战，秦桧主和，两者政见势同水火，秦一直试图让"江西脖子最硬的人"低头屈服："胡铨上封事，桧怒甚，问范如何处置。范曰：'只

---

① （清）毕沅编：《续资治通鉴》卷一二八，上海古籍出版社1987年版。

莫睐，半年便冷了，若重行遣谪，必成孺子之名。'"① 当初秦桧因为胡铨上封事一事问范同怎么处理，范同给了莫须理睐的建议，如果重刑处罚，反而会成就胡铨的名声。没想到胡铨不畏强权，从贬为广州盐仓，继而被除名编管新州，却依然锐气不减，在谪居新州的第三年还填了一首表达安时处顺、心态豁达的词《如梦令》："谁念新州人老，几度斜阳芳草。眼雨欲晴时，梅雨故来相恼。休恼，休恼，今岁荔枝能好。"同年冬，秦桧气得在一德阁天阁里写下"赵鼎、李光、胡铨"三人的姓名，"必欲杀之而后已"②。在古代，上层社会流行把重要的姓名写在屏风上。史书记载唐太宗亲自过问地方官吏的选用，把他们的名字写在屏风上，随时记录他们的善恶事迹。秦桧绝不是褒扬他们，而是仇视，想要置之死地而后快。赵鼎，曾与秦桧同为相臣，李光，曾任参知政事（宋时最高政务长官之一）。他们官职较高，是秦桧的重要政敌，此时都已流放至海南。能与他们齐名，对胡铨来说是一种荣耀。他66岁时的诗句"久将忠义私心许，要使奸雄怯胆寒"（《乾道三年九月宴罢》）便是其人生的写照，他的硬气真像"蒸不烂、煮不熟、捶不匾、炒不爆、响珰珰一粒铜豌豆"（关汉卿《南吕·一枝花·不伏老》）。

二

　　胡铨从新州启程的时间为绍兴十八年十一月十五日。"绍兴十八年戊戌辰十一月十五日，新州编管人胡铨移吉阳军编管"③。又"《宋史》高宗本纪十八年十一月乙酉朔己亥日，胡铨移吉阳军编管。"④ 新州守臣张棣在十一月告发胡铨填词"怨望朝廷"，当月的十五日胡铨就得动身赶赴贬所，从告发到贬谪政令的下达，短短数日，可见秦桧对政敌惩处的速度之快以及严厉的程度。

　　宋代的行政区划为路、州（府）、县三级。新州到海南，跨越了广南

---

① （宋）黎靖德编，王星贤点校：《朱子语类》卷一三一，中华书局1986年版，第3161页。
② （元）脱脱等：《宋史》卷四七三，中华书局1977年版，第13764页。
③ （宋）陈思编：《两宋名贤小集》卷一七七，《影印文渊阁四库全书》，台湾商务印书馆1986年版。
④ 转引自胡嵩《胡忠简公年谱》卷二，贵阳"中央日报社"1945年版，第6页。

东路和广南西路。胡铨南迁渡海的路线从新州新兴县出发，经南恩州阳江县、阳春县，高州茂名县、电白县，化州吴川县、石龙县，最后到达雷州海康县，从徐闻递角场渡海（当时徐闻属海康县）。从地图上看，这条路线是必经之道，此外有诗为佐证。南迁和北归的路线从雷州到阳江段基本一致，因而北归时的诗歌可以作为路线行程的援证。北行时，"道茂名题名灵湫岩（又名龙修岩、龙湫岩）并书'澹庵'二字于岩外"①，"经阳春县铁坑山有诗"②，在阳江他饱览了望海台的景色。《广东通志》卷六一分别记录了这两首诗。游铁坑山作《游铜石岩》："是处山皆石，他山尽不如。固非从地出，疑是补天余。下漏一拳小，高凌千仞虚。奇花应未见，名不下中书。"《登阳江望海楼》诗云："君恩宽逐客，万里听归来。未上凌烟阁，聊登望海台。山高翠浪涌，潮拓碧天开。目断云飞处，终身愧老莱。"需要指出的是，《胡忠简公年谱》把这两首诗记作是南下雷州时沿途所作，但从诗歌的内容以及表达的情感上看，应作于北返时。再者，南迁时，胡铨一贬再贬，愁云惨淡，加之被押送编管，沿途不得耽误，不可能任由他游山玩水。路途劳顿偃塞，胡铨创作的可能性不大。应该在北返经广州至衡州时，由于心情畅快，不必急着赶路，行程比较舒缓，他才有机会也有时间游览沿途的风景名胜，并留下诗词墨宝。

胡铨流放海南之行历尽艰难险阻，真是如其所言"崎岖万里天涯路，野草荒烟正断魂"（《买愁村》七绝）。其抵雷历程如下所述："于是送海南编管。命下，棣选使臣游崇部送，封小项筒过海。铨徒步赴贬，人皆怜之。"③张棣下令一位名叫游崇的牙校（低级武官）押送。宋代押解流人的执法比较苛刻：流人戴枷锁上路，除有病需要医治才免去枷锁。全程有兵士或将校押送，逐州递送，沿途不得耽误。文中的"部送"即押送，"封小项筒"指给胡铨戴手铐枷锁。在寒风凛冽的季节，胡公身戴枷锁，沐风栉雨，徒步行走到雷州。《胡忠简公年谱》还记载同一年里其二子夏澥公生于新州，胡铨率家眷徒步行走。④他身戴枷锁，身边尚有嗷嗷待哺的婴

① 胡舂：《胡忠简公年谱》卷二，1945年版，第33页。
② 同上书，第14页。
③ （宋）李心传：《建炎以来系年要录》卷一五八，中华书局1986年版，第2546页。
④ 胡舂：《胡忠简公年谱》卷二，1945年版，第12页。

儿，带领家眷步履蹒跚地穿越瘴疬之地，走向生死难料的海岛，可想而知这一路有多艰苦，实在悲惨！贤良忠臣遭到如此对待，沿途的百姓见了莫不表示同情。此外，祸不单行，据载："张棣择一牙校游崇者送公，至半途，临大江，崇拔剑而前。公色不动，徐曰：'棣尝谓送某至吉阳军者赏，尔不爱赏乎？'崇笑而罢。"① 人一落难，就连官差都可随意欺负之。对官职卑下、俸禄低微的牙校而言，押送罪犯，是件苦差，莫不想从中赚取油水。胡铨编管新州六年，贬谪时日已久，早已家徒四壁。生活尚且困难，哪里拿得出钱财讨好差役？更何况，从其为人看，即使有，他也不会这样做。途中，游崇拔剑威胁他，妄图捞取财物贿赂，最终被胡铨不动声色地打消了。索贿未遂，胡铨自然一路饱受折磨。此程他憔悴不已、狼狈不堪，遭受了许多磨难、历经了太多的沧桑。

从新州至雷州、到徐闻渡海处，路程长达千里。现今新兴到徐闻的公路路程约为 550 公里，即 1100 里。如果在宋代，官道蜿蜒，实际的路程比这个数字还要更远，再加上路况不好，胡铨一家披枷带锁，扶老携幼，每天能走多少路呢？我们知道，行路速度不仅取决于交通工具、道路情况，还有人的主观愿望。最早关于古人行路速度见于汉代《九章算术·均输》："重车日行五十里，空车日行七十里。"驾车顶多日行五十到七十里。唐代开始每隔三十里设一驿站。综合二者，普通人每日能步行三十里已经是极限了。考虑到要跋涉千里，抵程有时间规定，胡铨时年 47 岁，又带家眷，笔者大略估计他一天最多能走二十到二十五里，他抵达雷州至少需要 55 天以上，且还不包括路上因天气、路况、身体条件等不确定因素的影响。由此可以推算，胡铨于绍兴十八年十一月十五日从新州出发，到达雷州的时间约在绍兴十九年（1149）一月的中下旬。

三

胡铨来到雷州，他得到了"敬贤如师，疾恶如仇"的雷州官民的热烈欢迎，诚如《海康县续志·流寓志序》所言："君子至雷，雷人士仰之若

---

① 胡嶧：《胡忠简公年谱》卷二，1945 年版，第 13 页。

祥云，慕之如威凤，授餐假馆奔走无数，甚且畏垒尸祝倚以为重。"① 显然，雷州人民的热情，影响和改变了胡铨的心态，使他心态渐宽，块垒渐舒，乃至超脱。

雷州的知军事王趯尤其礼待胡铨。王趯为人慷慨仗义，富有正义感，他同情那些受到打击迫害、流放途经雷州的贬官，并能够施以援手。此前，赵鼎南谪过雷时，王趯与海康县令李守柔善待之，并用轿护送他至徐闻海边渡海。胡铨"至雷州，守臣王趯廉，得崇以私茗自随，械送狱，且厚饷铨。是时诸道望风掎摭流人，以为奇货，惟趯能与流人调护。海上无薪粲百物，趯辄津置之，其后卒以此得罪。"② 王趯敬佩胡铨的气节，目睹其受到差役折磨的遭遇，甚为同情，惩治了作恶多端的游崇。他以游崇走私茶叶为罪名，强行将其下狱，后还上书奏请调派别的差役替代游崇的差事。他盛情款待胡铨一家，赠其金资，并护送他们到徐闻渡口。当他看到胡铨生活物资缺乏，就在渡口处为其添置薪柴、上好的大米等生活物品。

自从胡铨被贬后，公开为他说话的人都被视作同党，纷纷遭到报复。将胡铨"斩桧书"刻版印刷传播的进士吴师古被贬到袁州。贬谪广州时，同僚陈刚中撰写启事以祝贺，被贬到江西赣州安远县作县令，不久因感瘴而死于任上。被贬新州时，同乡挚友王廷珪写诗《送胡邦衡之新州贬所》为他送行，被以"坐以谤讪"的罪名流放辰州（今湖南沅陵）。王庭珪不仅因诗罹祸，还祸及其子，并累计众多官员。③ 好友张元干也激于义愤，不顾个人安危，愤笔成书，写下了著名的爱国主义诗词《贺新郎·送胡邦衡待制赴新州》，因此被削职除名，被捕下狱。雷州官员王趯总是厚待流人，被秦桧得知后，被谪往全州。迫于秦桧的政治高压，"一时士大夫畏罪箝舌，莫敢与立谈"④。又"胡公铨上书请剑，欲斩议者，得罪权臣，窜谪岭海，平生亲党，避嫌畏祸，唯恐去之不速"⑤，那时人人自危，害怕引

① 刘邦柄修，陈昌齐纂，梁成久纂修，陈景棻续修：《民国海康县续志》卷三二，上海书店出版社 2003 年版，第 190 页。

② （宋）李心传：《建炎以来系年要录》卷一五八，中华书局 1986 年版，第 2546 页。

③ 同上书，第 2586 页。

④ 《王卢溪送胡忠简》，岳珂《桯史》卷一二，中华书局 1997 年版，第 133 页。

⑤ （宋）蔡戡：《芦川居士词序》，转引自《卢川词》前言，上海古籍出版社 1991 年版，第 4 页。

祸上身。为了明哲保身，甚至连亲交好友也与他划清界限。全身远祸，本是人之常情。但一些小人见风使舵，为了迎合秦桧，大力搜集胡铨的"罪证"。他们找到证据便如获至宝，甚至不惜将其放大构成诬陷，向上级阿谀谄媚，以此获得升迁的资本。上文所提到的谏官罗汝楫、新州守臣张棣就是例证。当张棣检举胡铨后，升迁到湖北常平，做了一天官便去世了。世道如此，人心不古，王趯的古道热肠令备尝世态炎凉的胡铨感到了温暖，消减了贬谪苦旅中疲惫的身心，精神得到了慰藉，志向也就更加坚定。

由于得到了雷州官民的帮助，胡铨生活暂时安顿，他在雷州的这段时间精神状态很好。渡海前夕，他遇到了朱彧秀才。朱彧，字无惑，北宋乌程人，自号"萍洲老圃"，作有笔记体《萍洲可谈》一书。仕履无考，年轻时一直随父亲朱服仕宦四处游历。① 二人是否相识无考，朱彧特意为胡铨饯行。二人诗酒酬唱，借酒浇胸中块垒，驱赶了人生寒冬的冷意。朱彧的诗已佚失，但胡铨的唱和诗《雷州和朱彧秀才韵·时欲渡海》却留存下来："何人著眼觑征骖，赖有新诗作指南。螺髻层层明晚照，蜃楼隐隐倚晴岚。仲连蹈海齐虚语，鲁叟乘槎亦谩谈。争似澹庵乘兴往，银山千叠酒微酣。"诗歌写景壮阔，画面优美，情景交融，对仗工整，用典精切，在宋人的许多典籍里都有记录，是宋代诗坛一篇不可多得的佳作。奠定其在诗坛地位的却是因为诗歌"气貌不衰"。流人的情绪一般比较沉郁，该诗却格调昂扬，气势豪迈。诗人乘着微熏的酒意，欣赏象征着人生险恶的惊涛骇浪。浩瀚的大海涤荡了他的忧愁，也激发他的浩然正气和博大胸怀。诗歌表达了作者九死不悔的精神以及旷达豪放的胸襟，堪称胡铨的压卷之作。

正是因为有了这些萍水相逢的人，胡铨满怀自信地面对海南之行。雷州与海南相隔琼州海峡。南下渡海，意味着远离中原，生死未卜，是生命与大陆的割裂。大海浩渺无际，神秘莫测，而乘船渡海，常有风波之灾，自然凶险难料。《宋史·陈尧佐传》记载了北宋初期兵士难以渡过琼州海峡："先是岁调雷、化、高、藤、容、白诸州兵，使辇军粮泛海给琼州。其兵不习水利，率多沉溺，咸苦之。"② 连年轻力壮的士兵都苦于渡海，

---

① 李伟国：《萍洲可谈点校》，钱仲联《中国文学大辞典》，上海辞书出版社 2000 年版。
② （元）脱脱等：《宋史》卷二八四，中华书局 1977 年版，第 9784 页。

更何况即将进入知天命之年的胡铨？他用这首唱和诗表现出蔑视政敌，超越人生苦难的意识，化悲怨为旷达，荡气回肠，这种人生境界实在旷绝古今！

　　胡铨约在绍兴十九年正月的下旬从徐闻递角场跨越琼州海峡，抵达海南琼州府治所在的琼山县，从琼山海岸登陆。虽然史料没有记载胡铨渡海的地点，但是可以引证相关史料推断。徐闻递角场位于今徐闻县西南南山镇的三墩、港头、芒海、毛练村一带，是从北宋开始设置的驿递场所，任务是传送书信，接待来往官员，传递押送罪犯，递送朝廷调配的军资用品及州县上贡的贡品，是水陆交通要塞。苏轼在诗文、书简中明确提到被贬海南时南渡和北返都经过递角场。宋绍圣四年（1097）丁丑，苏轼从递角场渡海奔赴海南，"八日，离雷州，雷首张逢派人护送。九日达徐闻，冯大钧迎于海上。十日至递角场。十一日渡海达琼州岸"①。元符三年（1100）五月，苏轼北归，从儋州移往廉州（今合浦），在与秦观的信中说："约此月二十五六日登舟，并海岸行二日至石排，相风色过渡，一日至递角场。但相风色难克日尔。有书托吴君，雇二十壮夫来递角场相等。"② 他准备从琼山海岸的石排坐船，在雷州递角场上岸。胡铨与苏轼渡海时间相隔49年，他是否也根据这条路线渡海呢？南宋周去非《岭外代答》"地理门"卷"琼州兼广西路安抚都监"条记："汉武帝斩南越，遣使自徐闻渡海略地，置珠崖、儋耳二郡。今雷州递角场，直对琼管，一帆济海，半日可到。"1178 年成书。琼管，即指当时统辖海南全岛各州军的行政机关所在地琼山。南宋赵汝适在《诸藩志》"海南"条注明："海北岸有递角场，与琼对峙，顺风半日可济。"1225 年成书。从两本南宋人的地理著作看，徐闻递角场一直延续到南宋。从递角场渡海，顺风半日即可到达对岸的琼山石排。胡铨于 1149 年正月渡海，他是朝廷重要的政治犯，自然要乘坐官船，从官方的渡口启程。再者，他是编管身份，要逐州递送。雷州过去是琼州，琼山县是当时琼州府的所在地。他只有直接抵达琼山（今海南琼山府城镇），向琼州府报到后才允许朝下一个州进发。因此可以

---

① （清）王文诰编：《苏文忠公诗编注集成总案》卷四一，巴蜀书社 1985 年版。
② （宋）苏轼：《答秦太虚七首》，《苏东坡全集》卷一八"书简"。

推断，胡铨应该是从徐闻递角场渡海，从对面的琼山海岸登陆，这是最便捷的路线。有观点说他从澄迈县通潮驿（今老城镇）登岸。若是从澄迈登陆，他要向东走到琼山报到后，然后再折回澄迈县，经临高县，向吉阳军前进。路线迂回曲折，显然不合情理。正月正是东亚冬季风活跃的时节，渡海顺风顺水，胡铨只需半日便可抵达琼山。

四

胡铨在海南生活了八年，在宋代贬谪海南岛的官员中算是历时较长的。苏轼在儋州三年便遇赦北返。赵鼎寓居吉阳军三年，怕祸及全家，于贬所悲愤绝食而死。初到海南时，胡铨有"身陷九渊，日与死迫"[①] 的绝望之感，但他很快就把心态调整过来了。他在寓所"日以训传经书为事，黎苗闻之，遣子入学"，潜心著述，教书育人，传播中原先进文化。他与当地的名流、士人关系友好，"郡人陈迪功、靖江慕铨名常与往来"[②]，劝导他们与黎族百姓和平共处，加强民族团结。八年的海南贬谪生涯没有磨平他的锐气，他依然精神抖擞，斗志昂扬，对未来充满希望，"不因入海求诗句，万里投荒亦岂宜。青箬笠，绿荷衣。斜风细雨也须归。崖州险似风波海，海里风波有定时"（《鹧鸪天·癸酉吉阳用山谷韵》）；他乐天知命，乐观自适，"肯悔从前一念差，崖州前定复何嗟"（《别琼州和李参政韵》），又"从来到处安心地，肯认山家作本原"（《逸贤峒》）；他热爱海岛生活，雄姿英发，"崖州何有水连空，人在浪花中。月屿一声横竹，云帆万里雄风"（《朝中措》）。

绍兴二十五年（1155）十月，秦桧病死，胡铨迎来了人生的转机。他得诏可以北归迁回衡州（今衡阳）。在离开吉阳军水南村裴闻义家的住所时，他悲怆地写道："阁下大书三姓在，海南唯见两翁还"（《哭赵鼎》），一方面以极其沉痛的心情来悼念在此逝世的故友赵鼎，另一方面流露出得以生还悲喜交集的心情。

胡铨北返离岛过雷的时间，主要有两种说法。一是绍兴二十五年。

---

① （宋）洪迈：《容斋随笔》卷一"朱崖迁客"。

② （明）唐胄纂：《正德琼台志》卷四二"杂事"，海南出版社 2006 年版，第 871 页。

《建炎以来系年要录》云："绍兴二十有五年十有二月二十三日丙申,吉阳军编管人胡铨量移衡州,从刑部检举也。"① 又《衡阳县志》卷二云："廿五年春二月,量移辰州编管人胡铨于衡州,卅一年放自便。"②《衡阳县志》的时间明显有误。胡铨能得以迁往衡州回到大陆,前提是秦党垮台。秦桧死于当年的十月十八日,《衡阳县志》所提到的"廿五年春二月"不合实情。另一种说法是绍兴二十六年。《宋史胡铨传》记:"二十六年,桧死,铨量移衡州。"③《两宋明贤小集》在《雷州和朱彧秀才诗时欲渡海》诗注云:"丙子年始移衡州。"④ 丙子年,即绍兴二十六年。综合以上两种说法,笔者认为,绍兴二十五年十二月二十三日是"刑部检举",即朝廷做出决议的时间,不是胡铨离开海南的时间。一般来说,命令的下达、传递到接收、再到具体行动需要一段时间。由于海南是孤岛,距离京城遥远,消息的传递需要花费更长的时间。胡铨应是在绍兴二十六年离岛。

可以通过胡铨在海南期间与李光的书信进行考证。时李光贬谪琼州,后移昌化军。由于两人遭遇相似,同病相怜,胡铨与李光交好,书信往来频繁,借此互相慰藉。据四库《庄简集》收录,李光现存海南阶段的五十二封信中有二十六封是写给胡铨的。李光北返的政令有确切时间记录:"绍兴二十五年十二月,壬申,责授建宁军节度副使昌化军安置李光移郴州安置,光年八十矣。"⑤ 李光在《与胡邦衡书(二十三)》言:"今早林令自琼州专人报秦公十月十八日殁,故前日赦文不见……十二月二十六日某启上。"⑥ 他在绍兴二十五年十二月二十六日的信上提到当天早上才知道秦桧死于十月十八日,时间足足晚了两个多月,可见寓居海南信息相当滞后。从文字的表述上看,此时李光尚不知晓"移郴州安置"事项。在《与胡邦衡书(二十四)》道:"十二月二日蒙恩检举移郴,尚未被受省劄,至即首途矣。邦衡旦夕必有指挥,幸加鞭相遇与雷化间。幸甚切便促装,勿

① (宋)李心传:《建炎以来系年要录》卷一七〇,中华书局1986年版,第2787页。
② (清)罗庆芗、彭玉麟等:《衡阳县志》,清同治十三年刊本。
③ (元)脱脱等:《宋史》卷三七四,中华书局1977年版,第11582页。
④ (元)陈思编:《两宋名贤小集》卷一七七,《影印文渊阁四库全书》。
⑤ (元)李心传:《建炎以来系年要录》卷一七〇,中华书局1986年版,第2784页。
⑥ 《与胡邦衡书(二十三)》,李光《庄简集》卷一五,《影印文渊阁四库全书》。

以细故滞留也。昨日一报尤快意……三月二日某顿首。"① 他在第二年的三月才知道北归之事。他表示迫不及待,催促胡铨尽快收拾行装做好动身的准备,希望二人能同行。在《与胡邦衡书（二十五）》云:"仆已有郴江居住之命,然未得省劄,姑忍待之。不知邦衡已得移命否?此无可疑,但促装,且夕必至。或传已得家书,须令人计会省劄。昨日得小儿书云'正月十八日已遣两兵',今尤未到,不知带得公文来否?……四月十日某首顿上。台眷均已过儋,或仆已行即,便可入行衙少驻也。天气正热,须早行。日中少驻也。某再启。"② 在四月十日时他还没有走,因为还没有拿到许可动身的政令文书。他向胡铨表示出发在即,家眷已经动身了。"不知邦衡已得移命否"、"或传已得家书,须令人计会省劄"之语,说明此时胡铨也没有拿到政令文书。在北归踏上雷州、化州的途中,他作有诗歌《五月十三日北归雷化道中》,可推知李光约在绍兴二十六年(1156)五月初离开海南。胡铨北归的朝廷决议作于绍兴二十五年十二月二十三日,李光的在十二月二日,差了二十天。李光几次在信中催促他一收到政令即刻出发。按这样推算,胡铨可能在绍兴二十六年的六七月离开海南。

胡铨北返经雷州时写下的叙事文《筑雷州郡城记》也可作为佐证:"十五年右朝散郎王趯来为邦伯视事之,初规创外城,期年计划始定……城高二丈,有五尺厚二丈阔……阅十有一年功乃克。"③ 虽然这段文字仅描述了修城的始末,但提到的时间很值得注意。修城从绍兴十五年开始,历时十一年,也就是绍兴二十六年才完工。如果胡铨在绍兴二十五年到达雷州,岂能写下修城用了"十一年"之语?所以,胡铨应在绍兴二十六年到雷州。《嘉庆雷州府志》注明此文写于绍兴十五年显然有误。

胡铨经过雷州,时值雷州城外城竣工。他接受郡守朝奉郎赵伯桎的邀请,登上巍峨耸立的雷州城头,饱览了雷州的胜景。听着郡守对修筑雷州城历史的介绍,他欣然领命写下了《筑雷州郡城记》。内容大意为:为预

---

① 《与胡邦衡书（二十四）》,李光《庄简集》卷一五。

② 同上。

③ （清）雷学海主修,陈昌齐总纂:《嘉庆雷州府志》卷一八,上海书店出版社 2003 年版,第 553 页。

防海寇侵扰修筑外城墙，叙述修城的过程，是通过历任的三位官员持续地努力才得以完成。最后阐发修城的意义，盛赞郡守赵公的政绩。行文古朴典雅，以时间为序，叙事有条不紊，议论精辟。这篇文章已经成为宋代雷州修城史的经典记叙。在记载宋代雷州城的历史文献里，几乎都是引用了此文的叙述，因此它具有重要的史料价值。它既是胡铨留给雷州人民宝贵的历史文化遗产，又是雷州人民珍贵的精神财富。此文展现了胡铨宽广博大的胸襟、忧国忧民的情怀。在他结束海外流亡生活、踏上北归之路的背景下，文章没有流露个人得失意识，充满了对国计民生问题的关切，体现了拳拳的爱国赤子之心。

在南迁海岛的行程中，胡铨空怀壮烈来到雷州，渡海时表现的大义凛然，真乃侠胆铁骨本色！归过雷时，饱经沧桑的赤子仍然不忘家国人民，挥墨留下了洋溢着浩然正气的爱国篇章。他在雷州的懿言嘉行，被雷州人民永远铭记，历久弥新。

湛若水的流寓人生与书院情结[*]

邓　建^{**}

内容提要　湛若水虽是岭南人，但一生有三十余年寓居岭北。他事亲至孝，事君至忠，奉母之命出仕为官，官至上卿，但他内心深处始终不渝的追求还是传布学问、阐扬义理，始终将对儒家心性之学的究明与践履视为自己最重要的事业所在。就其内心取向与实际人生路向来看，其间隐约蕴藏了些许无奈和"不得已"。他既是一个致知力行、恪忠尽职、政绩显赫的政治家，更是一个沉潜学术、著述宏富、酷爱讲学、具有浓厚书院情结的思想家和教育家。在履职尽忠之余，他随行迹所至，广辟书院，阐扬学术，为岭南心学的发展与传播作出了重要贡献。

关键词　湛若水　流寓　书院

湛若水，字元明，号甘泉，世称甘泉先生。初名露，字民泽；因避祖讳，27 岁时改名雨，39 岁时再改名若水。^① 广东增城县甘泉都沙贝村（今广州市增城区新塘镇）人。生于明宪宗成化二年（1466），卒于明世宗嘉靖三十九年（1560）。有明一代，湛若水不但是为广东文化、岭南文化的发展崛起导夫先路的重要人物，而且其心学思想远播海内，影响波及全

＊　本文系广东省教育厅人文社科类特色创新项目"中国古代书院与流寓文化研究"（2014WTSCX052）阶段性成果之一。

＊＊　作者简介：邓建，广东海洋大学文学与新闻传播学院教授。

①　本文所述湛若水生平行迹，主要参阅黄明同《湛若水年谱简编》（黄明同：《岭南心学——从陈献章到湛若水》附录二，上海辞书出版社 2015 年版）、黎业明《湛若水年谱》（上海古籍出版社 2009 年版）。

国，与王阳明齐名，在明代理学史乃至于整个中国古代思想史上都占有非常重要的地位。明代王畿云："时海内主盟道术，惟吾夫子（按，指王阳明）与甘泉翁。"①《明史》谓："时天下言学者，不归王守仁，则归湛若水。"② 清代全祖望亦指出湛若水与王阳明两人思想"虽微有不同，然其要归则相近"，"学者不走姚江（王阳明），即向增城（湛若水）"③。当代学者黄明同先生指出："湛若水发展岭南心学，使之完善化、系统化、精微化。""岭南心学与阳明心学，是明代心学双子座。"④

虽然湛若水出生于岭南，被誉为岭南心学大师，但他一生有三十余年是流寓在外。比较集中的流寓生涯主要有两个时段：一是弘治十七年（1504）奉母之命北上入南京国子监至正德十年（1515）湛母去世扶柩南归，共12年；二是嘉靖元年（1522）起复至嘉靖十九年（1540）致仕，共19年。湛若水"平生志笃而力勤，无处不授徒，无日不讲学，从游者殆遍天下"⑤，无论是流寓岭北，还是退居故园，他于所到之处必建书院，具有浓厚的书院情结。

—

湛若水少时遭家庭变故，14 岁才入读湛氏塾学，22 岁入读广州府学，27 岁乡试中举。弘治六年（1493），湛若水信心满满地赴京参加会试，却意外落第。翌年二月，经顺德梁景行介绍，湛若水往江门就学于白沙先生陈献章，由此始窥圣学门径。陈献章非常看好和器重湛若水，认定他"起脚不差，将来必有至处"⑥，对他寄予厚望，因而对他要求严格，告诫他学问之事须悉除杂念，专心致志，"此学非全放下，终

① （明）王畿：《邢部陕西司员外郎特诏进阶朝列大夫致仕绪山钱君行状》，吴震编校整理《王畿集》卷二〇，凤凰出版社 2007 年版，第 591 页。
② （清）张廷玉等：《明史》卷二八二《吕柟传》，中华书局 1974 年版，第 24 册，第 7244 页。
③ （清）全祖望：《槎湖书院记》，朱铸禹汇校集注《全祖望集汇校集注·鲒埼亭集外编》卷一六，上海古籍出版社 2000 年版，第 1058 页。
④ 黄明同：《岭南心学——从陈献章到湛若水》，上海辞书出版社 2015 年版，第 5 页。
⑤ （明）焦竑：《焦太史编辑国朝献征录》卷四二《南京兵部尚书湛公若水传》，《续修四库全书》，上海古籍出版社 2001 年版，第 527 册，第 245 页。
⑥ （明）陈献章：《与湛民泽（九）》，孙通海点校《陈献章集》卷二，中华书局 1987 年版，第 192 页。

难凑泊"①。湛若水心志坚定，绝意场屋，全心向学，"遂焚原始会试部檄，独居一室"②，其定力与志向于此可见一斑。

从弘治七年（1494）到弘治十年（1497），湛若水在陈献章门下学问日进，终有"丁巳之悟"。是年（弘治十年，丁巳）冬，湛若水《上白沙先生启略》首次揭橥"随处体认天理"之旨，其自述"开悟"历程曰：

> 自初拜门下，亲领尊训至言，勿忘勿助之旨，而发之以无在无不在之要，归而求之，以是持循，久未有着落处。一旦忽然若有开悟，感程子之言"吾学虽有所受，天理二字，却是自家体认出来"，李延平云"默坐澄心，体认天理"。愚谓"天理"二字，千圣千贤大头脑处。尧、舜以来，至于孔、孟，说中，说极，说仁、义、礼、智，千言万语都已该括在内。若能随处体认真见得，则日用间参前倚衡，无非此体，在人涵养以有之于己耳云云。③

陈献章接信后大喜，回函赞曰："日用间随处体认天理，着此一鞭，何患不到古人佳处也。"④ 认为湛若水有此领会，不愁达不到古圣贤之至境。

弘治十二年（1499），陈献章效仿佛门，将其讲学的江门风月钓台作为衣钵，传赠于湛若水，并赋诗以明，诗末按语云："达磨（摩）西来，传衣为信，江门钓台亦病夫之衣钵也。兹以付民泽，将来有无穷之托。珍重，珍重。"⑤ 至此，湛若水正式成为陈献章的衣钵弟子和学脉传人。湛若水成为陈献章所创之江门学派的衣钵传人，是无可争议的，他对陈献章的学术思想有着极为深刻的理解和认识，"洞明白沙先生之绝学而毕生恪守

---

① （清）阮榕龄：《编次陈白沙先生年谱》，孙通海点校《陈献章集》附录二，中华书局1987年版，第850页。

② 同上。

③ （明）湛若水：《上白沙先生启略》，《泉翁大全集》卷八，明万历二十一年（1593）修补本。

④ （明）陈献章：《与湛民泽（十一）》，孙通海点校《陈献章集》卷二，中华书局1987年版，第193页。

⑤ （明）陈献章：《江门钓濑与湛民泽收管》，孙通海点校《陈献章集》卷六，中华书局1987年版，第644页。

之，发扬之，允推为正宗道统之传"①。他服膺白沙治学，平生随足迹所至，无论岭南岭北，遍立书院，不遗余力地传播、弘扬、光大白沙之学术思想。

弘治十三年（1500），陈献章去世。湛若水作《奠先师白沙先生文》，"为之制斩衰之服，庐墓三年不入室，如丧父然"②。

二

虽然湛若水沉潜于"体认天理"，无心科举，不乐仕进，但湛母力主他走科举成名之路，《嘉靖增城县志》卷七《人物志·贤母类·湛母陈氏传》载："湛母陈氏，湛公瑛之妻、尚书公甘泉先生母也……甘泉子既应乡荐，以侍养无人，不赴礼闱十三年。乃遣从白沙先生游，既则语甘泉子曰：'汝受国家教养，可以我故不仕乎？可不及我未老，见汝行志乎？'甘泉子乃起赴礼部。"③《湛贤母陈太孺人墓碑》亦云："夫湛子，纯孝人也，事亲以老于畎亩，其志也；其出而仕，母命之也……既归而复往，母泣而强之也。是能无从乎？无大拂于义，将东西南北之惟命。"④

弘治十七年（1504），在绝意场屋多年之后，湛若水奉母之命北上，入南京国子监。自此，开始了他流寓岭外的生涯。弘治十八年（1505），湛若水就试礼闱，举进士。学士张祯阅其卷，叹曰："真儒复出矣！"⑤ 此时，湛若水已经40岁，距他乡试中举已过去整整13年。

从弘治十六年（1504）至正德十年（1515），湛若水论学交友，学问渐广。在此期间，主要有三件事值得一说。一是结交王阳明。湛若水经翰林院

---

① 罗邦柱：《辨儒释之异同，继白沙之绝学——甘泉遵道管窥》，关步勋、黄炳炎等主编《湛甘泉研究文集》，花城出版社1993年版，第61—62页。

② （明）罗洪先：《墓表》，《湛甘泉先生文集》卷三二，广西师范大学出版社2014年影印本，第5册，第1879页。

③ （明）文章修，张文海纂：《嘉靖增城县志》卷七《人物志·贤母类·湛母陈氏传》，《天一阁藏明代方志选刊续编》，上海书店1990年影印本，第65册，第219—221页。《明史》卷二八三《湛若水传》亦谓湛若水"不乐仕进"，"母命之出，乃入南京国子监"。

④ （明）王阳明：《湛贤母陈太孺人墓碑》，吴光等编校《王阳明全集》卷二五，上海古籍出版社2011年版，中册，第1038页。

⑤ （明）罗洪先：《墓表》，《湛甘泉先生文集》卷三二，广西师范大学出版社2014年影印本，第5册，第1880页。

编修、东莞人刘存业的引见与王阳明相识，二人一见定交，王阳明叹曰："予求友于天下，三十年未见此人。"① 两人友情至笃，历经王阳明龙场落难，成为患难之交，在维系终生的交往中反复书疏往来，切磋论学，互相砥砺。二是两次迎母入京，湛母第二次入京不久即中风去世。三是出使安南（今越南），"命封安南国王正使，赐一品服以行"②，他不辱使命，载誉归来。

出使安南归来的第二年，湛母去世，湛若水扶枢南归，丁忧三年。丁忧期满，湛若水眼见武宗无道，宦官弄权，朝政日非，遂上《乞养病疏》告假，得准。在此期间，湛若水的书院情结开始显现。正德十二年（1517）底，他在西樵山创办了第一所书院——大科书院，有《祭告大科书院落成文》。他不但亲自讲学其中，还制定了《大科训规》。《训规》共60条，全文六千余字，涉及学习态度、学习方法、管理规制等各个方面，其中不厌其烦、反复强调的则是学养工夫。如《训规》开篇言"立志"、"用功"："诸生为学必先立志，如作室者先曰其基址乃可。志者，志于道也，立之是敬。匹夫不可夺志，若其可夺，岂谓之志？自始至终，皆是此一字。""诸生用功，须随处体认天理。即《大学》所谓'格物'，程子所谓'至其理'。将意、心、身、家、国、天下通作一段工夫，无有远近彼此，终日终身只是体认这'天理'二字。"又如《训规》第六条、第二十七条讲学习方法："初学用功，茫然无着力处，只且于言动间存习，步趋要从容，言语要和缓，步步言言要与心相应，一一使由中出。存习之久，自然成片段。""学者须先看《论语》，次《大学》，次《中庸》，次《孟子》，乃书之序也。"第八条、第二十六条谈个人修养："诸生随带小厮来山执薪水之役，须要恩顾饮食，寝卧衣服亦须照点。切戒暴怒，即以此做工夫。""学者须要立信。如与人期约之类，虽似小事，然失信则害心为大。"③ 不难见出，对于自己亲手创办的第一所书院，湛若水是非常看重的，他亲手制定的训规全面而详尽，结合自己的求学心得、人生阅历，对书院诸生谆谆教

---

① （明）罗洪先：《墓表》，《湛甘泉先生文集》卷三二，广西师范大学出版社2014年影印本，第5册，第1880页。

② （明）洪垣：《墓志铭》，《湛甘泉先生文集》卷三二，广西师范大学出版社2014年影印本，第5册，第1893页。

③ （明）湛若水：《大科训规》，《湛甘泉先生文集》卷六，广西师范大学出版社2014年影印本，第1册，第193—202页。

诲、耳提面命、不惮其烦。而他自己也在书院讲学的过程中日有所得，学问渐臻精深，学术体系逐渐完备，先后完成了《樵语》、《新论》、《知新后语》、《二礼经传测》、《遵道录》等几部重要作品。

在西樵讲学4年后，因朝中有人推荐，湛若水于嘉靖元年（1522）回京复任翰林院编修、经筵讲官。自此以后，湛若水辗转北京、南京两地任职，先后任翰林院侍读、南京国子监祭酒、南京吏部右侍郎、北京礼部右侍郎、南京礼部尚书、南京吏部尚书、南京兵部尚书。虽然官阶越来越高，由六品到从四品到正三品再到正二品，可谓官位显赫，但他内心始终存有浓厚的书院情结，一有机会便积极参与书院建设或者亲自创建书院。嘉靖六年（1527），与王心斋、吕泾野、欧阳德、邹东廓会于南京新泉书院，次年又在此大会诸士。嘉靖十一年（1532），作《白沙书院记》。嘉靖十四年（1535），作《新泉精舍赡田誓》；讲学于池州九华山甘泉书院。嘉靖十五年（1536），南归增城创建莲洞书院；又于罗浮山建朱明书馆。嘉靖十七年（1538），谒朱熹阙里，过访徽州歙县斗山书院、徽州休宁县天泉书院、徽州婺源县福山书院。

湛若水在各地频繁创建或参与建设书院，产生了重大影响，同时也引发了朝廷的疑虑和不安。嘉靖十六年（1537）4月，御史游居敬上疏论劾湛若水，称"若水迂腐之儒，广收门徒，私创书院，其言近是，其行大非"，建议"戒谕以正人心、端士习"①。疏下吏部，覆言："若水尝潜心经学，希迹古人，其学未可尽非。诸所论著，容有意见不同，然于经传多所发明。但从游者日众，间有不类，因而为奸，故居敬以为言。惟书院名额似乖典制，相应毁改。"上曰："若水已有旨谕留，书院不奉明旨，私自创建，令有司改毁。"② 可以看出，朝廷对湛若水的学术思想并无过多非议，只是出于对他广建书院、"游者日众"可能带来的不可控风险的担忧，才下令将其所建书院改毁。但当时湛若水已经官居二品，名闻朝野，改毁令似乎并未得到严格执行，一部分书院通过改名为精舍的方式得以留存，湛若水的仕途也未受到影响，其书院情结也并未削减。

---

① （明）尹守衡：《明史窃》卷七五，《四部禁毁书丛刊》，北京出版社2000年版，史部第64册，第478页。
② （明）张溶等：《明世宗实录》卷一九九，台北"中研院"史语所1962年校印本，第4191页。

三

嘉靖十九年（1540），湛若水致仕南归，7 月起程，9 月抵家，沿途过书院辄入：过杭州，至天真精舍，"以三香谒阳明先生"①；游武夷山，过鹅湖书院；过梅岭，抵韶州精舍，讲学于明经馆。

离开官场的湛若水，书院情结得以彻底释放，他以加倍的热情投入书院建设中，亲自设立或参与筹建的书院至少有如下数所：青霞书院，位于惠州罗浮山；天华精舍，位于惠州罗浮山；南岳甘泉书院，又名衡岳书堂、紫云书院，位于湖南衡山紫云峰下；云谷书院，位于西樵山烟霞洞旁；上塘精舍，位于西樵山白云洞旁；禺山书院，又名禺山精舍、小禺书院，位于广州；天阶精舍，位于西樵山；蒲涧精舍，位于广州白云山；玉泉精舍，位于西樵山；合一书院，位于广州；龙潭书院，位于广州。

此期湛若水的主要活动，就是在罗浮朱明书院、西樵大科书院、广州天关书院、增城甘泉书院四地轮流讲学，且按季节不同寓居四地，其《四居吟》诗前小序云："甘泉子既归田里，置有四居焉，皆寓也。一在罗浮之朱明，一在西樵之大科，一在天关，一在增城甘泉。未能大归宇宙之本宅，且以四时分居四寓。春居罗浮，夏居西樵，秋居天关，冬居甘泉，作《四居吟》。"② 经过反复讲论、阐发、答疑，其心学体系完全成熟，臻至化境。

嘉靖三十九年（1560）3 月，95 岁高龄的湛若水还在龙潭书院、禺山精舍讲学；4 月 19 日，在禺山精舍去世。

湛若水一生究竟创建或参与建设了多少书院？各家说法略有出入。罗洪先谓其"以兴学养贤为己任，所至之地，咸有精舍"③，在为其所作《墓表》中曾详列 31 所书院：

　　于其乡，则有甘泉、独冈、莲洞馆谷。于增城、龙门，则有明

---

① 黎业明：《湛若水年谱》，上海古籍出版社 2009 年版，第 257 页。

② （明）湛若水：《四居吟》，《湛甘泉先生文集》卷二七，广西师范大学出版社 2014 年影印本，第 5 册，第 1642 页。

③ （明）罗洪先：《墓表》，《湛甘泉先生文集》卷三二，广西师范大学出版社 2014 年影印本，第 5 册，第 1885 页。

诚、龙潭馆谷。于羊城，则有天关、小禺、白云、上塘、蒲涧馆谷。
于南海之西樵，则有大科、云谷、天阶馆谷。惠之罗浮，则有朱明、
青霞、天华馆谷。韶之曲江，则有帽峰。英德则有清溪、灵泉馆谷。
南都则有新泉、同人、惠化馆谷。溧阳则有张公洞口甘泉馆谷。扬州
则有城外行高（窝）、甘泉山馆谷。池州则有九华山中华馆谷。在徽
州则有福山、斗山馆谷。福建武夷则有六曲仙掌、一曲王湛会讲馆
谷。湖南则有南岳紫云馆谷。①

清人屈大均《广东新语》卷九所记与罗洪先所记略同。

王文娟博士据湛若水文集及地方志、笔记等资料，排比寻绎，罗列出
湛若水共参与了 34 所书院的建设活动，具体为：明诚书院（增城龙门凤
凰山西坡）、独冈书院（增城西南八十里甘泉洞）、新泉书院（金陵长安街
西）、甘泉书院（维扬城东）、白沙书院（广州崇报寺旧址）、斗山书院
（徽州歙县）、天泉书院（徽州休宁县城西六十里齐云山）、福山书院（徽
州婺源县）、九华山甘泉书院（池州府九华山化成寺东）、帽峰书院（韶州
曲江）、清溪书院（广东英德）、灵泉书院（广东英德）、莲洞馆谷（增城
甘泉都）、朱明书院（惠州罗浮山）、甘泉书院（沙贝村古甘泉洞）、天关
书院（广州城东北）、青霞书院（惠州罗浮山）、天华精舍（惠州罗浮
山）、南岳甘泉书院（湖南衡山紫云峰下）、云谷书院（西樵山烟霞洞旁）、
白云书院（广州白云山白云寺旧址）、上塘精舍（西樵山白云洞旁）、禺山
书院（广州）、天阶精舍（西樵山）、蒲涧精舍（广州白云山）、玉泉精舍
（西樵山）、同人馆谷（南京）、惠化馆谷（南京）、张公洞口甘泉书院
（江苏溧阳）、六曲仙掌书院（福建武夷山第六曲仙掌峰）、一曲王湛会讲
馆谷（福建武夷山第一曲中溪北）、合一书院（广州）、龙潭书院（广州龙
门）、太原甘泉书院（山西太原）。②

---

① （明）罗洪先：《墓表》，《湛甘泉先生文集》卷三二，广西师范大学出版社 2014 年影印
本，第 5 册，第 1884—1885 页。
② 王文娟：《湛甘泉哲学思想研究》附录一，巴蜀书社 2012 年版，第 427—433 页。该名单
中所列书院均有文献支撑，信实可据，有发微补阙之功，但仍有遗漏，如湛若水正德十二年
(1517) 闰十二月所建之大科书院。

另，房兆楹在《明代名人传》中谓湛若水"至少创办了三十六个书院，十九个在广东、十三个在南京地区、三个在福建、一个在湖广"①，因未列出书院详单，不知其所据。

四

湛若水虽是岭南人，但一生有三十余年寓居岭北。从某种意义上说，湛若水的人生乃是流寓人生。就其内心取向与实际人生路向来看，其间隐约蕴藏了些许无奈和"不得已"。

自从入白沙门下，湛若水就无心仕进，一心"体认天理"，沉潜学术。而白沙亲传衣钵予他，更是强化了他弘扬师说、光大学派的坚定意识，他事白沙如父母，"道义之师，成我者与生我者等"②，"平生足迹所至，必建书院以祀白沙"③，"道德尊崇，四方风动，虽远蛮夷，皆知向慕，相从士三千九百有余"④。虽然后来他奉母强命，加之"金宪徐君绫劝驾"⑤，北上应试，尔后仕途通达，出使安南更让他名动朝野，但他难忘初心，不改初衷，一有机会就举办书院，四处讲学。正德十年（1515）正月，湛母去世，湛若水马上告假去职，返家庐墓，丁忧期满，又上疏告病，退隐西樵，于西樵山建大科书院，授徒讲学。起复再任后，湛若水政绩显赫，一再升迁，官至上卿，但他并未沉迷其间，在忠心尽职之余，随行迹所至，广辟书院，阐扬学术。嘉靖十四年（1535），湛若水年满七十，已到致仕之年，他即刻上《引年疏》，请求退居故园，朝廷不准，嘉靖皇帝亲自批示："卿虽七十，精力未衰，宜照旧用心供

① ［美］富路特、房兆楹主编：《明代名人传》，北京时代华文书局 2015 年版，第 61 页。

② （明）罗洪先：《墓表》，《湛甘泉先生文集》卷三二，广西师范大学出版社 2014 年影印本，第 5 册，第 1879 页。

③ （明）黄宗羲：《明儒学案》卷三七《甘泉学案》，沈芝盈点校，中华书局 1985 年版，第 876 页。

④ （明）罗洪先：《墓表》，《湛甘泉先生文集》卷三二，广西师范大学出版社 2014 年影印本，第 5 册，第 1884 页。

⑤ （明）洪垣：《墓志铭》，《湛甘泉先生文集》卷三二，广西师范大学出版社 2014 年影印本，第 5 册，第 1893 页。罗洪先《墓表》有类似叙述："及感母夫人与金宪徐公绫强之出仕，先生北上……"（《湛甘泉先生文集》卷三二，广西师范大学出版社 2014 年影印本，第 5 册，第 1879—1880 页。）

职，所辞不准。"① 此后，湛若水又累上《乞归田疏》、《再乞归田疏》、《三上乞归田疏》，直至嘉靖十九年（1540），75 岁高龄的他才终于获准退休。当年 7 月离任，他没有丝毫盘桓，迅即取水道南归，沿途不忘过访书院、论辩讲学。9 月抵家后，他不顾江湖岁晚、两鬓衰白，马上全身心投入他所挚爱的书院事业，立书院，开讲坛，直至于书院中辞世。

由此可见，湛若水虽然被称为事亲至孝、事君至忠的孝子良臣，但在他为官岭北的三十余年里，无论其身，抑或其心，事实上一直都处于一种"不得已"的流寓状态。他内心深处始终不渝的追求还是传布学问、阐扬义理，始终将对儒家心性之学的究明与践履视为自己最重要的事业所在。他既是一个致知力行、恪忠尽职、政绩显赫的政治家，更是一个沉潜学术、著述宏富、酷爱讲学、具有浓厚书院情结的思想家和教育家。也正因为此，他才能够在政治和学术之间进退自如，为官则积极进取、济世安民，为学则格物穷理、发明本心，真正做到了立德、立功、立言"三不朽"。

---

① （明）罗洪先：《墓表》，《湛甘泉先生文集》卷三二，广西师范大学出版社 2014 年影印本，第 5 册，第 1884 页。

任伯雨生平行迹史料补正[*]

刘　刚^{**}

内容提要　今日治宋史、宋诗者研治任伯雨生平行迹的主要史料有《东都事略》、《宋史》中的《任伯雨传》以及魏了翁《跋任谏议伯雨帖》。《宋史》之《任伯雨传》对《东都事略》既有因袭，也有补充和舍弃。魏了翁《跋》应参考了不少今日已经亡佚的史料，故《跋》中对任伯雨的仕宦行事时间和一些事迹的记载为两篇《任伯雨传》所无，但也存在较多讹误和疏缺。《皇宋十朝纲要》中对任伯雨仕宦行迹的记载也存在时序方面的舛误，并为后世同系史料所沿袭。对上述涉及任伯雨著述和仕宦行迹的主要史料进行补正，将有助于梳理任伯雨的人生履历。

关键词　任伯雨　生平　史料　补正

任伯雨（约1048—1120），四川眉山人，字德翁，号得得居士，谥忠敏。^①

---

　*　本文系广东海洋大学2013年度人文社科研究项目（引导项目）"雷州古代流寓文学与20世纪40年代华南流寓文学比较研究"（C14061）阶段性成果之一。

　**　作者简介：刘刚，广东海洋大学文学与新闻传播学院副教授，历史学博士。

　①　按：《宋史·任伯雨传》称其"宣和初卒，年七十三"。宋徽宗宣和年号共历7年，"宣和初"大概指宣和元年（1119）或二年（1120），由此上推72年，则任伯雨生于1047年或1048年。至于其字和谥号，据《东都事略》和《宋史》中的《任伯雨传》皆可知。至于其号，明代《蜀中广记》载"得得居士《蕙草》一卷，陈氏曰右正言眉山任伯雨德翁撰"（《影印文渊阁四库全书》，台湾商务印书馆1986年版，第592册，第588页），检宋陈振孙《直斋书录解题》，确载"得得居上《蕙草》一卷，正言眉山仟伯雨德翁撰"（上海古籍出版社1987年版，第637页）。

因曾在半年内连上百余疏而对北宋末年的政局产生过巨大影响①，其为官甚至流徙途经之地将其入"三贤祠"、"七贤祠"、"十贤祠"奉祀②，自宋至清都被皇帝和朝臣尊为言官的典范③。任伯雨及其父、叔与眉山"三苏"有通家之谊，其自幼便与苏轼颇有往来④，入仕后的人生行迹与苏轼更是颇多交叠⑤。所以，厘清任伯雨的生平行迹对研究北宋末期政治史和"三苏"交游事迹都具学术意义。关于任伯雨的记载散见于宋元明清史料，然而今日治宋史和治宋诗者对任伯雨的认识一直停留在南宋《东都事略·任伯雨传》⑥ 和

---

① 按：《东都事略》载任伯雨"章八上，惇贬雷州"，"卞亦鼠窜"（王称：《东都事略》卷一〇〇，孙言诚、崔国光点校，齐鲁书社 2000 年版，第 860 页），显然将章惇和蔡卞的贬斥直接归因于任伯雨的反复力谏。《宋史》之《任伯雨传》的编修者称"论曰：'任伯雨抗迹疏远，立朝寡援，而力发章惇、曾布、蔡京、蔡卞群奸之恶，无少畏忌'"（《宋史》卷三五四，中华书局 1977 年版，第 31 册，第 10967 页）。

② 按：《江南通志》卷四〇载"三贤祠，在（通）州治，祀州人张次山、流寓陈瓘、任伯雨"，"思贤堂，在泰州学内，祀宋韩琦、欧阳修、刘敞、吕公著、苏轼、宋彭方，重建增祀陈瓘、任伯雨为七贤堂"（见《影印文渊阁四库全书》，台湾商务印书馆 1986 年版，第 508 册，第 308、297 页）。《广东通志》卷一三载雷州"西湖……边有十贤堂，咸淳间建以祀寇准、苏轼、苏辙、秦观、李纲、王岩叟、任伯雨、李光、赵鼎、胡铨十人"（见《影印文渊阁四库全书》，台湾商务印书馆 1986 年版，第 562 册，第 485 页）。

③ 按：关于南宋皇帝对任伯雨的追赠，参见李心传《建炎以来系年要录》卷四六、卷九二（《影印文渊阁四库全书》，台湾商务印书馆 1986 年版，第 325 册，第 636、639 页，第 326 册，第 300 页）、《宋史·孝宗本纪》（《宋史》第 3 册，第 683 页）。关于元代史家和诗家对任伯雨的评价，参见《宋史·任伯雨传》、方回《瀛奎律髓》卷四三（《影印文渊阁四库全书》，台湾商务印书馆 1986 年版，第 1366 册，第 478 页）。关于明清帝王臣僚和学者对任伯雨的态度，参见张豫章等《御选宋金元明四朝诗》卷八七（《影印文渊阁四库全书》，台湾商务印书馆 1986 年版，第 1444 册，第 215 页）、商辂等《御批续资治通鉴纲目》卷九（《影印文渊阁四库全书》，台湾商务印书馆 1986 年版，第 693 册，第 316 页）、傅恒等《御批历代通鉴辑览》卷七九（《影印文渊阁四库全书》，台湾商务印书馆 1986 年版，第 338 册，第 279—280 页）、王夫之《宋论》卷八（《续修四库全书》，上海古籍出版社 2001 年版，第 450 册，第 430 页）。

④ 按：参见秦观《泸州使君任公墓表》（《淮海集》卷三三，《影印文渊阁四库全书》，台湾商务印书馆 1986 年版，第 1115 册，第 602 页）、苏轼《任师中挽词》（《东坡全集》卷一三，《影印文渊阁四库全书》，台湾商务印书馆 1986 年版，第 1107 册，第 212 页）、费衮《梁溪漫志》卷四（《影印文渊阁四库全书》，台湾商务印书馆 1986 年版，第 864 册，第 714 页）。

⑤ 按：详见下文及参见苏轼《答任德翁》、《与任德翁》、《志林·梦寐》（苏轼《东坡全集》卷八〇、卷八三、卷一〇一，《影印文渊阁四库全书》，台湾商务印书馆 1986 年版，第 1108 册，第 296、344、608 页）、费衮《梁溪漫志》卷四（《影印文渊阁四库全书》，台湾商务印书馆 1986 年版，第 864 册，第 720 页）。

⑥ （宋）王称：《东都事略》卷一〇〇，孙言诚、崔国光点校，《二十五别史》，齐鲁书社 2000 年版，第 859—861 页。

元代《宋史·任伯雨传》① 以及南宋魏了翁的《跋任谏议伯雨帖》②。这三种史料中关于任伯雨生平行迹的记载存在一些疏缺和舛误，现据更多史料加以补正。

一　关于任朝官之前生平行迹的史料考补

《东都事略》对任伯雨任朝官前的仕路记载颇为省缺，迳称"举进士，调清江主簿，知雍丘县"。后出之《宋史·任伯雨传》直接承引为"中进士第，调施州清江主簿……知雍丘县"。据《宋登科记考》中的考证，任伯雨登进士第是在元丰五年（1082），所据为《嘉庆四川通志》卷一二二《选举志·进士》③，则任伯雨任清江县主簿的时间亦为此年。

任伯雨在知雍丘县之前曾任薛州学官和广陵郡王院大小学教授，此事不见于《东都事略》、《宋史》之《任伯雨传》和《跋任谏议伯雨帖》。

先看任伯雨任薛州学官的时间问题。唐庚《眉山文集》中有一篇《上任德翁序》，题下小注曰"时年十五"。序中称"薛郡任公之教授通义也，士之……抱书束带优游于泮宫者数百人……唐某攘袂登门……公一见而嗟异之……劝解勤笃，教谕款密。某处之而不能自安……吾将……高飞远举于天下，使天下人指之曰：'斯人也，出于任公之门。'以是报之。"④ 唐庚，眉州丹棱人，生于熙宁四年（1071）⑤，则其《上任德翁序》当作于元丰八年（1085），可见任伯雨被任命为"薛郡"学官的时间当在此年之前。唐庚所言"薛郡"即薛州，据《中国古今地名大辞典》和《中国历史地图集》，北宋薛州在今四川宜宾珙县附近，虽距唐庚的家乡眉州丹棱较远，但都在四川，盖唐庚少年时曾离开眉州赴薛州游学。

再看任伯雨任薛州学官的因由。眉州彭山人吕陶《净德集》中有一篇

①　（元）脱脱等：《宋史》卷三五四，中华书局 1977 年版，第 31 册，第 10964—10967 页。

②　（宋）魏了翁：《鹤山集》卷六〇，《影印文渊阁四库全书》，台湾商务印书馆 1986 年版，第 1173 册，第 16—17 页。

③　龚延明、祖慧：《宋登科记考》，凤凰传媒出版集团、江苏教育出版社 2005 年版，第 5 册，第 1893 页。

④　（宋）唐庚：《眉山文集》卷九，《影印文渊阁四库全书》，台湾商务印书馆 1986 年版，第 1124 册，第 376 页。

⑤　《唐庚小传》，北京大学古文献研究所编《全宋诗》，北京大学出版社 1995 年版，第 23 册，第 14991 页。

《奏举任伯雨充学官状》："臣先准朝旨举内外学官二人……今伏见前施州清江县主簿任伯雨素有文行，今保举充学官任使。"① 吕陶在奏举疏中称"前施州清江县主簿任伯雨"，此"前"字是我们推断任伯雨由清江主簿调任薛州学官因由的重要线索。《宋史·任伯雨传》载任伯雨调清江主簿后，"郡守檄使莅公库，笑曰：'里名胜母，曾子不入，此职何为至我哉？'拒不受。"是则当时任伯雨被任命为公使库长官时，清江主簿一职已为他人所得，其拒绝上任后暂时没有职务，处于"失业"的空当，而此时吕陶正在四川任职，恰巧手头有一个荐举学官的机会，于是才发生了吕陶奏举其为"薛郡"学官的事情。这一推断的时间依据是任伯雨始任清江主簿是在元丰五年（1082），此年至元丰八年（1085）期间吕陶知广安军。②

苏轼的一段记载使得我们可以进一步考证任伯雨任学官的时间。苏轼在被贬岭南的途中曾路遇任伯雨，其将整个过程记载如下："宣德郎、广陵郡王院大小学教授眉山任伯雨德公，丧其母吕夫人……德公舟行扶枢归葬于蜀，余方贬岭外，遇吊德公楚、泗间，乃为之记。"③ 苏轼"方贬岭外"，当指其哲宗绍圣元年（1094）被贬惠州时，距唐庚神宗元丰七年（1084）作《上任德翁序》已十年。这样看来，自清江县主簿调任薛州学官后，任伯雨在学官任上已过了至少十年。按常理推测，当是任伯雨在四川薛州任学官有日，后被调任广陵郡王院大小学教授。苏轼用"宣德郎、广陵郡王院大小学教授"来称呼任伯雨，说明其待遇级别是宣德郎，实际职务是大小学教授。在广陵郡王院任职期间，奉养在身边的母亲去世，任伯雨扶枢归乡，此后应在家守制三年。至于任伯雨始任广陵郡王院大小学教授的时间，已不可详考，其离任广陵郡王院的时间则是与苏轼相逢的绍圣元年（1094）。

至于任伯雨任雍丘县知县的时间，可通过其为母守制的时间推考。哲宗绍圣元年（1094），任伯雨扶母枢由广陵归眉山，则此年当为其守制开始之年，通常应三年后才可外出做官。据此，任伯雨始任雍丘知县当在哲

---

① （宋）吕陶：《净德集》卷五，《影印文渊阁四库全书》，台湾商务印书馆 1986 年版，第 1098 册，第 42 页。

② 王智勇：《吕陶年谱》，四川大学古籍整理研究所等编《宋代文化研究》（第七辑），巴蜀书社 1998 年版，第 149 页。

③ （宋）苏轼：《东坡全集》卷一〇一，《影印文渊阁四库全书》，台湾商务印书馆 1986 年版，第 1108 册，第 608 页。

宗绍圣四年（1097）或稍后。《大清一统志》之"开封府·名宦"称任伯雨"哲宗时，知雍丘县"①，也可帮助印证此点。

任伯雨离任雍丘知县的原因和时间亦可考知。元符三年（1100）二月哲宗去世后，向太后听政，七月还政给徽宗。②徽宗亲政初期，颇有祖述先人的气象，很重视言路，宰相韩忠彦又援用耿直的谏臣③。其本人有一首《述怀》④诗，对此也有叙述。

此时任伯雨在雍丘知县任上颇有政绩，于是"使者上其状，召为大宗正丞。甫至，擢左正言"⑤。据任伯雨擢左正言的时间可推知期离任雍丘知县的时间，《述怀》和《跋任伯雨谏议帖》称这个时间是元符三年（1100）冬十月。

二 关于任朝官之后生平行迹的史料补正

关于任伯雨任朝官后的生平经历，《东都事略》、《宋史》和《跋任伯雨谏议帖》各有所载。三者都记载了"除左正言"、"知虢州"、"编管通州"、"徙儋州（昌化）"诸事，但也存在一些各有所记的事项，如《东都事略》之"提点明道宫"，《宋史》之"权给事中"、"度支员外郎"、"居海上三年而归"，《跋任伯雨谏议帖》之"诏送吏"部、"以赦自便，乃归通州"等。值得留意的是，魏了翁距任伯雨不过百年，作这篇《跋》时应该参考了不少今日已经亡佚的史料，所以《跋》中对任伯雨任朝官之后的行事时间记载十分详尽，但里面讹误也不少。

（一）任谏官的时间及其职务表现

上文已考，任伯雨任以左正言进入言路是在元符三年（1100）冬十月，其离开言路的时间亦可考得。《宋史·任伯雨传》称"伯雨居谏省半岁……大臣畏其多言，俾权给事中……将劾曾布。布觉之，徙为度支员外

---

① 《嘉庆重修一统志》卷一八八，《四部丛刊续编》，商务印书馆1934年版，开封府·三·第十二页。

② （元）脱脱等：《宋史》卷一九，中华书局1977年版，第2册，第358、359页。

③ 详见下文任伯雨《述怀》等处。

④ （宋）任伯雨：《述怀》，北京大学古文献研究所编《全宋诗》，北京大学出版社1995年版，第18册，第11798页。

⑤ （元）脱脱等：《宋史》卷三五四，中华书局1977年版，第31册，第10965页。

郎"。可见,任伯雨在言路曾先后任左正言和权给事中两个职务。任伯雨离开言路的时间可据《御批续资治通鉴纲目》考知,其载曾布于建中元年(1101)三月"罢权给事中任伯雨"①,并以"敕具官某自谏路而迁省曹,元丰以来具有成比(按:旧例)"为借口②,将其调离谏院,徙为户部度支司任员外郎。③

对任伯雨这一时期的职务表现,史书和其本人各有所记。在担任左正言和权给事中期间,任伯雨上疏劾人论事颇多。《东都事略》称其"为谏官仅半载,所上一百八疏"。照此数据计算,当日任伯雨平均每一天半就要上疏一封规谏皇帝或弹劾权臣。《东都事略》和《宋史》在叙述任伯雨这一时期的事迹时,对任伯雨的奏疏曾摘引数则,其对任伯雨事迹的还原也应据这些奏疏而成。但任伯雨这一时期的奏疏超过百篇,仅在《全宋文》中就保存了 45 篇,其中所涉事迹有很多当时未被《东都事略》和《宋史》中《任伯雨传》的撰写者所采用。其本人在《述怀诗》中对这一时期的行为和心态有所记录。

(二)对《跋任伯雨谏议帖》的几个疑问

《跋任伯雨谏议帖》载:"建中靖国之春三月,以忤曾布罢言职,为度支郎。又两日,出知虢州。五月至虢,以后犹言事不置,乃诏送吏部。明年改崇宁,十月除名勒停,编置通州。"黄以周等在《续资治通鉴长编拾补》中引《十朝纲要》称"丙戌,任伯雨知虢州"④。检《皇宋十朝纲要》,的确载有"建中靖国元年……三月……丙戌,任伯雨知虢州……布方用事,伯雨谋击之。布觉,乃先罪伯雨言职。"⑤ 则任伯雨知虢州的具体日期当是建中元年(1101)三月"丙戌"。检《宋史·徽宗本纪》,建中靖国之春四月朔为辛卯⑥,以天干地支纪日表推之,三月确实存在"丙戌"

---

① (明)商辂等:《御批续资治通鉴纲目》卷九,《影印文渊阁四库全书》,台湾商务印书馆 1986 年版,第 693 册,第 315 页。

② (宋)邹浩:《任伯雨除度支员外郎制》,《道乡集》卷一五,《影印文渊阁四库全书》,台湾商务印书馆 1986 年版,第 1121 册,第 294 页。

③ (元)脱脱等:《宋史》卷三五四,中华书局 1977 年版,第 31 册,第 10967 页。

④ (清)黄以周等:《续资治通鉴长编拾补》卷一七,中书书局 2004 年版,第 633 页。

⑤ (宋)李𡽁:《皇宋十朝纲要》卷一五,《续修四库全书》,上海古籍出版社 2001 年版,第 347 册,第 536 页。

⑥ (元)脱脱等:《宋史》卷一九,中华书局 1977 年版,第 2 册,第 361 页。

日。尽管看起来《跋任伯雨谏议帖》并无问题，但我们仍有三个疑问。

一是建中靖国（1101）之春三月任伯雨被任命为度支员外郎后，已离开言路。从动机看曾布没有必要，从程序看也不太可能短短"两日"间再次让其发生职务变动。

二是任伯雨到达虢州上任后因"犹言事不置（按：不舍，不止）"而"诏送吏部"，并于一年之后被"除名勒停，编置通州"。"仍言事不止"与"诏送吏部"有何关联？朝廷再腐朽，也尚不至于因为一个知州"言事不止"而专门将其"诏送吏部"进行处理。退一步讲，若要处理，也不至于拖延到一年之后才出结果。

三是据《跋任伯雨谏议帖》，任伯雨"诏送吏部"是在建中元年（1101）五月至虢以后至崇宁改元（1102）以前这段时间，涉及五月、六月、七月、八月、九月、十月、十一月、十二月共8个月。任伯雨五月方至虢，其在当月缺乏构成"言事不止"的时间和程序要素，所以其五月便因言事不止而诏送吏部的可能性极小，故其被诏送吏部当在建中元年（1101）六月至十二月期间。这与当事诏书发布时间不同，《续资治通鉴》称任伯雨被诏送吏部的当事诏书是在崇宁元年（1102）五月乙亥发布。①

于是我们怀疑《跋任伯雨谏议帖》、《皇宋十朝纲要》等史料对任伯雨这段行事的叙述存在讹误。解决上述对于《跋任伯雨谏议帖》的三个疑问，还要从"诏送吏部"入手。据《续资治通鉴》："崇宁元年（1102）五月……庚午，臣僚上言：'先朝贬斥司马光等异议害政，播告中外，天下共知。……伏望陛下明谕执政大臣，使公共参议，详酌事体，原轻重之情，定大小之罪，上禀圣裁，特赐行遣。'……乙亥，诏：'故追复太子太保司马光……朝奉郎王岩叟、苏轼，各从裁减追复一官，其元追复官告并缴纳。王存……等四十人，行遣轻重有差。……任伯雨、陈祐、张庭坚、商倚等并送吏部，令在外指射差遣。'"② 按此所言，在向太后主政的五个月里曾给元祐党人追复过官职，此时向太后已死，徽宗恢复新政，有臣僚要求徽宗给元祐党人重新定罪。于是徽宗下诏收回当初的追复文书并裁减

---

① （清）毕沅：《续资治通鉴》卷八七，中华书局1957年版，第2232页。
② 同上。

追复官，任伯雨等人则"并送吏部，令在外指射差遣"，但从行文看任伯雨等人与裁减追复官毫无关系，不知为何要将他们一起"送吏部"。

且看此封诏书的另外一个版本，《诏》："故追复太子太保司马光降复右正议大夫……朝奉郎王岩叟降复定远军节度行军司马，朝奉郎苏轼降复崇信军节度行军司马，其元追复官告并缴纳。……比折磨勘资考年月应送吏部人，并令在外指射差遣，吏部依条差注。承议郎任伯雨准此。"① 至此，事情方明了。崇宁元年（1102）五月的"送吏部"是一次正常的官吏磨勘考核，考核后令被考核人"在外指射差遣"，即自己选择任职地点。但从"承议郎任伯雨准此"执行看，显然其不属此次的正常"比折磨勘资考年月"之列。宋元丰改制用承议郎代左右正言，此时已恢复新法，故左正言亦改称承议郎。据此诏书，此时任伯雨的身份是左正言，但其建中元年（1101）三月就彻底离开言路。这样看来，任伯雨建中元年（1101）三月离开言路任度支员外郎时应保留了承议郎（左正言）待遇。此时其身份应是以承议郎差遣户部度支员外郎。

至此，我们可以得出这样的结论：崇宁元年（1102）五月以承议郎差遣户部度支员外郎的任伯雨本不在吏部磨勘之列，但曾布或蔡京等人又要将其逐出京城，于是在朝廷下旨安排吏部磨勘的对象时，就产生了"承议郎任伯雨准此"的诏书。其实这句话的完整叙述应该是"承议郎、户部度支员外郎任伯雨准此"。任伯雨在崇宁元年（1102）五月乙亥以后比照吏部所磨勘官员，自由选择到地方任职。根据诏书："苏辙、范纯礼……任伯雨……凡五十余人，并令三省籍记，不得与在京差遣。"② 则任伯雨在"指射"时除了京城，其可以选择任何地点。现在看来，任伯雨所选地点应该就是虢州。

这样看来，任伯雨担任度支员外郎的时间应该是徽宗建中元年（1101）三月至徽宗崇宁元年（1102）五月。其外放虢州是在任度支员外郎一年零两个月后，而不是《跋任伯雨谏议帖》所言徽宗建中元年（1101）三月，并且度支员外郎的任职时间竟然为短到令人不可思议的"两天"。

---

① （清）黄以周等：《续资治通鉴长编拾补》卷一九，中书书局2004年版，第681页。
② 同上书，第682页。

以上我们证明了《跋任伯雨谏议帖》所载涉及的事件和时序均有误。更贴合史实的叙述应该是"建中靖国之春三月，以忤曾布罢言职，为度支郎，以后犹言事不置。明年改崇宁，五月乙亥乃诏送吏部在外指射差遣，又两日，出知虢州"。检《宋史·徽宗本纪》崇宁元年（1102）二月丙戌为朔①，则下诏命任伯雨指射的日期五月"乙亥"就是五月二十；"又两日"为五月二十三，这天朝廷同意任伯雨去虢州，此时距五月最后一天"丙戌"日尚有八九天。开封距虢州不到八百里，车行西上，八九天时间足够，任伯雨五月二十三出发当月便可到达，故《跋任伯雨谏议帖》有"五月至虢"之说。可见，任伯雨至虢州的时间是崇宁元年（1102）五月"丙戌"。《十朝纲要》及后世同一史料系统的史书所载"建中靖国元年（1101）……三月……丙戌，任伯雨知虢州"之"丙戌"当为崇宁元年（1102）五月丙戌。

（三）入元祐党籍的时间

《跋任伯雨谏议帖》称任伯雨崇宁元年（1102）"十月，除名勒停，编置通州。……三年，入党籍。"

任伯雨到虢州五个月后，正是徽宗崇宁元年（1102）十月。此时蔡京已独掌相权，开始清除朝中的敌对势力。"崇宁元年……十月甲寅，臣寮言：'任伯雨、陈次升其恶不在瓘、夬之下。'……诏任伯雨、张庭坚并除名勒停编管。"② 据此，任伯雨被蔡京打击的时间是崇宁元年（1102）十月。至于其被打击的原因，《东都事略·任伯雨传》称"以党论编管通州"，《宋史·任伯雨传》也称"崇宁党事作，削籍编管通州"，是则任伯雨的此番遭遇与"元祐党籍"相关。

那任伯雨是否被列入党籍呢？"辛丑，臣僚上言：'近出使府界，陈州士人有以端礼门石刻元祐奸党姓名问臣者，其姓名朝廷虽尝行下，至于御笔刻石，则未尽知也。……欲乞特降睿旨，具列奸党，以御书刻石端礼门姓名下外路州军，于监司长吏厅立石刊记，以示万世。'从之。御史台钞

---

① （元）脱脱等：《宋史》卷一九，中华书局1977年版，第2册，第363页。
② 佚名：《宋史全文》卷一四，《影印文渊阁四库全书》，台湾商务印书馆1986年版，第330册，第530页。

录到下项：……馀官：……秦观……任伯雨……"① 元佑奸党碑最初只有一块，而且立在宫中端礼门，端礼门是朝臣参见皇帝时整冠端履之处，地方士人对徽宗亲笔书写的元祐奸党碑当然没有机会目睹，而朝廷所下公文中的元祐党籍可能有与碑文不相合者，于是朝廷同意将端礼门碑文抄出，下发地方立石刻碑。而据御史台抄录的文字，端礼门石碑上有任伯雨的名字，由此可知在崇宁元年（1102）九月刻碑时任伯雨的名字便被列入党籍。崇宁元年（1102）九月，任伯雨被蔡京等人列入元祐党籍，十月被除名编管通州在时间上也就吻合。《跋任伯雨谏议帖》称其崇宁"三年，入党籍"，当属讹误。

（四）流徙编管昌化军儋州期间的生态和心态

对任伯雨流徙昌化一事，《宋史·任伯雨传》所记过于简略："为蔡卞所陷，与陈瓘、龚夬、张庭坚等十三人皆南迁，独伯雨徙昌化。"其他史书对此事的前因后果叙述比较清楚，如《续资治通鉴》："崇宁二年（1103）春正月……乙酉，贬窜元符末台谏官于远州；任伯雨昌化军，陈瓘廉州……并除名勒停，编管。……已上并永不得收叙。……蔡京、蔡卞怨任伯雨等之论己，检会其章疏以进，故有是贬。"②

任伯雨《述怀诗》曾记下路途中的艰险："转海仅万里，艰危备经历。有时遭飓风，天地如抹漆。雪浪山崩颓……扁舟甚桔橰（按：井上汲水的工具，谓在井中垂直起落状）……俯仰颠倒立……夤缘脱鱼腹。"③ 对儋州当地的生活条件，其有这样的记述："矮屋尽棚栏，臭秽如圈枥。家家啖菜粥，杂米无十一……颜色尽黄肿，大半抱瘴疾。"当年苏辙、章惇等人被流徙到雷州时，都要自行租住民房④。可见流人到达流徙地点后住房、饮食都要自理，而任伯雨在儋州的艰难远不止此。当地"鸟言纷嘲哳……

---

① （清）黄以周等：《续资治通鉴长编拾补》卷二二，中书书局 2004 年版，第 774 页。

② （清）毕沅：《续资治通鉴》卷八，第 2249 页。亦可参见黎靖德《朱子语类》卷第一二七（《影印文渊阁四库全书》，台湾商务印书馆 1986 年版，第 702 册，第 574 页）、脱脱等《宋史》卷四七二（第 39 册，第 13729—13730 页）、佚名《宋史全文》卷一四（《影印文渊阁四库全书》，台湾商务印书馆 1986 年版，第 330 册，第 530 页）、黄以周等《续资治通鉴长编拾补》卷二一（顾吉辰点校，中书书局 2004 年版，第 730—731 页）。

③ 北京大学古文献研究所编：《全宋诗》，北京大学出版社 1995 年版，第 18 册，第 11798 页。

④ （宋）王称：《东都事略》卷九五，孙言诚、崔国光点校，齐鲁书社 2000 年版，第 817 页。

其风贪以淫，其俗邪以僻。殆非人间世"，其与当地人的日常交流和对当地的文化认同都存在极大障碍。

事情也远未结束，"奸人犹未甘心，用匿名书复逮其仲子申先赴狱，妻适死于淮，报讣俱至。伯雨处之如平常……"① 任伯雨流徙儋州后，其妻应留在通州，通州归淮南东路管辖，故称其"死于淮"。任伯雨在儋州本已身心俱痛，儿逮妻亡的"报讣俱至"后其"处之如平常"只是表象，当时其心境应该如自己《述怀诗》所述："漆女倚门啸，我情独堙郁。"②

（五）自儋州内徙道州、恢复仕籍并追复为承务郎的时间和因由

对于任伯雨被徙儋州以后的行踪，《东都事略·任伯雨传》称其"以星赦移道州，以八宝赦提点明道宫"。《跋任伯雨谏议帖》亦称"（崇宁）四年，以星赦内徙道州"。是则任伯雨在崇宁四年（1105）因为朝廷"星赦"而被减轻了刑罚，承"皇恩"其流徙地点也改迁至道州。考《宋史·徽宗本纪》，崇宁四年"九月己亥，赦天下。乙巳，诏元祐人贬谪者以次徙近地，惟不得至畿辅"③。这条史料可证明徽宗崇宁四年九月任伯雨以"赦"自儋州内徙道州确有其事，但并不能证明是由于"星赦"。并且，《宋史·徽宗本纪》和马端临《文献通考》对徽宗在位期间的历次星变和星赦记载详确，唯独崇宁四年"九月己亥，赦天下"没提"赦"的原因。尤其奇怪的是，比《宋史》早出的马端临《文献通考·赦宥》备载徽宗时期的大小赦免情况，崇宁四年却是空白。④

考《皇宋通鉴长编纪事本末》："崇宁四年九月，九鼎成。己亥，御笔手诏：'元祐奸党，诋诬先帝，罪在不赦，曩屈常宪，贷与之生，屏之远方，固无还理，弃死贬所，岂不为宜！……一夫失所，朕尚恻然。用示至仁，稍从内徙……任伯雨昌化军移道州。'"⑤ 九鼎是传国宝物，象征国家政权，九鼎铸成是一件关乎国脉的大吉之事。显然，崇宁四年九月，任伯雨以

---

① （元）脱脱等：《宋史》卷三五四，中华书局1977年版，第31册，第10966页。

② 北京大学古文献研究所编：《全宋诗》，北京大学出版社1995年版，第18册，第11798页。

③ （元）脱脱等：《宋史》卷二〇，中华书局1977年版，第2册，第375页。

④ （宋）马端临：《文献通考》卷一七三，中华书局1986年版，第1497页。

⑤ （宋）杨仲良：《皇宋通鉴长编纪事本末》卷一二四，《续修四库全书》，上海古籍出版社2001年版，第387册，第326页。

"赦"自儋州内徙道州应该与此有关。

徽宗崇宁四年究竟有无星赦或有无九鼎之赦已不可确考，史书却记载了崇宁五年（1106）正月的一次星赦。这次星赦起于一次彗星星变，《东都事略·蔡京传》称："五年，彗出西方，其长竟天，徽宗震惧。"① 这次星变给徽宗造成的震惧的确不小，《宋史·徽宗本纪》称："崇宁……五年正月乙巳，以星变，避殿损膳，诏求直言阙失。"② 星变和"诏求直言阙失"给反对元祐党籍碑的人提供了一次难得的话语空间，于是导致一件重要的事情发生，即毁元祐奸党碑，复谪者仕籍。《宋史·徽宗本纪》载："毁元祐党人碑，复谪者仕籍，自今言者勿复弹纠。"③《皇宋通鉴长编纪事本末》对此言之较详，现引录如下："崇宁五年正月戊戌，是夕，彗星出西方……乙巳，诏以星文变见，避正殿，损常膳。中外臣僚等并许直言朝廷阙失。又诏：'应元祐及元符末系籍人等人，合既迁谪，累年已足惩戒，可复仕籍，许其自新。朝堂石刻，已令除毁。如外处有奸党石刻，亦令除毁，今后更不许以前事弹纠，常令御史台觉察，违者劾奏。'……丁未，大赦天下，应合叙用人，依该非次赦恩与叙……庚戌，三省同奉圣旨，依下项收复：……刘挚，追复朝请大夫。……王岩叟，追复宣义郎。……任伯雨，特授承务郎。"④ 可见，得益于徽宗崇宁四年五月彗星横扫天空的一次星变，徽宗接受了部分朝臣的上谏，毁掉天下元祐党人碑，并恢复党人碑削去的仕籍，其中任伯雨在恢复仕籍时被定职为承务郎。

至此可知，徽宗崇宁四年九月任伯雨盖以"九鼎赦"自儋州内徙道州。崇宁五年正月，又以"星赦"恢复仕籍，被追复为承务郎。《东都事略》和《跋任伯雨谏议帖》等史料中"（崇宁）四年，以星赦内徙道州"之说有误。元代脱脱等人修《宋史·任伯雨传》时对《东都事略·任伯雨传》因袭颇多，却唯独没有采用"以星赦移道州"一句，并不言此年之后的事情，可谓谨慎。

---

① （宋）王称：《东都事略》卷一〇一，孙言诚、崔国光点校，齐鲁书社 2000 年版，第 867 页。

② （元）脱脱等：《宋史》卷二〇，中华书局 1977 年版，第 2 册，第 375 页。

③ 同上。

④ （宋）杨仲良：《皇宋通鉴长编纪事本末》卷一二四，《续修四库全书》，上海古籍出版社 2001 年版，第 387 册，第 327 页。

（六）提点明道宫和"自便"归通州诸事

任伯雨崇宁五年正月内徙道州以后的行事，目前可以查考的史料只有《跋任伯雨谏议帖》，其载："大观之明年，又以赦自便，乃归通州。今帖中所谓'戊子即自便之年而寄食海埌'，即指通州也。"大观之明年即徽宗大观二年（1108），干支纪年为戊子年。任伯雨自称"自便"之后"寄食海埌"，"寄食"表明没有归家乡眉州。通州在今江苏南通，地理位置与"海埌"正相契合。这样看来，《跋任伯雨谏议帖》中所言其自便之后归通州的可信度也就极大。但任伯雨"自便"归通州是否因"赦"却值得怀疑。崇宁五年正月任伯雨就以"星赦"恢复仕籍时被追复为承务郎，已不是戴罪之身，而"赦"的受惠对象是罪人，所以其行事没有理由和"赦"构成关联，否则只有一种可能，那就是任伯雨自徽宗崇宁五年正月追复承务郎后，在当年或大观元年（1107）又重新获罪。

《跋任伯雨谏议帖》既称"大观之明年，又以赦自便，乃归通州"，《东都事略》又有"以八宝赦提点明道宫"这样时间笼统的文字。显然，我们很容易将徽宗大观二年（1108）、八宝赦、提点明道宫、自便、归通州这些关键词联系起来，但如何梳理这些关键词之间的关系是一个问题。

考徽宗大观二年的确有"八宝赦"。《文献通考·赦宥》：大观"二年，受八宝，赦"①。《宋史·徽宗本纪》：大观"二年春正月壬子朔，受八宝于大庆殿，赦天下"②。考之正史所载，未能尽知何为"八宝赦"。南宋中期赵彦卫《云麓漫钞》对徽宗时所获"八宝"和"八宝赦"始末有详尽的考察③，从中可知徽宗大观二年（1108）正月初一举行了受宝仪式，并大赦天下，此即八宝赦。

考《文献通考·赦宥》和《宋史·徽宗本纪》，大观二年除八宝赦之外并无他赦。可见，《跋任伯雨谏议帖》所言任伯雨于徽宗大观二年（1108）"以赦自便，乃归通州"之"赦"只有"八宝赦"一种可能。这样，《跋任伯雨谏议帖》就可以构成"任伯雨以八宝赦自便，乃归通州"

---

① （宋）马端临：《文献通考》卷一七三，中华书局 1986 年版，第 1497 页。

② （元）脱脱等：《宋史》卷二〇，中华书局 1977 年版，第 2 册，第 380 页。

③ （宋）赵彦卫：《云麓漫钞》卷一五，《影印文渊阁四库全书》，台北商务印书馆 1986 年版，第 864 册，第 407—409 页。

这一逻辑陈述。然而徽宗大观二年正月"受八宝于大庆殿，赦天下"时"文武进位一等"，按常理身为承务郎的任伯雨此时应该是静待"进位一等"。显然，《跋任伯雨谏议帖》中"因八宝赦而免罪自便"这一说法不符合其当时的处境。并且，《东都事略》中又称其"以八宝赦提点明道宫"，这种现象该如何解释？我们只能这样推断：任伯雨在徽宗崇宁五年正月追复承务郎后，于当年或大观元年因某种缘故被定罪，被夺去承务郎一职。受惠于大观二年正月的八宝赦，又改授提点明道宫。提点明道宫则是个隶属于鸿胪寺的闲职①，当时任伯雨年已六十有余，心生致仕之心，于是借机上疏辞官养老，得旨"自便"后，盖因亡妻权厝于通州，便寄食其地。

大观二年正月以后，任伯雨回到通州，大概时间较长，在当地后世较有影响，故建有三贤祠奉祀他。此后的行事已无史料可查，只有《宋史》载："宣和初，卒，年七十三。"

结　语

《宋史·任伯雨传》对《东都事略·任伯雨传》既有因袭，也有补充和舍弃。魏了翁《跋任谏议伯雨帖》应参考了不少今日已经亡佚的史料，故《跋》中对任伯雨的仕宦行事时间和一些事迹的记载为两篇《任伯雨传》所无，但也存在较多讹误和疏缺。《皇宋十朝纲要》中对任伯雨仕宦行迹的记载也存在时序方面的舛误，并为后世同系史料所沿袭。希望上述对任伯雨生平行迹史料的补正，能有助于梳理其人生履历，进而有助于解读其诗文，探寻其行为和心态。

---

① （元）脱脱等：《宋史》卷一六五，中华书局 1977 年版，第 12 册，第 3903 页。

汤显祖《粤行五篇》考

刘世杰*

内容提要 汤显祖于明万历十九年（1591），被贬为广东徐闻典史添注，经过三年的流放生活，量移浙江遂昌知县。在流放广东的三年里，汤显祖写了很多诗文，其中有《粤行五篇》。但是究竟是指哪几篇，众说纷纭。经过考证，《粤行五篇》是《哀伟朋赋》、《东莞县晋黄孝子特祠碑》、《游罗浮山赋》、《明复说》和《贵生书院说》。

关键词 汤显祖 《粤行五篇》 考证

汤显祖于明万历十九年（1591）四月，为上《论科臣辅臣疏》，被贬为徐闻典史添注。当年九月初，汤显祖离开临川老家，踏上南行之路。汤显祖在徐闻典史任上，整整三年。之后量移浙江遂昌县令。① 在流放广东的三年里，汤显祖写了很多诗文，其中有《粤行五篇》。但是究竟是哪几篇，众说纷纭。

一 《粤行五篇》的由来

《粤行五篇》，最早见于明代余寅《农丈人集》卷一九《题汤义粤行五篇》："临川汤义上书得罪，谪尉雷之徐闻，著《粤行五篇》，洪都丁右武刻之巡海署中。大抵阐绎奥约，衣绍圣者，标表懿人，警悟淫俗。在陕犹

---

* 作者简介：刘世杰，广东海洋大学文学与新闻传播学院教授。

① 刘世杰：《汤显祖被贬徐闻典史时间考略》，《中国社会科学报》2014年10月31日；刘世杰：《汤显祖量移遂昌县令时间考》，《甘肃社会科学》2015年第3期。

鸣，不甘湮郁。树正的而靖风靡，实焉斯赖。"① 吴书荫先生在按语里说："此书有助于研究汤氏贬谪时的思想，可是从不见著录。既云已刻行，不知尚存世间否？"这里，余寅的《题汤义粤行五篇》，提到《粤行五篇》，就是汤显祖在广东所写的主要文章。但没有具体说明汤显祖的《粤行五篇》具体篇目，主要概括了《粤行五篇》的大旨。吴先生认为"不见著录"，似乎觉得此书已经失传。实际上，汤氏的《粤行五篇》都在《汤显祖集》中，只是具体是哪几篇，有不同的说法。徐闻县原贵生书院博物馆馆长吴凯先生在《汤显祖〈粤行五篇〉补读记》中指出，除《贵生书院说》、《明复说》之外，"汤显祖在徐闻还写了两篇文章，一篇是《为守令谕东粤士大夫子弟文》，一篇是《为士大夫谕东粤守令文》"，"又在粤行五篇中终于发现了被遗漏的一篇，那就是《东莞县晋黄孝子特祠碑》"，云云。

《粤行五篇》，就是汤显祖在粤所写的五篇文章。通过查找文献和梳理，笔者认为《粤行五篇》就是《哀伟朋赋》、《东莞县晋黄孝子特祠碑》、《游罗浮山赋》、《明复说》、《贵生书院说》。

二 《哀伟朋赋》

《哀伟朋赋》是汤显祖《粤行五篇》的第一篇。《哀伟朋赋》和《东莞县晋黄孝子特祠碑》就是"标表懿人，警悟淫俗"的两篇。据该赋序称："辛卯秋，（镐）裁六十，来送予岭南，握手而叹曰：'伯宗与予，独一子，皆不好读父书，无能言其父者，即从此长别。子能忘言于故友乎？'……去大梅之南，夜梦镐来告别，指伯宗之旧馆曰：'镐其如是矣。'予惊而晤，曰：'有是耶！'起而发烛踟伫，为赋而哀之。"赋中又说："九日登予于盱姥，十月遭予于浈阳。忽周君兮见梦，俨颜髯之秀苍。指伯宗之旧居，望白云而歌商。呜呼已矣，其亡其亡！"

汤显祖《哀伟朋赋》写于万历十九年（1591）十月，经过广东英德浈阳峡之时。这也是汤显祖被贬南下徐闻的路上，写下的第一篇赋作。赋中深情地歌颂了作者和饶崙（伯宗）、周宗镐（无怀）三人之间"友朋之义，取诸同心"的友谊。当饶崙逝世之时，汤显祖"惊投于床，司业刘生，叫

---

① 吴书荫：《曲品校注》，中华书局1990年版，第30页。

绝于堂"，"为汝半葺兮素带，三旬兮缟裳。遇同官而见哂，慨朋友之礼亡"，可知汤显祖和饶崙交情的深厚。如今周宗镐为汤显祖被贬徐闻送行，汤显祖在经过英德浈阳峡的夜里，又梦见周宗镐来告别。梦醒之后，伤感已极，就写下《哀伟朋赋》，既是对逝者饶崙的哀感和怀念，也是对生者周伯宗的同情和感伤，同时也流露出汤显祖被贬途中的孤独郁闷之情。

汤显祖此时还写有《浈阳峡》："窈窕香炉峡，玲珑皋石山。翠禽回浪急，玄狖接峰间。"浈阳峡，又称皋石山，在英德市南十五里处。而被认为"或作于万历十九年（1591）辛卯，时在南贬徐闻道中"的《忆无怀伯宗》一诗，就不一定是同时所作了。该诗说："抗壮成三友，催藏见一翁。吞声九泉下，流泪寸心中。"有人还"笺"说："三友指周宗镐、饶崙伯宗及汤显祖。饶崙卒于显祖任官南京时，宗镐今年卒。见《玉茗堂赋》之五《哀伟朋赋》。'催藏见一翁'，谓己独存也。"① "或作于万历十九年辛卯"的"或"，就是也许。也许就是不肯定。既然是也许和不肯定，那么凭什么就可以推理出"时在南贬徐闻道中"这个结论呢？甚至得出"宗镐今年卒"呢？这种建立在假想的支点上的所谓依据，并以此进行推理判断，得出的所谓结论，还有什么科学意义吗？九月上旬周宗镐还给汤显祖送行，过了不到一个月，周宗镐不一定就去世了。即使去世了，汤显祖正在南贬徐闻的途中，当时的通讯条件不像今天，一个电话就可以知道了，那么汤显祖是怎样得到周宗镐去世的消息的？难道有快马追赶上汤显祖的吗？或者汤显祖有什么奇异功能？徐朔方认为，汤显祖的《戏答无怀周翁宗镐十首》② "作于万历二十四年（1596）丙申秋。……诗第四首涉及矿税事。据《明史神宗本纪》，七月乙酉始遣中官开矿于畿内。未几，河南、山东、山西、浙江、陕西悉令开矿"③。前面说周宗镐万历十九年就死了，这里又说万历二十四年还写给周宗镐"戏答"的诗，难道是周宗镐死而复生了吗？只能说，周宗镐万历二十四年以后还活着。揆之情理，这首《忆无怀宗镐》诗是汤显祖得知周宗镐去世的消息后有感而作，而绝对不可能写于万历十九年十月。周宗镐之卒，应在万历二十四年之后。

---

① 徐朔方：《汤显祖全集》，北京古籍出版社1999年版，第437页。
② 同上书，第501页。
③ 同上书，第502页。

三 《东莞县晋黄孝子特祠碑》

《东莞县晋黄孝子特祠碑》是汤显祖《粤行五篇》的第二篇，也像《哀伟朋赋》一样，"标表懿人，警悟淫俗"。万历十九年仲冬，汤显祖到达徐闻。汤显祖《寄江陵张幼君》："辛卯中冬，与令兄握语雷阳，风趣殊苦。辄见贵人言之，况也永叹！"这里的张幼君就是张居正的三子张懋修。"令兄"就是长子张嗣修。辛卯中冬，时间是万历十九年十一月。这就是汤显祖到达徐闻的大致时间。

汤显祖什么时间去东莞县的？《东莞县晋黄孝子特祠碑》说："今上辛卯夏，余以言事尉海北。冬，道南海，过哭再从父墓东莞焉。抚友人祁衍曾之孤，遂如罗浮。而诸生陈君启心者，乃以书来，为其先贤晋孝子黄公舒特祠，欲有以记也。"如果汤显祖所记没错的话，似乎此文是作于万历十九年冬。但是，这里的"冬"是万历十九年的"冬"吗？有人说，该文"或是年作"①。这个"或"，也许就是不肯定。既然是也许和不肯定，凭什么又把该文放在年谱的万历十九年条下呢？这种建立在假想的支点上的所谓依据，并以此进行推理判断，得出的所谓结论，还有什么科学意义吗？实际上，万历十九年冬，汤显祖不可能去东莞的。该碑文写的"而诸生陈启心者，乃以书来"就告诉我们，是东莞的诸生陈启心写来了信，要汤显祖写一篇碑文。汤显祖于万历十九年中冬到达徐闻，如果没有到达徐闻，而是在去徐闻的路上，陈启心怎么能有书信来呢？汤显祖又怎样能接到陈启心的书信呢？这样看来，汤显祖应该是到了徐闻之后，陈启心给汤显祖写信。汤显祖在徐闻接到了陈启心的信，才去东莞县。然后，汤显祖"遂如罗浮"。那么，汤显祖去东莞，就不能"迁道"，而只能在到达徐闻之后的第二年，即万历二十年（1592）冬，而不能是万历十九年冬。那么，《东莞县晋黄孝子特祠碑》应作于万历二十年冬。

四 《游罗浮山赋》

《游罗浮山赋》是《粤行五篇》的第三篇。《游罗浮山赋》是一篇赋

---

① 徐朔方：《汤显祖年谱》，上海古籍出版社 1980 年版，第 101 页。

体游记，事实上，和下一篇《明复说》一样，"在阨犹鸣，不甘湮郁。树正的而靖风靡，实焉斯赖"。这篇游记之赋，有人认为"作于万历十九年（1591）辛卯十一月，四十二岁，时在贬官徐闻典史途中，迁道往游罗浮"①，这里的"迁道"二字，没有任何文献依据，值得思考和推敲。上文说到，汤显祖万历二十年冬先去东莞县，写了《东莞县晋黄孝子特祠碑》之后，"遂如罗浮"。那么，《游罗浮山赋》应该也是写于万历二十年十一月。

笔者之所以认为《游罗浮山赋》写于万历二十年十一月，主要是根据汤显祖在广东徐闻三年的历史实际而断定的。万历十九年冬，汤显祖到达徐闻。万历二十二年（1594）正月离开徐闻。这中间是整整三年时间。万历十九年的十月，汤显祖刚到徐闻，顾不上去东莞，"遂如罗浮"。万历二十年（1592），二十一年（1593），这两个之中的一个年份，汤显祖是可以去的。问题是，究竟是在万历二十年的十月还是万历二十一年的十月？以笔者的判断，是万历二十年的十月。《游罗浮山赋》序文称："辛卯冬十月，始以出尉徐闻，速令尹崔子玉于南海，迟文学翟从先于东莞。"这里说的"辛卯冬十月，始以出尉徐闻"，是说汤显祖从万历十九年十月开始，以县尉的身份在徐闻，并非是这年的十月去东莞而游罗浮。"速"，动词，作"召请"解。《周易·需》："有不速之客三人来"。即是说，有三位未经召请的客人来了。②"迟"，待。就是说，召请南海县令崔子玉来，在东莞待教谕翟从先来。那么，召请崔子玉，是要派人告诉崔子玉的。如果汤显祖在贬谪徐闻的途中，有法派人去南海送信给崔子玉吗？显然不可能。这就是根据事实判断，汤显祖约请崔子玉、翟从先游罗浮山，不可能是在万历十九年十月的根据。还有，汤显祖喜爱游山水，特别是对罗浮山，早已经是心向往之，序文里也有交代，"每与友人祁衍曾叹恨其奇，大有终焉之志。而束官陵祀，升践靡由"。这次既然去东莞，就约好崔子玉、翟从先来游罗浮山，也是情理之中事。

再从《东莞县晋黄孝子特祠碑》一文看，汤显祖万历二十年十月先去

---

① 徐朔方：《汤显祖全集》，北京古籍出版社 1999 年版，第 988 页。
② 陕西师范大学编：《古汉语虚词用法词典》，陕西人民出版社 1988 年版，第 426 页。

东莞，应诸生陈启心之求写碑文，然后"遂如罗浮"，这样才不会远离事实。那么，汤显祖的《游罗浮山赋》也应该是写于万历二十年十一月。

汤显祖《答崔子玉明府朱明洞相迟不至》二首："玉洞凭高枕，朱陵坐欲曛。罗浮窥日早，还待蹑飞云。""到们反影薄，极望青霞开。海上神仙令，能游仙尉来。"① 这是说崔子玉应约来游了罗浮山，半道上之后，崔子玉和翟点苍等人，就没有和汤显祖陪游到底。"诧木末崔子玉之下来，怆石罅翟点苍之困歇"，汤显祖在游朱明洞的时候，崔子玉等人就没陪游。所以序文中汤显祖说，"同人不前，独往弥胜。从数羽衣人芰蕴而上，鸟道二十余里"。这说明汤显祖在前一个阶段是和同人同游罗浮山，而在最后的二十余里，汤显祖是和道士们一同登山游玩的。还有《罗浮上簾泉游避雨蝴蝶洞，迟南海崔子玉不至》四首②，诗题也是明白写出在蝴蝶洞等崔子玉，崔子玉等人没有陪游到底的情形。

《游罗浮山赋》中，提到了两个人，一个是嘉靖时的广东增城人湛若水，另一个是叶春及。湛若水在罗浮山已成遗迹。"彼增城之湛子，洵赤海之名儒。匪淳耀其外丽，有神精而内摅。吐经书以玄澹，集龙凤以娱娱。若洙泗之闾闾，俨夏屋之渠渠。委楼观于山精，寄田业于门徒。圣无存而不妙，凡有亡而必粗。疑海波之增减，窥户牖之有无。蕴苦心其为谁，遡流风而涕俱"，汤显祖对湛若水无限怀念之情，神往之敬，竟至于泪流满面。

关于叶春及的记载《神宗实录》上有两处，一是万历二年（1574）八月壬寅朔，"戊辰（八月十五）……惠安县知县今升广西宾州知州叶春及以知州职仍管该县事。"③ 二是万历三年（1575）五月戊戌朔，"乙巳（五月初八）……宾州知州叶春及革职为民。以入境逃回不赴任故。因敕今后有托疾避难及擅离职守的，都著一例查参，不许但行于杂流卑职而纵于甲科大官，以乖正大公平之体。"④《明史》上也有记载："叶春及，归善人。

① 徐朔方：《汤显祖全集》，北京古籍出版社 1999 年版，第 448 页。
② 同上书，第 449 页。
③ 《神宗实录》卷二八。
④ 《神宗实录》卷三八。

由乡举授福清教谕。上书陈时政，缅缅三万言。终户部郎中。"① 《中国人名大辞典》"叶春及"条："明归善人。字化甫。隆庆初由乡举授教谕。上书陈时政三万余言，都人传诵。迁惠安令，民感其德。寻引归。以太常卿艾穆荐，起郧阳同知。入为户部郎中卒。春及工诗文，有《石洞集》。"② 《中国文学家大辞典》载："叶春及字化甫，号石洞，归善人。生于明世宗嘉靖十一年，卒于神宗二十三年，年六十四岁。嘉靖三十一年（1552）举人，授福清教谕。上书陈时政三万言，都人传诵。迁惠安令，多善政。寻引归。因太常卿艾穆荐，起郧州同知。入为户部郎中，卒。春及工诗文，有《石洞集》一八卷，（《四库总目》）行于世。"③ 徐朔方先生说，叶春及"万历二十一年出任郧阳同知。见《郧阳府志》卷五及《明史》卷二二九"④。根据以上文献可以知道，叶春及生于嘉靖十一年（1532），卒于万历二十三年（1595），年六十四岁。嘉靖三十一年（1552）举人。万历二年（1574）以惠安知县的资格升为宾州知州，但是仍管惠安县该县事。万历三年（1575）五月初八，宾州知州叶春及革职为民，以入境逃回不赴任故。万历皇帝还专为此事下了圣旨。因敕今后有托疾避难及擅离职守的，都一例查参，不许但行于杂流卑职而纵于甲科大官。到了万历二十一年（1593），叶春及才经艾穆的推荐，任了郧阳同知。这样看来，当汤显祖万历二十年（1592）十月来游罗浮山之时，叶春及还在罗浮山中隐居。所以汤显祖在《游罗浮山赋》中才有"若有人兮山中，叶公逃其大夫"，序中才有"听泉于叶大夫春及之廊阿"。这又一次证明，汤显祖《游罗浮山赋》写于万历二十年十一月。

汤显祖游罗浮山时，有一首《罗浮叹别逃菴主人》，诗序说："甘泉公兴儒破道而山毁，惜之。"诗的后四句是："桂树炎州当户见，莲花漏水接窗闻。何时共蹑金梁影，坐看扶桑到日曛。"这里的"逃菴主人"是否叶春及，也未可知。因为叶春及是入境逃回不赴任而被革职为民的知州，在罗浮山隐居，自称"逃菴主人"，还是汤显祖戏称叶春及是"逃菴主人"，

---

① 《明史》卷二二九，中华书局 1974 年版，第 6005 页。

② 臧励龢：《中国人名大辞典》，上海书店 1980 年版，第 1303 页。

③ 谭正璧：《中国文学家大辞典》，上海书店 1981 年版，第 1160 页。

④ 徐朔方：《汤显祖全集》，北京古籍出版社 1999 年版，第 989 页。

这个就不得而知了。

五 《明复说》、《贵生书院说》

《明复说》是汤显祖《粤行五篇》的第四篇。《明复说》是最能体现余寅所说"大抵阐绎奥约，衣绍圣者"的"说"体之文。"天命之成为性，继之者善也。显诸仁，藏诸用，于用处密藏，于仁中显露。"这篇"说"应该写于汤显祖建成贵生书院之后，万历二十一年（1593）年底，万历二十二年（1594）正月离开徐闻之前。

《贵生书院说》是《粤行五篇》的第五篇。《贵生书院说》表现了汤显祖对教育、教育投资、教育理念等的重要教育思想。这篇文章应该是汤显祖《粤行五篇》中的最重要的一篇。因为正是汤显祖在徐闻典史任上建贵生书院，才使得汤显祖在徐闻建立了不朽的功勋。也正是贵生书院的建立，对徐闻乃至整个雷州半岛甚至岭南的教育事业建立了不朽的功勋。这不仅仅是汤显祖徐闻典史三年考绩的重要依据，而且是汤显祖关注教育、投资教育、振兴教育的伟大贡献。汤显祖不仅仅在徐闻建立贵生书院，而且量移遂昌县令之后立即建遂昌射圃、遂昌尊经阁等，使得汤显祖彪炳千秋，永垂青史。

《贵生书院说》一文短小精悍，就说明了教育会使人聪明，使人知道生存的价值。直到今天，对无论是小学生、中学生，还是大学生、博士生等的人生观和价值观，仍然有着重要的教育和启迪作用。动不动就自杀，怎么能说是健康的积极的人生观呢？人死不能复生，即使是今天对 DNA 研究进入克隆阶段，一个人死了，理论上讲，可以让 DNA 激活，然后使人复生，但实际上是不可能的。人们要抬杠，说杜丽娘就是一反"生者可以死，死可以生。生而不可于死，死而不可复生者，皆非情之至者"的典型。那是"梦中之情，何必非真"。这篇《贵生书院说》和《牡丹亭》一样，也是一篇反对封建礼教的赞歌。

万历《雷州府志》记载：雷州"惟乡村小民，或轻生敢斗，然亦不能坚讼，向久则释"①。这里的"轻生敢斗"，是说雷州只有乡村小民打官司

---

① （明）欧阳保：《雷州府志》卷五《民俗志》，万历四十三年刻本，第 2 页。

之时，不怕死，敢斗。记载徐闻的民俗说："徐闻族尚，朴侈不齐。城中冠服，大类中州。子弟竞于学，有邹鲁风。乡村率事简略。器用粗拙。性悍喜斗。西北土瘠俗淳，东南土沃。习于纤漓而尊巫，其蔽一也。"① 这里记载徐闻风俗，"性悍喜斗"，也是说性格彪悍，喜欢争斗。造成这样尊崇神巫的民风，主要是作为政府，学校教育没有普及至乡村。乡村落后，乡民没有经济支撑而归心向学，导致教育的缺失。汤显祖自己捐出"劳饷"，汤显祖的同乡县令熊敏也"捐俸"，共同兴建一所学校，即贵生书院。

首先，贵生书院建于何时？

许多人把汤显祖被贬徐闻典史的时间作为贵生书院的兴建时间，这是不对的。万历《雷州府志》：贵生书院"万历十九年添注典史汤显祖、知县熊敏共捐资俸，建于公馆东。汤显祖有记，见《艺文》。后地震崩废"②。这里是说，贵生书院是万历十九年被贬在徐闻的添注典史汤显祖、知县熊敏共同捐资俸，兴建在公馆东。并不是说贵生书院就是万历十九年兴建的。因为万历十九年的九月汤显祖从老家临川动身赴徐闻，到万历十九年（1591）的十一月才到达徐闻，哪里有钱来兴建贵生书院呢？熊敏万历十八年（1590）任徐闻县令，也不能看成是万历十九年来任县令。③

刘应秋《贵生书院记》："余同年祠部汤君义仍，以言事谪尉徐闻。徐闻之人士，知海以内有义仍才名久；至则蹑衣冠而请谒者，趾相错也。一聆謦咳，辄竞传以为闻所未闻，乃又知义仍所游重海内，不独以才；于是学官诸弟子，争先背面承学焉。义仍为之抉理谭修，开发款启，日津津不厌。诸弟子执经问难靡虚日，户屦常满，至廨舍隘不能容。会其时有当道劳饷，可值缗钱若干，义仍以谋于邑令熊君，择地之爽闿者，构讲堂一区，署其榜曰贵生书院。义仍自为说，训诸弟子。无几，以书来告成事，属余记之。"④ 这里"劳饷"，就是工资。汤显祖万历十九年十一月到达徐闻刚刚上任，不会有"劳饷"，当道也不会就发"劳饷"，即使有"劳

① （明）欧阳保：《雷州府志》卷五《民俗志》，万历四十三年刻本，第2页。
② （明）欧阳保：《雷州府志》卷五《学校志》，万历四十三年刻本，第40页。
③ （明）欧阳保《雷州府志》卷五《秩官志》："熊敏，新昌人。己丑进士。十八年任。浑厚有余，升南刑部主事。"第2页。
④ 毛效同：《汤显祖研究资料汇编》，上海古籍出版社1986年版，第100页。

饷", 也不够建房所需。典史的 "劳饷" 是多少? 要兴建 "一区" 的 "讲堂", 不会是一间房子, 至少也要有房九间。每间房子要多少钱?《万历府志》记载: 理刑厅, 万历 "三十九年辛亥, 欧阳保拓而建之"。"正堂三间, 川堂一间, 门二座, 屏枋一座, 客厅一间, 书房二间, 堂宇高朗。"① 据欧阳保《理刑厅记》:"三县各出金三十, 鬻作公馆。余得此支米石灰铁等, 费不足, 以薪俸佐之。"② 以此为标准估算, 理刑厅共建七间房, 需九十两银。每间房大约需银十三两。《万历府志》还有记载: 嘉靖十九年 (1540), 官府为达兵 "建屋居之", "给银一百二十八两, 建屋九十间"③。以此为标准估算, 每间屋大约需银一两半。这样看来, 兴建公署和兴建普通住宅, 费用竟差近十倍。汤显祖所建贵生书院不知几间, 但不会是一间房, 至少也有九间房, 主屋、两边配房各三间, 形成一个院落, 一个大门兼院墙。这样才可称为 "构房一区"。这样算来, 贵生书院至少有九间房组成, 最低估算需银二十两以上。而汤显祖是添注典史每月支禄米三石, 每石折银五钱, 一年积银十八两。④ 那么, 贵生书院之建, 最早也要到万历二十年下半年才有可能。徐朔方《汤显祖年谱》"万历十九年" 说:"在徐闻, 寓居贵生书院。"并引《尺牍》卷五《与汪云阳》:"弟为雷州徐闻尉, 判 (应为 "制") 府司道诸公计为一室以居弟, 则贵生书院是也。其地人轻生, 不知礼义, 弟故以 '贵生' 名之。"汪云阳即汪道亨, 汤显祖同年进士。《神宗实录》: 万历二十三年 (1595) 五月, "福建泉州知府汪道亨升福建副使"⑤。万历二十七年 (1599) 闰四月, "升福建副使汪道亨为江西右参政"⑥。万历二十七年九月, "以原任参政汪道亨为江西右参政"⑦。万历三十四年 (1605) 七月, "升浙江左参政汪道亨为广东按察使"⑧。汪道亨万历三十四年七月任广东按察使, 汤显祖这封信应写于万历

---

① (明) 欧阳保:《雷州府志》卷八《建置志》, 万历四十三年刻本, 第 8 页。
② 同上。
③ (明) 欧阳保:《雷州府志》卷八《兵防志》, 万历四十三年刻本, 第 45 页。
④ 《中国历代官制》, 齐鲁书社 1993 年版, 第 311 页。
⑤ 《神宗实录》卷二八五。
⑥ 《神宗实录》卷三三四。
⑦ 《神宗实录》卷三三九。
⑧ 《神宗实录》卷四二三。

三十四年（1605）七月之后，和汤显祖"在徐闻，寓居贵生书院"毫无关系。这样，贵生书院之建，根本不是在万历十九年（1591），当然说汤显祖此时"寓居"也是天大的笑话。

刘应秋《贵生书院记》写于何时？

刘应秋《与汤若士》有很多封书。其中谈到《贵生书院记》有两封。一封说："勺原事闻太宰且以去就争之。沈继老其辞甚竣，恐且相激而成，去之必矣。今日已定，何能为力！独以一宪使致令太宰如此，继老如此，可谓重矣。公论自明，虽处何害，谅必不致断根也。《贵生书院记》，数日尚冗，不得藉手；二三日外图之。送林年兄可无诗乎？弟已有小草也。"① 另一封说："连日令人探兄，俱外出。每晚弟又多不暇。别期已迫，乃为冗夺，徒令一夕三驰思，奈何！《贵生书院记》文具上，乞正之。"② 这两封书信应该是作于同时。信中说到丁此吕被劾之事，查《万历实录》卷二八七：万历二十三年（1595）七月，"甲午，随谕锦衣卫逮丁此吕来京究问"。甲午是农历七月十三日。那么，刘应秋为丁此吕事，应该在此之前。因此，《贵生书院记》之作，也一定是在万历二十三年七月之前。刘应秋写作《贵生书院记》之时，汤显祖万历二十三年春正在京城接受"再岁计"。这样来看，《贵生书院记》应作于万历二十三年春。

其次，汤显祖《贵生书院说》写于何时？

《贵生书院说》："而徐闻长熊公爱人者也。……且徘徊于余，不忍余去也，故书《贵生说》以谢之。"③ 有人认为"作于万历二十年（1592）壬辰春。时谪官徐闻典史，为建贵生书院"④。"要是从汤显祖万历十九年五月被贬徐闻典史，到万历二十二年三月任遂昌令止，汤显祖任徐闻典史的时间就接近三年。"⑤ 那么，《贵生书院说》应写于万历二十一年（1593）底至万历二十二年（1594）二月之前。

---

① 毛效同：《汤显祖研究资料汇编》，上海古籍出版社 1986 年版，第 210 页。
② 同上书，第 211 页。
③ 徐朔方：《汤显祖全集》，北京古籍出版社 1999 年版，第 1225 页。
④ 同上书，第 1226 页。
⑤ 刘世杰：《汤显祖被贬徐闻典史中时间考略》，《中国社会科学报》2014 年 10 月 31 日。

六 《为士大夫喻东粤守令文》、《为守令喻东粤士大夫子弟文》

汤显祖《为士大夫喻东粤守令文》、《为守令喻东粤士大夫子弟文》二文，应该是同时写的姊妹篇。

第一，这两篇写于何时？

《为士大夫喻东粤守令文》："鲁司理点、董郡丞志毅，其官不复然矣，而士大夫每讼其清。士大夫何负尔又死耶。"① 这里的鲁司理点，就是汤显祖进士同年。汤显祖万历十九年被贬徐闻典史之时，鲁点任广州推官（司理）。汤显祖有诗《南漳鲁子与出理广州过别》②，有人认为该诗"当作于万历十一、二年（1583、1584），在北京礼部观政"③。诗中说："未信荆璆老卞和，少年风骨动鸣珂。行随世路追欢少，坐歇流芳饮恨多。橘汉乍留珠佩语，梅关直上蜃云过。参差六月天池水，拨剌飞腾奈汝何。"鲁点万历十一年（1583）中进士，如果当年或次年任广州司理，不可能到了万历二十年、二十一年还是此官。只能说明汤显祖此诗不是作于万历十一年或二十二年。笔者找到了道光《休宁县志》卷七《职官》："鲁点，万历二十四年任，见《名宦》。"④ 卷七《名宦》："鲁点，字子与，号乐同，南漳人。初为广中司理，误谪州判，事白，令休宁。性和易，而执政不阿。遇士大夫以礼。轻徭赋，省刑罚，请托悉绝。官市平价，纤毫毋取。擢去，市贾特碑焉。卒，邑人为立永慕祠。"⑤（万历志）上面汤显祖诗"未信荆璆老卞和"，用卞和抱璞被刖左足的典故，说明鲁点是被误谪州判的。那么，鲁点任广州司理应在万历二十四年（1596）之前。万历十九年十月，汤显祖被贬徐闻，路经广州，就过访了鲁点。因此，这首诗应该作于万历十九年十月。

第二，鲁点任休宁令几年？

道光《休宁县志》没有详细记载。但是，在卷七《职官》里，鲁点的

① 徐朔方：《汤显祖全集》，北京古籍出版社1999年版，第1214页。
② 同上书，第189页。
③ 同上。
④ （清）何应松修，方崇鼎纂：《休宁县志》卷七《职官》，江苏古籍出版社1998年版，第120页。
⑤ 同上书，第136页。

前任"丁应泰,号蘅岳,湖广江夏人。癸未进士。万历十一年任。升给事中"①。丁应泰和鲁点、汤显祖也是同年。而鲁点的继任者"李乔岱,万历二十九年任。见《名宦》"②。这样,鲁点到万历二十九年(1601)任职休宁令五年,之后"擢去",任司农(户部主事)。

因此,汤显祖《为士大夫喻东粤守令文》只能写于鲁点"擢去"的万历二十九年之后。《为守令喻东粤士大夫弟子文》也应该写于万历二十九年之后。鲁点既然是万历二十四年任休宁令,说明在此之前,鲁点还在任广州推官。也可以说鲁点比汤显祖还要晚二年才离开广东。汤显祖文中所说"鲁司理点、董郡丞志毅,其官不复然矣,而士大夫每讼其清",就不是说鲁点在广州还任司理。有文献还表明,万历二十五年年底,汤显祖和鲁点在北京同时接受上计,汤显祖有诗《都下東同年三君二首》。诗序说:"同年南君鲁君刘君。偕予试政礼闱,十五年所矣。俱以县令来朝,困顿流移,可笑可叹。立春岁除,眷焉成咏。"③ 这就证明,万历二十六年(1598)立春是除夕,汤显祖是来京上五年计,鲁点来京上三年计。南君,汤显祖的同年南邦化,山西安邑人,明万历十一年三甲第一百三十人进士。④ 刘君,未详,待考。这年离汤显祖中进士之年,正好是"十五年所矣"。万历二十六年(1598)立春,是阴历十二月三十日,公元1598年2月5日。而且,笔者仔细查了有关历书,只有万历二十六年立春是除夕。因此,这两篇文章不能是汤显祖在粤所作,当然就不能当作《粤行五篇》的内容了。

顺便说的是,汤显祖在徐闻,鲁点去看望过汤显祖,汤显祖有诗《别鲁司理》:"目送雷阳外,心销赤海旁。壶觞荐潮汐,花木送炎凉。桂死何劳蠹,兰生应自芳。少年能泣玉,乡国似南漳。"⑤ 汤显祖还和鲁点一起去游肇庆七星岩,汤显祖有诗《高要送鲁司理》:"江楚西归欲问天,琼雷东

---

① (清)何应松修,方崇鼎纂:《休宁县志》卷七《职官》,江苏古籍出版社1998年版,第120页。

② (清)何应松修,方崇鼎纂道光:《休宁县志》卷七《职官》,江苏古籍出版社1998年版,第120页。

③ 徐朔方:《汤显祖全集》,北京古籍出版社1999年版,第514页。

④ 朱宝炯、谢沛霖:《明清进士题名碑录索引》,上海古籍出版社1979年版,第1198页。

⑤ 徐朔方:《汤显祖全集》,北京古籍出版社1999年版,第441页。

断瘴云连。留题共醉星岩客，梦里乘槎是此年。"① 汤显祖《送鲁司理还南漳》，徐朔方"笺"："诗叙南迁徐闻及任官遂昌时与鲁司农会合事。"汤显祖被贬徐闻，怎么是"南迁"？题目明明是"鲁司理"，怎么是"鲁司农"？要知道司理和司农还差几年呢。"校"："诗题南漳，万历本作朝。"② 这里也值得商榷。万历本诗题是"还朝"，就是说，鲁点"擢去"到北京任司农。而不知道根据什么，径自改为"还南漳"？上文说过，鲁点"擢去"任休宁令是万历二十四年。"冉冉二十年，悠悠方寸心。"这两句诗是说汤显祖和鲁点中进士至今，快二十年了。"荡舟星岩月，留筏珠海歇。侧影罗浮外，洗气苍梧谒。"这几句是说，汤显祖和鲁点还去了肇庆的七星岩。诗中有"揆予乖锦制，欣子得琴和"，"揆锦制"指汤显祖被罢官，"得琴和"指鲁点升官。"既奉潘舆喜，复上司农最。三载隔思存，一夕良宴会。"这里的"三载"，是说鲁点任司农官三年，又要上计考核为第一。因此，汤显祖此诗，应作于万历三十一年（1603）。

---

① 徐朔方：《汤显祖全集》，北京古籍出版社 1999 年版，第 468 页。
② 同上书，第 729 页。

广州府部县志载寓贤情况

陶原珂*

内容提要 据《广东历代方志集成》所辑，广州府部包括 17 地的方志，所载寓贤以广州、南海、番禺以及顺德为最多，编次安排显要。从化、三水、花县、佛冈 4 地县志没有记载。各地县志对"寓贤"、"流寓"分部所指范围认识不统一，但是行文间对其社会文化价值都是肯定和推崇的，反映了广府地区民间对寓贤的普遍接受态度。

关键词 广州府部 县志 寓贤 流寓 谪宦

据《广东历代方志集成》①的分部，广州府部的方志包括《广州府志》、《南海县志》、《顺德县志》、《番禺县志》、《东莞县志》、《新安县志》、《从化县志》、《龙门县志》、《新宁县志》、《赤溪县志》、《增城县志》、《香山县志》、《新会县志》、《三水县志》、《清远县志》、《花县志》、《佛冈厅志》等。并非每部方志都关注、记载流寓人士，方志中涉及流寓人士的类名用"流寓"、"寓贤"、"谪宦"、"侨寓"等，反映了编志者对流寓人士认识不一。这里只辑录这 17 地的方志所载寓贤。

一 广州

［成化］《广州志》无记载。

---

* 作者简介：陶原珂，广东省社会科学院研究员，编审，博士，《学术研究》杂志副主编。

① 广东省地方史志办公室编著：《广东历代方志集成·广州府部》，岭南美术出版社 2007年版。

（嘉靖）《广州志》卷四八"流寓传"，记有许靖、虞翻、葛洪、伏曼容、庾道愍、萧引、章华、崔仁师、张九龄、刘轲、姚铉、苏轼、张栻、苏刘义、邓光荐、邹智。（16 人）

（康熙）《广州府志》卷二六"流寓列传"，记有（汉）郭孚、袁忠、袁徽、刘熙、许靖、楼炫、王叔之、（南北朝）庾道愍、冯融、房融、韦月将、杨茂谦、窦存亮、孟云卿、王仲舒、元集虚、李商隐、李群玉、陈陶、曹松、李郢、孔昌弼、（五代・南汉）王定保、刘濬、钟允章、（宋）姚铉、张愈、聂冠卿、苏轼、陈显、洪皓、岳飞、张浚、伍珉、李乔木、赵永忠、胡铨、陈与义、折彦质、文天祥、张世杰、陆秀夫、徐宗仁、邹㵗、杜浒、林琦、陈龙复、萧资、陈㮚、邓兆荐、苏刘义、文应麟、（元）佘能舜、黄宪昭、解缙、邹智、李承箕、戴冠。（58 人）

（乾隆）《广州府志》卷四二"人物志"，于"人表"部后设"流寓"，记有（汉）陆贾、虞翻、楼元、（六朝）张融、（隋）章华、杜审言、姜神翊、贾直言、孟云卿、元集虚、刘言史、李群玉、曹松、李郢、陈显、陈与义、折彦质、（元）黄宪昭、（明）解缙、（宋）黄由、伍正、（明）刘德、李承箕、邹智、（国朝）郭宏缵、（明）翟卷石、（宋）萧世范、邓光荐、（宋）陈照华、苏刘义、（宋）谭瑞奇、（明）刘仲明、（宋）伍珉、李乔木、（宋）邓符吉、（明）曾伯由。（36 人）

（光绪）《广州府志》卷一一一"寓贤录"，记有（周）公师隅、（汉）陆贾、许靖、虞翻、陈元德、范缜、（南北朝）房融、张九龄、曹松、钟轼、徐德明、萧世范、苏轼、陈显、黄宪昭、陈照、黄由、徐宗仁、伍珉、谭瑞奇、李乔木、雷复、邓符吉、徐安国、方宗一、曾伯由、苏刘义、伍正、文应麟、黄温德、赵必（宏）、解缙、萧九郎、莫豪、邹智、黄旸、李承箕、黄谏、郑方兴、萧锦龙、郭宏缵、王士禛、漆世宗、潘耒、沈廷芳、杭世骏、冯敏昌、陈昌齐、李黼平、史善良等 50 人。

二　南海

（大德）《南海志》无记载。

（万历）《南海县志》卷九"寓贤附"缺。

（崇祯）《南海县志》卷之八"名宦列传"，设"寓贤附"，记有（秦）

任嚣（始皇将）、赵佗（真定人）、孔嵩、袁宏（字彦伯）、（六朝）陆展、陆法真、到遁、王僧孺、王劢、周文育、（隋侯）莫陈颖、刘权、（唐）张九章、庐夒、张祐、（宋）彭思未、韩谨、苏轼、叶颙、宋钧、颜楙、（明）熊瓒、高福、叶光、赵仲廉、周亶、蒋升、石邦柱、杨纯、熊清、傅应祥、黄正色、黄季瑞、沈应乾、陈赞、戚悌、王循学、刘廷元、朱钦相。（39人）

（康熙）《南海县志》卷之一〇"名宦志"，于"名宦"部后设"寓贤附"，记有（秦）任嚣、赵佗、（梁）周文育、（唐）张九章、（宋）彭思永、韩谨、苏缄、叶颙、宋钧、颜楙、（明）熊瓒、高福、叶光、赵仲廉、周亶、蒋升、石邦柱、杨纯、熊清、傅应祥、黄正色、黄季瑞、沈应乾、萧腾凤、陈赞、戚悌、王循学、刘廷元、朱钦相、黄熙印、蒋荣、朱光熙、姚奇印，其"附寓贤"部记有（周）公师隅（粤人）、（汉）袁徽、刘熙、（三国）许靖、虞翻、楼元、（六朝）张融、范缜、（隋）章华、（唐）房融、杜审言、张九龄、贾直言、孟去卿、元集虚、刘言史、李群玉、曹松、（宋）苏轼、杜纯、陈显、（元）黄宪昭、（明）解缙。（56人）

（乾隆）《南海县志》卷一四"名宦志"，于"名宦"部后设"流寓"，记有（周）公师隅、（汉）陆贾、袁徽、刘熙、（三国）许靖、（六朝）张融、（隋）章华、（唐）房融、杜审言、张九龄、姜神翊、贾直言、孟云卿、元集虚、刘言史、李群玉、曹松、李郢、（宋）苏轼、杜纯、陈显、张愈、折彦质、陈与义、（元）黄宪昭、（明）解缙、黄谏。（27人）

（道光）《南海县志》卷三一"列传"，于"宦绩"部后设"寓贤附"，记有（周）公师隅、（汉）陆贾、（三国）袁徽、刘熙、许靖、虞翻、（六朝）张融、范缜、章华、（唐）房融、杜审言、张九龄、姜神翊、贾直言、孟云卿、元集虚、刘言史、许浑、李群玉、曹松、李郢、（宋）苏轼、杜纯、陈显、张愈、折彦质、陈与义、（元）黄宪昭、（明）解缙、黄谏、（国朝）王士祯、杭世骏、冯敏昌、陈昌齐。（34人）

（宣统）《南海县志》无记载。

三　顺德

（万历）《顺德县志》卷六"流寓志"，记有苏刘义、邹智、李承箕。

（3 人，事较详）

（康熙十三年）《顺德县志》卷九"人物传"，于"百岁、仙释"部中设"侨寓"，记有（唐）余能舜、（宋）苏师德、陈照原、李士修、（元）云鉴宋、（明）郑昭、孔道念、梁贞、刘祖满。（9 人）

（康熙二十六年）《顺德县志》卷九"人物志"末设"流寓"部，缺卷。

（乾隆）《顺德县志》卷一四"人物列传"，于"仙释"部后设"流寓"，记有苏刘义、邹智、李承箕、刘祖满。（4 人）

（咸丰）《顺德县志》无记载。

（民国）《顺德县志》卷二二"列传"为"寓贤"，记有（五代）罗隐、（宋）李昴英、刘剡、苏刘义、（明）刘大夏、邹智、李承箕、陈献章、叶春及、曾仕鉴、梁观、崔千土、王邦畿、施焜然、吴戏、陶璜、（清）黎淳先、陈鸣玉、梁佩兰（南海人）、杭世骏、胡定、邹献甫、林彭年。（23 人）

四　番禺

（康熙）《番禺县志》（乾隆）《番禺县志》无记载。

（同治）《番禺县志》卷三三"列传"为"寓贤"，记有（周）公师隅、（汉）陆贾、（三国）许靖、虞翻、（六朝）陈元德、王诞、沈怀远、萧引、谢曷、（唐）房融、杜审言、李群玉、许浑、陈陶、（宋）苏轼、张愈、陈与义、康与之、折彦质、崔与之、何时、（元）虞集、（明）胡广、赵执谦、孙蕡、王佐、何维栢、黄谏、黄瑜、李孔修、沈坦、黄畿、黄佐、欧大任（顺德陈村人）、黎民表、（清）王士桢、漆世忠、惠栋、陈恭尹、潘耒、汪楷、冯敏昌、杭世骏、李黼平、陈昌齐、李文藻、史善长、史光国、许宗彦、黄培芳（香山人）。（50 人）

（民国）《番禺县续志》卷二六"人物志"为"寓贤"，记有（唐）梁旻、（宋）苏轼、潘预、李用、（元）蔡养晦、翟喜、（明）邹智、魏礼、霍子衡、（清）黎简、王文诰、李兆洛、钱仪吉、陈鸿墀、陈钟麟、谢兰生、郑献甫、徐荣、樊封、陈良玉、何璟、朱一新、廖廷相。（23 人）

五　东莞

（天顺）《东莞县志》无记录，并缺文。

（崇祯）《东莞县志》卷五"人物志"，于"隐逸"部后设"流寓"，曰："君子之于人国，在上而上重，在下而下荣。如东坡足迹遍天下，至得其人题一咏为幸。流寓一时，师表千古。罗通河泊旅臣，辄有功于如砥仰止，乌容以已。"记有（宋）苏轼、（清）罗通。（2人）

（康熙）《东莞县志》卷一二"人物志"，于"仙释"部前设"流寓"，记有（宋）苏轼、（清）罗通、余大成。（3人）

（雍正）《东莞县志》卷一二"人物志"，于"仙释"部前设"流寓"，曰："君子之所至，必有道德之光，羽仪之著若景星凤凰之见也。四方之士莫不引领，而望得一观之为快。追易世之后，已成陈迹。然好古者犹争相引重，至举其轶事以为美谈。又况手泽所遗，文采示堕，奕奕在人耳目哉。莞于北宋时，未为望邑，苏公以谪居循州，数游于此，留诗文题咏甚众，海内伟人贻此一代法宝，遂使山川开辟，人才奋兴。至前明而忠荩之臣，文章之伯，后先相望，非苏公之流风余韵所熏蒸而渐被耶？寓公之纪，盖不能已于晞。"记有（宋）苏轼、（清）罗通、余大成。（3人）

（嘉庆）《东莞县志》、（民国）《东莞县志》无记载。

六　新安

（康熙）《新安县志》卷一〇"人物志"，于"游侠"部后设"侨寓"，记（宋）邓符、文应麟、林光、曾伯由。（4人）

（嘉庆）《新安县志》卷二一"人物志"，于"仙释"部前设"流寓"，记有（宋）邓符、文应麟、林光、曾伯由。（4人）

七　从化

（康熙元年）《从化县志》、（康熙四十九年）《从化县志》、（雍正）《从化县志》无记载。

八　龙门

（康熙六年）《龙门县志》、（康熙二十六年）《龙门县志》无记载。

（道光）《龙门县志》卷一三"人物志"杂记有流寓人物，如（宋）谭瑞奇、刘仲明等。

ᅟ

（民国）《龙门县志》卷九县民志五"人物"杂记有流寓人物，如（宋）谭瑞奇、刘仲明等。

九　新宁

（嘉靖）《新宁县志》无记载。

（康熙十一年）《新宁县志》卷九"人物志"，于"处士"部后设"侨寓"，记有（宋）伍珉、李乔木。（2人）

（康熙二十五年）《新宁县志》卷九"人物志"，于"处士"部后设"侨寓"，记有（宋）伍珉、李乔木。（2人）

（乾隆）《新宁县志》卷三"前人物册"，于"处士"同部后设"侨寓"，记有（宋）伍珉、李乔木。（2人）

（道光）《新宁县志》卷一〇"人物传"，于"耆寿"部后设"流寓"，记有（宋）伍珉、李乔木、赵必宏、雷复。（按：此篇四人惟赵必宏身寓邑地，其他三人皆以子孙来居而已。又地名官阶亦多与史不合，有可疑者。然旧府县志所有，不敢辄删，姑仍之而著其说于此，俟再考焉）

（光绪）《新宁县志》卷二五"列传"，于"方伎"部前设"流寓"，记有（宋）伍珉、李乔木、赵必宏、余正、雷复。（按：此篇五人惟赵必宏、余正身寓邑地，其他三人皆以子孙来居而已。又地名官阶亦多与史不合，有可疑者。然旧府县志所有，不敢辄删，姑仍之而著其说于此，俟再考焉）

十　赤溪

（民国）《赤溪县志》卷六"人物志"，于"方伎"部前设"流寓"，记有（清）江逢辰（归善人，遵义书院讲席）。（1人）

十一　增城

（嘉靖）《增城县志》卷八"人物志"，于"梼杌"部前设"流寓"，记有（宋）李昂英（番禺人）、（元）张复礼（番禺人）、（明）戴冠、王守仁。（4人）

（康熙十二年）《增城县志》、（康熙二十五年）《增城县志》无记载。

（乾隆）《增城县志》卷一六"人物志"，于"列女"部后设"流寓"，曰："旧志所列寓贤多矣。虽然，宠辱不常，惟君所命，抱关击柝，职守所在。仲鹗以谪至，不曰官，而曰寓焉。是傲上也。眉山以下诸君子，皆坐不暖席，炊不黔突，而欲扳而留之，则诬也。惟夫罗德仁者，雅幕承宫，徘徊波上，高风所激，顽廉懦起，增辉都邑，一夔自足。"记有（汉）罗威（番禺人，以孝名）。

（嘉庆）《增城县志》卷一二"宦绩"，附"谪宦"，记有（南北朝）何长瑜、（明）戴冠。卷一五"人物志"，于"列女"部后设"流寓"，曰："鸿爪雪泥，不过偶然之事，固非同隶籍编户，惟桑与梓，必恭敬止者。然麟游于郊，露野好事者，每艳称之，数其象迹，详其月日，以夸耀一时之瑞物，固以罕而见珍也。况怀仁抱义，禀性坚贞，足为世激，顽振懦者，于时处处，于时言言，争先睹之为快者乎。志流寓。"记有（汉）罗威、（清）张全五、胡贞女（原籍余杭人）。（3 人）

（民国）《增城县志》卷一七"宦绩"，附"谪宦"，记有（南北朝宋）何长瑜、（明）戴冠。（共 2 人）卷二三"人物志"，于"艺术"部后设"流寓"，记有（汉）罗威、（清）陈恭尹（顺德人）、张全五、胡贞女（父以罪戍增城）。（4 人）

十二　香山

（嘉靖）《香山县志》卷五"官师志"，于"名宦"同部后设"流寓"，记有（宋）邓光荐、（清）龚行卿。（2 人）

（康熙）《香山县志》无记载。

（乾隆）《香山县志》"人物列传"，于"武功"部后设"寓贤"，记有（宋）萧世范、邓剡（字光荐）、龚行卿、程师孟。（4 人）

（道光）《香山县志》卷七"列传"，于"仙释"部后设"寓贤"，记有（宋）萧世范、邓剡、龚行卿、程师孟、（明）黄温德、（清）萧锦龙。（6 人）

（光绪）《香山县志》卷二〇"列传"，于"仙释"部后设"寓贤"，记有（宋）萧世范、邓剡、龚行卿、程师孟、黄温德、（清）萧锦龙。（6 人）

（民国）《香山县志》卷一四"列传"，于"方伎"部后设"寓贤"，

记有张杓（浙江山阴人，先世迁广东）。（1人）

十三 新会

（万历）《新会县志》卷六于"白沙弟子传"后设"侨寓传"，记有（南北朝）冯融、（宋）李乔木、徐宗仁、伍典章、（明）刘德真、邹智。（6人）

（康熙）《新会县志》卷一四"流寓志"，"管子曰：'士群萃而州处交（闲燕），'修其德业，各安其土，而官其地。诸侯之保民如此。故无羁旅之患，惟后世始有之。非仕宦，则播迁谴谪也。天地籧庐，今古传舍，高贤所经，其名不朽。若新邑，则有陈文恭公，倡道江门，四方问道而来者不远千里，不问晨夕。君子之至于斯也，可以风兴百世，微特邑荣。故并志之。"记有（南北朝）冯融、（宋）苏轼、李乔木、徐宗仁、伍典章、（明）刘德真、李承箕、湛若水、邹智。（9人）

（乾隆）《新会县志》卷一〇"人物志"，于"烈女"部前设"流寓"，记有（南北朝）冯融、（宋）苏轼、李乔木、黄由、徐宗仁、伍正、（明）刘德真、李承箕、邹智。（共9人）

（道光）《新会县志》卷七"宦绩"后附"谪宦"，记有（明）罗俊。（1人）卷一一"列传"，于"仙释"部后设"寓贤"，记有（南北朝）冯融、（宋）李乔木、黄由、徐宗仁、伍典章、（明）刘德真、方宗一、林泮、莫豪、（清）顾嗣立、梁源泗。（11人）

（同治）《新会县志》无记载。

十四 三水

（康熙十二年）《三水县志》、（康熙四十九年）《三水县志》、（嘉庆）《三水县志》无记载。

十五 清远

（康熙元年）《清远县志》无记载。

（乾隆）《清远县志》卷一〇"人物志"，设"流寓"部，记有（清）郭宏绩。（1人）

（康熙）《清远县志》卷一〇"人物志"，设"流寓"部，记有郭宏缵。（1 人）

（光绪）《清远县志》卷一一"列传"，附"流寓"部，记有郭宏缵。（1 人）

（民国）《清远县志》卷八"人物志"，于"释道"部后设"侨寓"，记有（宋）胡宾王、（明）黄哲、张嗣垣、陈子壮、（清）郭宏缵、莫瑞堂、叶宏智。（7 人）

十六 花县

（康熙）《花县志》卷三"名宦"之末为"寓贤附侯人"，曰："太史公作循吏传，列国卿相如、子产、公仪休、孙叔敖诸贤并称循吏。益以父母斯民之道，无分于国邑也。至流寓之贤，虽无民社之寄，然能使所至山川生辉增色，风韵诇出，政教后哉。予于达者取其绩，寓者取其风，跂而侯之。后有作者，可观感而兴起矣。志名"宦寓贤"，而实无记载。

（民国）《花县志》卷九"人物志"，附"寓贤"部，记有罗惇衍。（1 人）

十七 佛冈

（道光）《佛冈厅志》无记载。

以上所辑广州府地区寓贤，上自西周，下讫清朝，以广州、南海、番禺及顺德最多，在志中编次安排亦较显要，对其文化价值较为肯定或推崇。而其他县志所载不仅较少，编次安排也明显边缘化。其中，最早记载寓贤的是明嘉靖年间编的《广州志》。从化、三水、花县、佛冈四地各县志均无记载。

同地前后县志不一定都记载寓贤，如果记载，则编排方式往往有所沿袭。各地方志对"寓贤、流寓"等分部的所指范围认识不一，大多数指外地流寓岭南的贤达，并与道、释分列，但有的兼指岭南区域内流寓的贤达，有的或指本地人赴岭南以外地区任职者，有的则是上辈始移居岭南者。而有的虽然没有记载实存寓贤者，却有推崇、肯定的表述，似可视为广州府地区民间对寓贤的基本态度。